"十二五"职业教育国家规划教材（修订版）
汽车类专业"互联网＋"创新教材

汽车生产现场管理

第 2 版

主　编　陈　婷　毕方英　王立超
副主编　李春彦　李亚杰　陈　思
参　编　侯　建　李文娜　张金玲　王小毓
主　审　沈颂东

机械工业出版社

本书是"十二五"职业教育国家规划教材的修订版,是"汽车生产现场管理"课程的配套教材。

为了培养高素质的高端技能人才,以适应国家经济的高质量发展和区域产业升级,职业教育不仅要培养学生解决生产现场技术问题的能力,还要在教学过程中,促进学生养成企业员工必备的职业素养,培养学生的职业能力——现场管理的能力、改善的能力以及团队建设的能力,以适应日益变化的生产现场管理的需求,为此,我们编写了本书。本书内容具有很强的实用性,可以有效地帮助学生系统了解就业岗位的需求、生产现场的各种管理活动、存在的危险因素,掌握有效的预防安全事故和职业病的方法。

全书共分为8个模块,内容包括企业员工必备的基本素养、企业管理基本认知、企业文化、危险预知与现场危险源辨识、汽车生产方式、质量管理、人机工程学和生产现场班组管理。

本书配有教学视频,以二维码的形式植入书中,课程内容可听、可视、可读。

本书可作为职业院校汽车制造类专业教材,还可以作为汽车制造相关行业的培训用书。

本书配有电子课件、试卷及答案等,**凡使用本书作为教材的教师**均可登录机械工业出版社教育服务网(www.cmpedu.com)注册后免费下载。咨询电话:010-88379375。

图书在版编目(CIP)数据

汽车生产现场管理/陈婷,毕方英,王立超主编. —2版. —北京:机械工业出版社,2023.7(2025.1重印)

"十二五"职业教育国家规划教材:修订版. 汽车类专业"互联网+"创新教材

ISBN 978-7-111-73519-9

Ⅰ.①汽… Ⅱ.①陈… ②毕… ③王… Ⅲ.①汽车企业-工业企业管理-生产管理-高等职业教育-教材 Ⅳ.①F407.471.6

中国国家版本馆CIP数据核字(2023)第130767号

机械工业出版社(北京市百万庄大街22号 邮政编码100037)
策划编辑:葛晓慧　　　　　责任编辑:葛晓慧
责任校对:潘 蕊 张 薇　　封面设计:严娅萍
责任印制:任维东
北京联兴盛业印刷股份有限公司印刷
2025年1月第2版第5次印刷
184mm×260mm・13.5印张・331千字
标准书号:ISBN 978-7-111-73519-9
定价:47.00元

电话服务　　　　　　　　　网络服务
客服电话:010-88361066　　机 工 官 网:www.cmpbook.com
　　　　　010-88379833　　机 工 官 博:weibo.com/cmp1952
　　　　　010-68326294　　金 书 网:www.golden-book.com
封底无防伪标均为盗版　　机工教育服务网:www.cmpedu.com

前　言

　　中国汽车在电动化、智能网联、轻量化等方面都走在了世界的前列。截至2022年，中国连续13年蝉联全球汽车销量第一，这与汽车生产企业生产现场的有序、有效管理是分不开的。按照党的二十大建设制造强国、质量强国的目标，汽车工业的持续发展需要具有专业技能与工匠精神的高素质劳动者、人才和现场管理者。

　　"汽车生产现场管理"课程是汽车制造类专业的一门核心课程，通过学习本课程，可以使每位学生不仅具有一定的职业技能，还具备一名现代企业优秀员工应具备的基本素养，帮助其顺利实现个人职业发展目标。

　　本课程的主要任务是：对企业管理具有基本认知；培养自主学习能力；提高陈述能力；培养协调沟通能力；培养团队合作的精神；了解企业文化；提高安全意识，培养危险预知及辨识危险源的能力；了解汽车生产方式；掌握质量控制的最基本方法；培养发现浪费的能力；了解企业生产现场所需的人机工程学的基本知识；培养实施改善的能力；锻炼汽车生产现场班组管理能力；培养环境保护意识和能力。

　　本书是在收集毕业生对"汽车生产现场管理"课程的反馈意见，汲取编写教师下厂进行企业实践和参与企业现场管理培训的经验，结合编者多年的教学实践，在初版的基础上，按照模块化教学方式修订而成的。

　　本书共有8个模块，包括：①企业员工必备的基本素养，介绍了员工需要具备的陈述能力、沟通能力、合作精神、愉快工作能力和如何当好班组长等内容；②企业管理基本认知，介绍了企业的法律形式、组织结构等；③企业文化，介绍了企业文化的特点、作用及企业文化建设等；④危险预知与现场危险源辨识，介绍了生产现场危险预知训练的具体方法、生产现场存在的各种危险源以及职业病的防治、各种安全标志等；⑤汽车生产方式，介绍了准时化、自働化、标准化作业、5S管理、目视化管理、现场改善管理、全员生产维修、人才育成等；⑥质量管理，介绍了生产现场常用的、基本的质量控制方法及汽车生产常用的质量标准等；⑦人机工程学，介绍了人机工程学的基本知识及应用；⑧生产现场班组管理，介绍了生产现场管理中的班组人员管理、班组安全管理、班组生产管理和班组设备管理等。

　　本书由长春汽车工业高等专科学校陈婷、毕方英、王立超任主编，李春彦、李亚杰、陈思任副主编，侯建、李文娜、张金玲和王小毓参与编写。本书由吉林大学沈颂东教授任主审，沈教授对本书的编写提供了宝贵的意见和建议。在本书的编写过程中，得到了企业专家的帮助，在此表示感谢。

　　由于编者水平有限，书中难免会存在不妥、疏漏甚至错误之处，恳请广大读者批评指正。

编　者

二维码索引

名称	图形	页码	名称	图形	页码
观摩陈述训练		7	团队合作的实施		23
陈述的知识		7	团队合作训练		23
陈述能力训练		7	危险预知训练		68
口头沟通		9	指差确认		73
有效沟通的知识		16	指差确认训练		73
倾听训练		16	危险源辨识训练		79
沟通训练		16	安全警示标志		89
团队合作概述		23	汽车生产方式的产生		94

（续）

名称	图形	页码	名称	图形	页码
汽车生产方式基本理念概述		94	现场改善管理		122
消除浪费		96	现场改善的作用和手段工具		125
准时化		98	全面质量管理		135
自働化		104	QC 小组活动		173
标准化作业		108	班组组建		187
标准化作业实训		112	召开班前会		187
"5S" 管理		114	班组文件制作		187
目视化管理		117	班组管理		189

(续)

名称	图形	页码	名称	图形	页码
班组人员管理		190	班组质量管理		202
班组安全管理现场急救知识		200			

目 录

前言
二维码索引

模块一　企业员工必备的基本素养 …… 1
　　任务一　提高陈述能力 …………… 1
　　任务二　进行有效的沟通 ………… 8
　　任务三　培养团队合作精神 …… 17
　　任务四　愉快工作认知 ………… 23
　　任务五　当好班组长 …………… 32

模块二　企业管理基本认知 …………… 39
　　任务一　企业发展目标的确立 … 39
　　任务二　企业的法律形式认知 … 40
　　任务三　企业的组织结构认知 … 43
　　任务四　企业管理简介 ………… 45

模块三　企业文化 ……………………… 60
　　任务一　企业文化的基本认知 … 60
　　任务二　企业文化建设 ………… 63

模块四　危险预知与现场危险源
　　　　　　辨识 …………………… 67
　　任务一　危险预知训练活动开展
　　　　　　与推进 ………………… 67
　　任务二　汽车生产现场的危险源
　　　　　　辨识 …………………… 73
　　任务三　劳动防护用品认识与
　　　　　　选用 …………………… 80
　　任务四　安全警示标志认知 …… 84
　　任务五　职业健康与职业病
　　　　　　防治 …………………… 89

模块五　汽车生产方式 ………………… 93
　　任务一　汽车生产方式基本理念
　　　　　　认知 …………………… 93

　　任务二　准时化和看板管理
　　　　　　认知 …………………… 98
　　任务三　自働化与少人化管理
　　　　　　认知 …………………… 104
　　任务四　标准化作业认知 …… 108
　　任务五　5S 管理介绍 ………… 113
　　任务六　目视化管理认知 …… 117
　　任务七　现场改善管理与 QC 小组
　　　　　　活动认知 …………… 121
　　任务八　全员生产维修认知 … 126
　　任务九　人才育成认知 ……… 129

模块六　质量管理 ……………………… 132
　　任务一　质量管理基础认知 … 132
　　任务二　生产过程质量管理
　　　　　　认知 …………………… 137
　　任务三　质量管理常用工具
　　　　　　介绍 …………………… 141
　　任务四　质量检验与奥迪特评审
　　　　　　概述 …………………… 154
　　任务五　质量改进与 PDCA 循环 … 167

模块七　人机工程学 …………………… 176
　　任务一　人机工程学基础认知 … 176
　　任务二　人机工程学的简单
　　　　　　应用 …………………… 180

模块八　生产现场班组管理 …………… 185
　　任务一　班组管理概述 ……… 185
　　任务二　班组人员管理 ……… 189
　　任务三　班组安全管理 ……… 193
　　任务四　班组生产管理 ……… 201
　　任务五　班组设备管理 ……… 203

参考文献 ……………………………… 207

企业员工必备的基本素养

上海通用汽车公司在招聘员工时，从个人品质、基本素质、管理能力、领导能力和人际关系等方面测试应聘者是否满足公司的要求。其中基本素质包含良好的学习能力、沟通能力和团队合作精神。

学习目标

素养目标：
1. 培养团队合作精神。
2. 树立民族自信，增强民族自豪感。

知识目标：
1. 掌握陈述的方法和技巧，以及影响陈述效果的原因。
2. 掌握沟通的概念、类型、模式，以及进行有效沟通的方法。
3. 掌握健康的标准，了解融入群体涉及的礼仪、情商等知识。
4. 了解企业管理层次、班组长的职责、班组长的角色认知以及技能要求等。

能力目标：
1. 能够进行良好的陈述。
2. 能够进行有效的沟通。
3. 能够判断自己的健康状况，平衡自己的心态，知道自己存在哪些影响与团队成员合作的问题，并提高改进。

◆ 任务一 提高陈述能力 ◆

任务引出

企业员工的陈述能力直接影响企业内、外的沟通状况，也就影响企业的整体效益与发展。你善于言谈吗？你在众人面前说话紧张吗？你说的话别人容易听明白吗？

任务描述

本任务介绍陈述的方法、技巧、影响陈述效果的原因及陈述效果评估。

相关专业知识

一 提高陈述能力的原因

上海通用汽车公司对员工的基本素质要求之一是应具备良好的沟通能力，而良好的陈述能力是有效沟通的前提。

（一）陈述的概念

陈述即叙述，有条理地说，将知识及资信在台前运用各种方式传递给听众。

陈述通常是在比较正式的场合由一人有条理地讲话。显然，陈述人事先应做充分的准备。

（二）陈述应用的场合

生活中，人们在与人交流的过程中时时需要进行陈述，如问讯、求医、咨询以及处理日常生活中的各种事宜。

工作中，在各种场合都会需要陈述：讲课、演讲、办公会议、培训、谈判、辩论、主持、推销……

（三）影响陈述效果的因素

各种陈述的障碍直接影响陈述的效果，有陈述者自身的障碍，也有来自听众的障碍。

1. 陈述者的心理障碍

（1）陈述障碍的表现　当一个人在公众面前讲话时，可能出现以下情况：表情尴尬，肌肉紧张，呼吸失调，心跳加快，四肢颤抖，全身僵直，口干舌燥，喉咙发紧，心慌意乱，颠三倒四，满脸通红或面色苍白。

有的陈述者即使经过充分准备，但到了台上，脱离讲稿，讲话就结结巴巴，词不达意，上述情况一旦出现，越发惧怕当众陈述。这些问题大部分都是因为陈述者的心理障碍引起的。

（2）导致陈述障碍的原因　陈述者的这种心理障碍就是通常所说的怯场。导致陈述者怯场的原因很多，下面是最常见的一些原因：信心不足，怕不被人接受；准备不充分，怕出错；经验不足，怕场面无法控制；预期值太高，怕丢面子；怕出丑；有以往失败的经历等。

2. 来自听众的障碍

听众可能会因各种原因对陈述者表现出冷淡、厌恶、起哄、刁难、说话、离席等。

3. 克服陈述障碍的方法

（1）克服自身的障碍　不要害怕失败；转移注意力；保持一定的紧张；不注意消极刺激；做好准备工作；表现出十足信心、不要背讲稿；事先练习；熟悉环境等。

（2）克服来自听众的障碍　保持积极向上的态度；改善你的辞藻；化解逆反情绪；反击刁难者；运用停顿等。

（四）提高陈述能力的益处

1）建立良好的第一印象。出色的陈述者在陈述时是干练的。

2）更好地组织自己的思路。出色的陈述者在陈述时思路是清晰的。

3）使人们对自己的话题感兴趣。出色的陈述者在陈述时是有感染力的、幽默的。

4）使自己的信息更好地被了解。出色的陈述者在陈述时语言简练，用词准确。

5）陈述更有说服力。出色的陈述者在陈述时逻辑性强，令人信服。

6）使自己看起来更自信。出色的陈述者在陈述时目的明确，准备充分。

7）陈述时表现得更加轻松、自然。出色的陈述者是具有多元美感的。

8）让人们喜欢自己、尊重自己。出色的陈述者是受欢迎的、受尊敬的。

……

显然,当一个人具备良好的陈述能力时,他(她)就更容易被人们接受,他(她)所做的事情就更容易成功。

二 陈述的方法

(一)为陈述做准备

已知导致陈述障碍的原因之一就是准备不充分。因此,在做陈述前,应该为陈述做充分的准备。陈述准备的五个步骤是分析听众→确定目的→选择论题→收集材料→组织材料。

1. 分析听众

陈述不仅是说出要说的话,而且要使听众接受所陈述的内容,所以陈述的信息应当与听众紧密相关。这就决定了做陈述准备时,必须分析听众。

1)听众的年龄、性别和人数。
2)听众的文化程度和经历。
3)对于陈述的主题他们了解多少。
4)会议是正式的还是非正式的。
5)听众关注的是什么。
6)听众将如何理解你的陈述内容。

2. 确定目的

陈述的目的有以下三种。

(1)告知——通告某种讯息 这种告知首先要清晰,其次要使人感兴趣,认为有必要听下去,进而知晓并理解告知的内容。

(2)说服——使人相信某种论点 这种说服能够使人相信某一个论点,劝服他人采取某一种行动,这种行动具有激励作用,从而使更多的人相信这个论点。

(3)娱乐——起到娱乐的效果 这种娱乐性的陈述最重要的是有趣,使人们在听的过程中,感觉愉快、幽默。

无论哪一种目的的陈述,成功的陈述都会使陈述者与听众产生共鸣。

3. 选择论题

在为陈述做准备时,应选择论题,陈述的主题要正确、新颖、鲜明、深刻。陈述的标题应揭示主题、醒目、富有启迪性。

4. 收集材料

收集材料时,通常关注"5W1H":什么事情(What);什么地点(Where);什么原因(Why);什么人物(Who);什么时间(When);什么方式(How)。

收集材料的途径:交谈、阅读、查询、收集、问卷调查和自身经历等。

搜集材料的途径有很多,尤其上网搜集材料非常方便,但要注意所搜集到的材料的真实性。如果用于陈述的材料不真实,显然陈述是注定要失败的。

收集材料的要求:材料充分、真实、新颖、紧扣主题。

在准备陈述时所搜集的材料越充分、越紧扣主题、越新颖,陈述成功的概率就越高。

5. 组织材料

在搜集了充分的材料之后,应该将材料分类,可按以下几个方面分类:例子;分析、对比;引文;统计数据;调查报告、检测结果或研究结果;故事或传说;视听教具,包括图表、模型、道具、图片等。

在大量的材料中,应根据听众的口味选择与主题相符的资料,但注意不要运用过多的辅助性资料,以免令人厌倦。

在将材料分类整理后,应从时间、主题、逻辑和空间四个方面组织、安排材料。

(二)陈述的过程

陈述应按照既定的目标进行,要有开头、正文和结尾。

1. 陈述的开场白

陈述的开场白是极其重要的,它直接影响此次陈述的效果,所以应从以下几个方面考虑陈述的开场白。

1)注意第一句话,要精练,有的放矢;不讲多余的话;引用名人名言;根据会场气氛即兴添加。

2)引发听众注意,如以故事开头,制造悬念等。

3)陈述惊人的事实。

4)向听众提问,可使用展示物。

5)妙用楔子和引子。巧妙地使用楔子或引子来引入主题,开始陈述。

6)避免使用不利的开场白。不要从表示道歉开始,可用幽默故事开头。如果从道歉开始陈述,显然陈述者在面对听众时居于一种被动地位,这将非常不利于陈述的进行。

幽默可能使陈述更有魅力,更有说服作用。但是,如果幽默与陈述的内容之间没有多少关联性,就可能会转移听众的注意力,对陈述不利。

2. 陈述的正文

正文中应有预先设定的论题,每个论题之间要有过渡句。

(1)陈述的顺序 告诉听众你将告诉他们的内容;告诉听众具体的内容;告诉听众你已告诉他们的内容。

(2)陈述的展开 合理运用提纲:坚持提纲的安排,预先准备好提纲但不能念提纲;注意控制展开的时间,要能展开,还要拉得回来;充分展现主题:思路清晰,情理交融,营造起伏的场面。

3. 陈述的结尾

在陈述的结尾,陈述者可以采用以下的一种方式或其他方式来结束陈述。

1)使用充满激情的话语。例如,"爱国的同胞们,让我们行动起来吧"。

2)引用名人名言。例如,"这是胜利的预言家在叫喊:让暴风雨来得更猛烈些吧!"。

3)提出令人深思的问题。例如,"著名的意大利水城威尼斯将被淹没?"

4)请求听众采取行动。要求听众做力所能及的事,尽量使听众根据请求而行动。

5)简洁而真诚的赞扬。例如,"这是一座古老而美丽的城市,这更是一座充满了爱心的城市!"

6)步步加强,将陈述推向高潮。

7)运用幽默来结尾。

8)总结你的观点。例如,当你遇到挫折的时候,你应该想:你不可能样样顺利,但你可以事事尽心;你不能延伸生命,但你可以决定生命的宽度;你不能左右天气,但你可以改变心情;你不能选择容貌,但你可以展现笑容。

三、陈述的技巧

1. 陈述三部曲

（1）确认听众已准备就绪，再开始你的陈述　这很重要，如果听众没有准备好，陈述就已经开始，那么精心准备的开场白就会有大部分听众无法听到或听清，陈述的开头便失败了，这会使陈述的效果受到极大的影响。

（2）陈述的顺序　按照预先设计好的顺序进行陈述，应避免随意改变，以免出现混乱。

（3）确认信息被听众完全理解了　要向听众提出问题，并仔细倾听回答，以检验陈述效果，应留适当的时间让听众稍作考虑，尽可能地给以帮助。

2. 使用教具辅助陈述

最常用的可视教具有图片、挂图、实物、视频和模拟动画等。

3. 小心措辞

1）在陈述中应避免使用非支持性的语言，在此列举了一些支持性与非支持性的语言，见表1-1。

表1-1　支持性与非支持性的语言举例

非支持性的语言	支持性的语言
错误的、不合理的、唠叨、不可能的、迟钝的、愚蠢的、劣质的、不能、无关紧要的……	合理的、可信任的、有可能的、接受、友善的、明智的、您、您的、诚实的、热情的……

2）在陈述中要避免使用专业术语和难懂的习惯用语，应保持信息的简单、清楚、精练（除非在特定的听众中）。如下面的习惯用语和术语就不应随意使用：水仙不开花——装蒜；JIT（准时化）；COD（化学耗氧量）。

3）在陈述中应使用传达友好、理解的语言。

4）在陈述中应选择描述性和富于色彩的词。

5）在陈述中应尊重听众正常的喜好。

6）在陈述时应尽可能个性化、人性化。

7）在陈述时应适当总结。

8）在陈述中必要时可以强调，但面对领导汇报工作时，应谨慎使用强调。

4. 平等待人

不论与何人交谈，都应以自信、平等的态度对人。

5. 应站在听众的角度考虑如何陈述

6. 陈述出场提示

在出场陈述时，请注意以下几个方面。

（1）形象　陈述者衣着要得体、整洁。

怎样的衣着是得体的？着装的原则要求人们在选择服装款式、颜色时，要力求使自己的着装与陈述的目的一致，同时兼顾时间和地点，使着装与陈述的目的、地点和时间较为协调。色彩不仅能表达感情，并且蕴含着强烈的审美效果，具有一定的象征意义。其次，应注意服装与服饰的和谐，不要忽视人的个体差异特征，权衡年龄、体型、肤色、气质、职业、偏好等特点。值得注意的是，在着装搭配中不可忽视搭配要合乎身份，维护形象，并且对听众不失敬意。

（2）目光接触　陈述时应与听众保持良好的目光接触，来向观众示意你正给他们一些时间来考虑某些信息。注视着人群中选定的面孔，可以直视对方来寻找被接受感，也可以及时地发现沟通问题。

注意不要有以下不良的目光语：

1）目光不与对方交流、冷落对方。
2）长时间死死盯着对方，使对方受到目光侵犯。
3）眼球乱转或眼动头不动，让人觉得心不在焉。
4）做手势时手到眼不到。
5）眼神暗淡无光。

（3）面部表情　陈述时应根据主题具有相应的表情，面部是一个主要的交流器官，它会为你的目的服务。

（4）语音清晰　陈述时要避免使用"噢、嗯、啊"等语气词；要大声、清楚地说话，不要喃喃低语或语音单调；应询问坐在后边的听众是否能听见陈述。

（5）有意的停顿　明智的暂停有利于营造陈述的气氛；不要说起来无休无止；有时什么也不说，却胜于用一个暂停的声音（嗯、啊啊啊）。

（6）姿态　陈述时，无论是走、坐和站都要注意保持姿势，要表现得自信而机敏，镇静自若，不要表现得过分紧张，显示良好的自控能力会博得听众的尊重；感到紧张和表现出紧张不是一回事；应将紧张情绪转化为高度集中和兴奋。

（7）手势　当不用打手势时，手应自由放松地置于身旁；打手势时应明确、有力，以显示确信无疑；不要用手去指别人。

（8）有效的结束　陈述结束时，应避免说："好，我猜这是"；杜绝使用"最后我想要再补充一点……""我要做最后的一点说明"等，结束了就应当立即停止陈述。

（9）退场　陈述的结束语使陈述结束，但它并不意味着陈述者在台上亮相的结束。只有当陈述者走下讲台，陈述者的介绍展示才真正结束。当陈述成功时，陈述者通常会得到听众的掌声，这期间陈述者应当感谢听众，可以根据情况重新返回讲台鞠躬致礼，或采用其他方式致谢。

四　陈述效果评估

陈述效果的评估应从以下几个方面来检验。

1）陈述的目标是否已达到？
2）你给出一些论据和实例来证明你的观点了吗？
3）听众看上去是坐立不安的、目光呆滞的，还是倦容满面的？
4）听众在匆匆看表或玩手机吗（讲得太长）？
5）听众是否在感兴趣地看你（你做得很好）？

五　提高陈述能力的方法

1. 丰富知识，使自己思维敏捷

良好的陈述能力需要陈述者具有敏捷的思维和清晰的思路，前后连贯，并且逻辑性强，语句具有条理性。

思路的清晰主要取决于陈述者对所要陈述的内容的熟悉,而思维的敏捷则取决于陈述者的知识水平。当一个人具有丰富的知识结构时,讲话时思维就会越加活跃,越加敏捷。因此,在学习和生活中,需要善于学习各种知识,包括文化知识、专业知识、艺术知识、社会经历、情商知识、社会知识等,所以一个人要善于学习。

2. 努力学习,使自己词汇丰富

陈述能力的高低与陈述者掌握的词汇量有关。人们都知道,语句是由词组成的,当你的知识丰富,掌握的词汇量大时,陈述起来就可以选择最准确、最鲜明、最生动的词语,也不会因为找不到适当的词语而导致语塞。所以要勤于学习,善于积累。

3. 观摩演练,使自己积累经验

经验需要积累,多听听说话有水平的人如何谈话,多看看访谈类节目,看做客的嘉宾如何谈话,对自己陈述能力的提高是有帮助的。例如,在"鲁豫有约——撒贝宁多彩成长路"这个节目中,可以看到撒贝宁的陈述能力也是逐步提高的,从而使他主持节目的能力不断提高。

除了观摩之外,另一个提高陈述能力的途径就是演练。在了解了陈述的方法、技巧后,要进行练习,多与人交流或独自练习,可以采用录音、录像的方法,记录自己的陈述,然后回放,分析总结存在的问题,再练习,再总结。如此反复,陈述能力一定会提高。如果通过多次的演练使陈述达到了下面的境界,就说明陈述能力已经达到了一个理想的高度。

有说明能力:说清楚,表情达意;有说服能力:有逻辑,顺理成章;有吸引能力:有美感,怡情养性;有感人能力:讲情感,情理交融;有创造能力:有创意,茅塞顿开。

观摩陈述训练

六 陈述训练案例

请扫二维码观看陈述知识视频。
请扫二维码观看陈述训练视频。

陈述的知识

任务实施

团队成员组织一次陈述训练,分析听众,确定目的,选择论题,分组收集、组织材料;在陈述正文时要注意技巧,可借助辅助工具。陈述后成员间相互评估效果,给出成绩,找出不足,总结提高陈述能力的方法。

归纳总结

本任务介绍了提高陈述能力的必要性,陈述的方法、技巧,陈述效果的评估,以及提高陈述能力的方法等内容。

陈述能力训练

练习题

1. 用两分钟时间做自我介绍。
2. 用两分钟时间向大家简单介绍你的家乡。
3. 用两分钟时间向大家通报一个新闻事件。

任务二　进行有效的沟通

🔖 任务引出

有效沟通可以提高工作效率,可以营造和谐的关系与氛围,可以达成合作,促进企业发展。沟通能力是企业员工应具备的基本素质之一。你知道什么才是有效沟通吗?

🔖 任务描述

本任务介绍沟通的概念、类型、模式,以及如何进行有效沟通。

🔖 相关专业知识

一、沟通的概念

1. 沟通

沟通是为了一个预定的目标,通过语言、文字、手势等表达的信息、观点或感觉在人与人之间进行传递或交换,并且达成共同协议的过程。

2. 有效沟通

使收到的信息与发出的信息尽可能一致的过程。

3. 沟通的内容

沟通内容有信息、思想和情感等,通常包含六个方面,或称为 5W1H:什么事情(What)、什么原因(Why)、什么时间(When)、什么地点(Where)、什么人物(Who)、什么方式(How)。

4. 沟通的要素

沟通的要素有八个,如图 1-1 所示。

图 1-1　沟通的八个要素

二、沟通的作用与意义

1. 沟通的作用

通过沟通可以交流信息并获得感情与思想。人们在工作和生活中,通过沟通可以交换有意义、有价值的各种信息,人们相互交流是因为需要同周围的社会环境相联系。沟通与人际关系相互促进、相互影响。

在沟通过程中,人们分享、披露、接收信息,沟通的信息内容可以是事实、情感、价值取向和意见观点。沟通的目的有交流、劝说、教授、谈判、命令等。

沟通的主要作用有两个:传递和获得信息;改善人际关系。

2. 沟通的意义

有效沟通的意义有以下几点：

1）满足人们彼此交流的需要。
2）使人们达成共识、更多地合作。
3）提高工作效率。
4）能获得有价值的信息。
5）使人进行清晰的思考，有效把握所做的事。

三 沟通的类型

据统计，在沟通的过程中，言辞（内容）的作用仅占7%，语音语调（副语言）占38%，而身体语言则占55%。所以沟通不仅是语言的沟通，还有非语言的沟通，如图1-2所示。

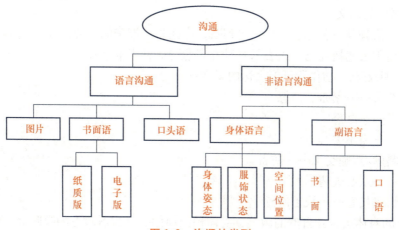

图1-2 沟通的类型

（一）语言沟通

语言沟通是人类特有的一种非常有效的沟通方式，在人际沟通中起着方向性与规定性的作用。语言沟通是最准确、最有效的沟通方式，也是运用最广泛的一种沟通。语言沟通包括：

（1）口头语言沟通　包括面对面的谈话、开会、网络会议、即时通信软件的视频及语音通话和打电话等。

（2）书面语言沟通　包括信函、广告、传真、E-mail、微信及QQ等各种即时通信软件。这种沟通可以超越时间和空间的限制。

（3）图片沟通　包括一些印刷的图片、幻灯片、各种即时通信软件和小程序、电视和电影等。

以上这些沟通统称为语言的沟通。

（二）非语言沟通

非语言沟通包括身体语言和副语言的沟通。与有声语言相结合的副语言、身体语言传达着比言语丰富得多的内涵，可以准确反映交谈者的思想和情感，有时甚至是言语难以表达的东西，起到了支持、修饰言语行为的作用。

口头沟通

1. 身体语言

在沟通的过程中，人们无不处于特定的情绪状态中。这种情绪状态除了可以用直接的语言表达或副语言告知对方外，还可以委婉地以身体语言表达，身体语言通过动态无声的目光、表情、手势语言等身体运动或静态无声的身体姿势，衣着、打扮等形式来传递或表达沟通信息。

身体语言包含身体姿态、服饰状态以及空间位置。

（1）身体姿态　身体姿态包括动作、表情、眼神等。在声音里包含着非常丰富的身体语言，在说每一句话的时候，用什么样的音色说，用什么样的语调说等，都是身体语言的一部分。

1）身体姿态体现身体语言。

① 人们一般会靠近他所喜欢的人，而与他不喜欢的人保持距离。

② 当倾听别人说话时，经常地注视他人，以表达自己的热情和兴趣。身体向对方的倾斜也传达了同样的意义。

③ 不要只依赖某一种体态语言做出判断，应注意一连串的反应。

④ 不要用手去遮掩嘴巴，这表示对对方表达的信息半信半疑。

下面是一些姿态、动作所可能表达的意义：

- 紧握拳头——紧张、愤怒
- 捶桌子——激怒
- 耸肩——漠不关心
- 抱着胳膊/双腿交叉——防备
- 沉肩——灰心失望
- 少有目光接触——缺乏诚意

2）积极的身体语言：自然的微笑、身体稍微前倾、常常看对方的眼睛等。

3）不良的身体语言：搔痒，玩弄头发或猛扯头发，当众梳头，手指不停地敲、扣、咬指甲或修剪指甲，脚不停地抖动，当众化妆或涂指甲油，剔牙，坐立不安，打哈欠，嚼口香糖，挤占他人的空间等。

（2）服饰状态

【案例 1-1】 1983 年 6 月，美国总统里根出访欧洲四国时，由于在庄重严肃的正式外交场合没有穿黑色礼服，而是穿了一套花格西装，引起了西方舆论一片哗然。有的新闻媒体批评里根不严肃，缺乏责任感，与其演艺生涯有关；有的媒体甚至评论里根自恃大国首脑，狂妄傲慢，没有给予欧洲伙伴应有的尊重和重视。里根的出访受到了这套花格西装的严重影响，无论怎么解释都无济于事。

众所周知，里根出访欧洲是为了在感情、政治和经济等方面与欧洲伙伴进行沟通，但那套花格西装却严重影响了他的出访，甚至带来负面影响。这个事例提醒人们，服饰状态同样会严重影响沟通效果，着装时不拘礼节表明你对交流沟通的另一方不尊重、不重视。

日本"男用时装协会"在 1963 年提出了着装的 TPO 原则：

- T——Time 时间
- P——Place 地点
- O——Occasion 场合

该原则要求人们在着装搭配时，应注意时间、地点、场合这三个客观因素。

（3）空间位置　距离和领域即沟通时的空间位置也是一种非语言沟通形式，如图1-3所示。

在沟通的过程中，与对方保持不适当的距离会影响沟通的效果。

例如，在一个人迹寥寥的广场上，一个人径直向你走来，直到几乎碰到你时，才开口说话，你会是什么感觉？站得离人太近会使人产生遭受入侵或威胁的感觉，此时你会注意到他说话的内容吗？

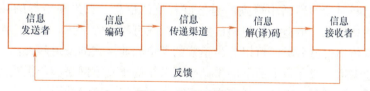

图1-3　沟通的空间位置

2. 副语言

副语言是一个人内在气质和思想的外在表现，一个人会不知不觉地"泄露"自己的思想修养、思维能力、心理状态、人格特点等。副语言包括书面副语言和口语副语言。

（1）书面副语言　书面副语言是符号的特殊运用以及印刷艺术的运用等。如在文章中出现黑体字、文字下出现重点符号等。

（2）口语副语言　口语副语言是语言的声音，如重音、节奏、语速、声调的变化，以及哭笑、停顿等，是非语言的声音信号。副语言在沟通过程中起着十分重要的作用，不仅能辅助语言沟通，在表达情感方面甚至超过语言本身。语音表达方式的变化，尤其是语调的变化，可以使字面相同的一句话具有完全不同的含义。如"很好"这句口语，当语气肯定地说出时，表示赞赏；当音调升高说出时，则变成了刻薄的讥讽和幸灾乐祸。

心理学研究发现，低音频是与愉快、烦恼、悲伤的情绪相联系的，而高音频则表示恐惧、惊奇或气愤。

副语言近乎人的本能表现，不可能"撒谎"，可以通过观察一个人的副语言来了解他对你的态度。

四　沟通的模式

图1-4所示为沟通的模式。

信息发送者 → 信息编码 → 信息传递渠道 → 信息解(译)码 → 信息接收者
　　　　　　　　　　　　　反馈

图1-4　沟通的模式

由图1-4可以看出，在沟通的过程中，如果缺少了信息、通道、反馈中的任何一个部分，都不能完成沟通。在具备了信息、通道和反馈三个部分之后，信息编码和解（译）码就对沟通的成功起着决定性的作用。

1. 信息编码

编码是信息发送者将信息意义符号化，编成一定的文字等语言符号及其他形式的符号。因为沟通的类型有语言的和非语言的多种形式，所以信息编码也有多种，可以是有形的文字、符号，也可以是有声的语言，还可以是无声的身体语言。有专家强调，"即使是沉默本身，也是一种意思的表现方式"，目的在于让对方理解你发出的信息。

编码的过程会受到条件环境的影响，包括技巧、态度、知识、周边的社会文化以及沟通现场环境等。

【案例1-2】 《秀才买柴》

一秀才买柴，曰："荷薪者过来。"卖柴者因"过来"二字明白，担到面前。问曰："其价如何？"因"价"字明白，说了价钱。秀才曰："外实而内虚，烟多而焰少，请损之。"卖柴者不知说甚，荷柴而去。

卖柴者因"过来"和"价"明白秀才的意思，但秀才"外实而内虚，烟多而焰少，请损之。"（你的木材外表是干的，里头却是湿的，燃烧起来，会浓烟多而火焰小，请减些价钱吧。）的文言令卖柴者不明其意，而离去。

秀才的话本身无可厚非，然而在卖柴人面前，他的编码出现了问题，导致卖柴人解（译）码困难（卖柴人听不懂秀才在讲价，以为秀才不会买），而使沟通失败。

面对不同的受众，需要采用不同的信息编码，因为信息接收者的知识不是你来决定的。正确编码就是要寻求共同点，并不断将此点扩大。

【案例1-3】 我们在工作和生活中，也许都曾有过下面的经历。

开会，发言者说："今天的会议有些人迟到，还有些人不到会，在此提出批评。尤其是那些该来的人不来，再次提出严肃批评。"

想想我们当初身在现场的感受，难免让人产生"说给谁听呐？我们都来了"的想法？

再者，是否会因"那些该来的人不来"而产生"我们是不该来的人？"的想法？

这也是发言者的编码有问题，但这是因为发言者对到场的人的态度引起的。如果发言者非常重视到场的人，他还会这样说话吗？

2. 信息传递渠道

由发送者选择的、借以传递信息的媒介物，目前传递信息的渠道有多种，如公文、信件、广告、传真、会议、谈话、电话、E-mail、短信、各种即时通信软件等。使用某种媒介作为沟通某种信息的传递渠道，不仅是技术上的问题，实际上很可能极大地影响沟通的效果。如果渠道不畅通，信息的传递就可能出现误差，如用手机通话时，如果信号非常不好，可能接收者在时断时续的通话中得到的是恰好相反的信息。如果在安静的环境中面对面沟通，则不存在信息传递渠道造成的传递误差，因为没有噪声等干扰。

如果将信息传递渠道分类，可以分为正式的渠道和非正式的渠道两类。

正式的沟通渠道一般是自上而下的遵循权利系统的垂直型网络。非正式沟通渠道常称为小道消息的传播，它可以自由地向任何方向运动，不受权力等级的限制。

3. 信息解（译）码

信息接收者必须将符号化的信息解译，还原为思想，并领会理解其意义，即将信息转化为他所能了解的想法和感受。这一过程会受到信息接收者的经验、知识、才能、个人素质、对信息输出者的期望以及一些个人想象等因素的影响。而且解译信息编码会受到所使用媒介物的影响，信息接收者对所获得的信息，可能因信息媒介物的不同，产生不同的解译方式。如果出现偏差，就会产生误解。

4. 反馈

反馈是指接收者在接收信息后，及时地回应信息发送者，向信息发送者告知自己的理解、意见和态度，以便核实、澄清信息在传递和解（译）码过程中可能出现的误解和失真。

例如，甲电话通知乙，约定第二天下午两点在215会议室见面，商讨下阶段的工作，结束通话前，乙通常会重复时间、地点。可能说"明天下午两点，215会议室，对吧？"，也可能说"明天下午两点215见"。

五、沟通的步骤

（一）沟通的准备

1. 确定沟通的目的

你想通过沟通使他们知道什么？你想从他们那里得到什么？他们想从你这里得到什么？

2. 分析沟通对象

信息接收者是谁？他们与你是何种关系？他们是资深长者、你的同事，还是未曾谋面的人？他们对你的感觉如何？他们对沟通内容了解多少？能否使用一些专业术语？他们能否理解这些概念？他们是行家、新手，还是与你一样水平的人？

你需要了解他们的个人特征，包括利益特征、性格特征、价值特征、人际关系特征等，并把握其可能的态度。

3. 认真进行信息编码

准备沟通表达的内容时，尽可能做到条理清楚、简明扼要、用语通俗易懂，并拟写沟通表达提纲。

4. 选择恰当的沟通渠道

即使是选择面对面的沟通，也要事先确定沟通的方式，是直接告知，还是婉言暗示，是正面陈述，还是比喻说明，都要事先进行选择和设计。

5. 事先告知沟通的主题内容

必要时，事先告知沟通的主题内容，让沟通对象也为沟通做好准备。

6. 确定沟通的时间、时限和地点

在与沟通对象交换意见的基础上，共同确定沟通的时间、时限和地点。

（二）沟通的控制

按照预先所做的准备，进行信息传递。在传递的过程中，要控制沟通的气氛，使双方在安全而和谐的气氛中沟通，避免沟通双方彼此猜忌、批评或恶意中伤，这将使气氛趋于紧张，容易引发冲突，加速彼此心理设防，使沟通无效或无法进行。在沟通的过程中信息的输出者要能够觉察潜在的冲突状况，及早予以化解，缓和紧张气氛，避免冲突出现。

要以明白具体的积极态度，让对方在平和、不设防的状态下接受你的意见，并最终达成协议。

（三）信息反馈

信息发布者需要认真倾听或询问，以确认所发布的信息是否被正确解（译）码。

六、影响沟通的因素

1. 沟通中的三种表现

通常，人们在沟通中可能表现为表1-2中的三种状态之一。

表 1-2 沟通中的三种表现

表现	非语言特征	语言特征
缺乏自信的（对自己的处境缺乏信心）	语调低，说话吞吞吐吐；目光游移不定，不敢与别人对视；或者紧握双手，或者用手掩饰嘴巴	多用试探性的语言，如"可能""我们是否可以……""我想知道是否……""或许……"。这类词常常会削弱自己观点的重要性
攻击性的（不顾忌他人感受）	通常高声说话，并伴有不友好的姿势，如握紧拳头、敲桌子以及身体前倾。当有目光接触时，则是不友好的、对立的	多用警告性语言，挖苦、唐突的评论以及反驳。倾向于批评人而不是解决问题
果断自信的（有自信，同时能设身处地为他人着想）	目光适当注视对方，并且说话的语音热情而清晰；身体放松，并且伴有开放和友好的手势	对事不对人，"我"和"你"这两个词经常出现，动词使用现在时，"我想要你做的……"

人们可以根据表 1-2 中的三种表现来评价每一次沟通，提高人们的沟通能力。人们在沟通中为什么会有不同的表现？因为人们在沟通中会受到各种因素的影响。

2. 影响沟通的因素

沟通的过程会受到下面条件环境的影响。

1）技巧（阅读、聆听、说话、推理等）。
2）态度（平等、尊重、居高临下等）。
3）知识（水平高低及宽度等）。
4）社会文化（社会大环境）。
5）沟通现场环境（混乱、嘈杂）。
6）信任（相互信任是基础）。
7）信息接收者对信息输出者的期望。
8）价值观（如代沟造成的价值观不同）。
9）地位差异（上、下级沟通）。
10）沟通对象的性别、年龄、文化等。

七 沟通的障碍及克服方法

（一）沟通中的"漏斗"

什么是沟通中的漏斗？如图 1-5 所示。

通常，如果一个人心里想的是 100%，但你在众人面前、在会议上用语言只能表达心里所想的 80%；而当这 80% 进入别人的耳朵时，由于文化水平、知识背景的关系，只剩下了 60%；实际上，真正被别人理解了、消化了的东西大概只有 40%；等到听到的人遵照领悟的 40% 具体行动时，可能只剩 20% 了。

这就是所谓的沟通漏斗，每一层都漏掉 20%。然而，这种漏斗现象却普遍存在。人们都碰到过这样的情况：自

图 1-5 沟通中的漏斗

己已经思前想后地把一件事情计划好了，但你安排别人去做的结果却不是你想要的。所以，一定要争取让这个漏斗漏得越少越好。

（二）一般的人际沟通障碍

一般的人际沟通有以下几个方面的障碍：

（1）语言表达方面　陈述能力。

（2）理解对方方面　换位思考。

（3）沟通时机　适合沟通。

（4）沟通场合　对沟通没有干扰。

（5）沟通能力　观点的表达顺序、观察能力、劝说能力。

（三）工作中的三种沟通障碍

工作中的沟通有三种信息流向：

（1）向上沟通　与上级领导沟通。

（2）向下沟通　与下属沟通。

（3）水平沟通　与同事沟通或同级部门间沟通。

著名培训大师余世维对于这三种沟通障碍的总结是：

1）向上沟通没有胆——下属常因缺乏胆识和解决问题的策略，畏惧或者回避与上司进行沟通。

2）向下沟通没有心——上司因不熟悉下属的具体业务或不愿放下架子而无心与下属沟通。

3）水平沟通没有肺——同级别的人通常因利益、立场、个人恩怨、沟通机会、配合与合作意识等原因，沟通时缺乏真诚，没有肺腑之言。

（四）倾听的障碍

在沟通的过程中，如果沟通的双方不能倾听对方的陈述或询问的话，沟通是不能成功的。

倾听就是要给沟通对象以充分阐述自己的意见和想法的机会，并设身处地地依照沟通对象表达的思路来思考，找出对方说话的合理性，以充分了解沟通对象，收集自己不知道的信息，并把沟通对象引导到要沟通讨论的议题上来，使沟通对象感觉到自身的价值和所受到的尊重。

倾听需要相当的耐心与全神贯注。

1. 倾听的技巧

（1）鼓励　促进对方表达的意愿。

（2）询问　以探索方式获得更多对方的信息资料。

（3）反应　告诉对方你在听，同时确定完全了解对方的意思。

（4）复述　用于讨论结束时，确定没有误解对方的意思。

2. 学会有效的倾听

有效的倾听能增加沟通双方的信任感，是克服沟通障碍的重要条件。在倾听时注意以下几个方面。

1）身体稍稍前倾，面对沟通对象，使用目光接触，但要避免长时间地盯着对方，使之感到不安。

2）展现赞许性的点头和恰当的面部表情，不断向沟通对象传递接纳、信任与尊重信号，或者用鼓励、请求的语言激发对方，如"您说得很好""你的信息非常有价值""请接着讲""你能讲得再详细一些吗"。

3）要有耐心，避免分心的举动或手势，即使突然有电话打进来，可明确告诉来电一方过一会儿再打过来；如果电话内容紧急而重要，必须接听时，也要向沟通对象说明原因，表示歉意。

4）要提出意见，或不时地做一些笔记，以表明自己不仅在充分聆听，而且在思考。

5）复述，用自己的话重述对方所说的内容。

6）在倾听过程中，如果没有听清楚，没有理解，或是想得到更多的信息，澄清一些问题，希望沟通对象重复；或者希望使用其他的表述方法，以便于理解；或者想告诉沟通对象你已经理解了他所讲的问题，希望他谈一些其他问题，可在适当的情况下，直接把自己的想法告知沟通对象。

7）使听者与说者的角色顺利转换。

3. 倾听时必须禁止的行为

1）高高在上、冷漠、具有自我优越感，难有平等的心态对待沟通对象。

2）对沟通对象不尊重、不礼貌。

3）以冷嘲热讽的语气与沟通对象对话。

4）正面反驳对方，或妄加批评和争论。

5）随意插话或打断对方的话。

有效沟通的知识

6）心不在焉地听沟通对象讲话，东张西望，若有所思，有跷二郎腿、双手抱胸、双目仰视天花板或者斜目睨视等容易使沟通对象以为你不耐烦或抗拒的行为举止。

7）过于夸张的手势。

8）否定对方价值的用词。

及时提高自身的沟通能力，在工作中处处都需要沟通。

松下幸之助有句名言："企业管理过去是沟通，现在是沟通，未来还是沟通。"

任务实施

团队成员组织一次内部沟通，确定沟通的目的，分析沟通对象，选择恰当的沟通渠道，确定沟通的时间、时限和地点。应尽量控制沟通过程中的气氛，避免冲突。在沟通中应注意倾听，获得反馈信息，总结沟通中存在的问题及沟通效果。

倾听训练

归纳总结

本任务介绍了沟通的概念、类型、模式、沟通的步骤、影响沟通的因素，以及沟通的障碍和克服方法。

请扫二维码观看倾听训练视频。

请扫二维码观看沟通训练视频。

沟通训练

思考题

1. 你在与人谈话的过程中，是否急于表达自己的想法？会经常打断对方吗？

2. 当别人告诉你电话号或某些账号时，你是否会重复一遍，让对方核对一下？
3. 当你想与人谈一件重要的事情时，是否会预先做些准备？是否会挑选时间？是否会选择地点？
4. 你在与人交谈时，是否总是一种语调？交谈的过程中会有手势吗？
5. 你与人交谈时，会考虑对方的年龄、性别、文化程度、职业等因素而采用不同的词语或说法吗？
6. 你说的一件事，经过几个人之后，有些内容变样了，这是否是有人故意捣乱？

练习题

两人一组训练，一人背对图片，另一人看图片。看图者不能说出图片的名称，但要通过语言描述，让背对者说出图片的名称。图片如图1-6所示。

图1-6　习题图
a) 气动扳手　b) 混合动力汽车　c) 剪式举升机　d) 装配中的乘用车

任务三　培养团队合作精神

任务引出

随着时代的发展、社会的进步、知识的爆炸、技术的更新，仅靠个人的能力很难处理复杂的问题，完成超大的项目。所以，团队合作是当今社会发展与进步不可或缺的极重要的因素。团队合作精神是企业员工应具备的基本素质。在学习和活动中有人愿意与你合作吗？

任务描述

本任务介绍团队的定义、团队成员的表现、团队的表现，以及培养团队精神，通过本任务的学习应学会与人合作。

相关专业知识

一 什么是团队

什么是群体？什么是团队？团队与群体有什么区别？

1. 群体与团队的定义

（1）群体的定义　群体是两个或两个以上的人，为了实现共同的目标，以一定的方式联系在一起，相互作用和依赖进行活动的集体。

（2）群体的特性

1）成员有共同的目标。

2）成员间能够相互识别、交流、影响。

3）成员对群体有认同感和归属感。

4）群体中有一个相对持久和稳定的结构，有共同的价值观。

5）群体具有生产性功能和维持性功能。

6）群体的价值和力量在于其成员思想和行为上的一致性，而这种一致性取决于群体规范的特殊性和标准化的程度。

（3）团队的定义　团队是由多个具有不同技能、因为同一目标而合作的人，遵守共同的原则、程序，采取积极、互动的工作方法，共同工作的团体。较他们独自工作而言，能完成更多的工作——远大于个体绩效之和，如体育比赛中的球队，一个好的团队就能够在比赛中打出自己的水平甚至超水平发挥。

2. 团队与群体的区别

团队与群体最根本的区别在于协作性，群体的协作性可能是中等程度的，有时成员还有些消极，甚至有些对立；但团队中的工作是一种齐心协力的状态，团队合理利用每一位成员的知识和技能协同工作、解决问题、达到共同的目标。

当群体成员具有高度的相互依赖性和共同性时，这个群体便成为一个团队。如工厂中的每个班组都是一个群体，但不一定是一个团队。

偶然聚合的人群是没有共同的目标和隶属感的，没有结构和社会角色分化的。但是，这种人群在特定情况下也可以转化为团队。

3. 团队的特点

（1）高效团队的特点

1）清晰的目标。团队成员具有清晰的、共同的目标。

2）相关的技能。团队成员具备实现理想目标所必需的技术和能力，而且相互之间有能够良好合作的个性品质。后一点尤为重要，因为有精湛技术能力的人并不一定就有处理群体内关系的高超技巧。

3）相互的信任。团队成员对团队中其他人的品行和能力都确信不疑。

4）良好的沟通。团队成员间能迅速而准确地了解彼此的想法和情感。

5）恰当的领导。高效团队的领导者往往担任的是教练和后盾的角色，他们对团队提供指导和支持，但并不控制团队。

6)谈判技能。高效团队成员角色具有灵活性和多变性,总在不断地调整,因而成员必须具备充分的谈判技能。

7)内部和外部的支持。内部恰当的基础结构应能支持并强化成员行为以取得高绩效水平,外部的管理层应给团队提供完成工作所必需的各种资源。

(2)团队成员的心理特点　团队成员通常具有如下心理特点:

1)团队归属感,尤其是受到外界压力时。

2)团队认同感,当对外界情况不了解时。

3)团队成员角色感,团队成员在工作中通常担当着不同角色。

4)团队的力量感,团队成员深知通过全员努力而达到的工作绩效远大于个体的绩效之和。

4. 团队成员的角色和人际关系

(1)团队成员的角色　团队角色理论是英国组织行为学家、英国剑桥产业培训研究部前主任梅雷迪思·贝尔宾基于"没有完美的个人,只有完美的团队"的基本思想提出的一个分析团队角色和团队合作的理论模型。

通常一个高效的团队结构一定是合理的,这样的团队应由九种成员角色构成。九种角色以其特征、值得肯定的品质及可允许的缺点见表1-3。

表1-3　团队成员角色

角色类型	典型特征	值得肯定的品质	可允许的缺点
总体协调者（领导者）	冷静、自信、有控制能力	根据所有潜在贡献者的品质毫无偏见地对待和欢迎他们。有很强的目标感,有个性感召力	智力水平和创造力属于中等水平,容易将团队的努力归为己有
创新者	个人主义、有创造力、非正统	有天分、富有想象力、智慧、博学	好高骛远、无视实际工作细节和计划、不拘礼仪
资源调查者	外向、热情、好奇、善于交际	与人交往广泛、有善于发现新事物的能力、勇于迎接挑战	当最初的兴奋消逝后,容易对工作失去兴趣
推进者（左右大局者）	开朗、思维敏捷、有挑战性、富有激情	敢于挑战传统、办事效率高、工作热情高、办法多、干劲足、反对自满和欺骗行为	喜欢挑衅、易怒、做事缺乏耐心
监督者（底线把关者）	清醒、理智、谨慎、精确判断	判断、辨别能力强,讲求实效	缺少鼓舞他人的能力和热情,自己也不易被鼓动和激发
凝聚者（团队润滑剂）	合作性强、性情温和、敏感	适应性强、随机应变,善于调和人际关系、促进团队合作	在危机时刻优柔寡断
实干者	保守、有责任感、有效率、守纪律、自律性强	有自控能力、务实、忠诚、工作勤奋、不计较个人利益	缺少灵活性、对未被证实的想法不感兴趣
完美执行者	埋头苦干、遵守秩序、尽职尽责、诚心诚意、主动性强	有坚持不懈的能力,是完美主义者	容易为一些小事而焦虑,不洒脱
技术专家	专注、甘于奉献、能为团队提供很好的技术支持	具有奉献精神、拥有丰富的专业技术知识、致力于维持专业标准、依据知识经验判断	只局限于狭窄领域,专注技术知识,对其他事情没有兴趣

在这里要强调的是一个人目前可能是团队中的某种角色，但这并不意味着你不能担当其他团队成员角色。

一个高效团队一定有恰当的角色组合，团队成员有较好的心智分布，个性的分布能够覆盖较多的团队角色，团队成员的个性特征与他们的责任之间有较好的匹配。

（2）团队中人际关系的表现

1）管理与被管理的关系：管理者与被管理者是上、下级关系。

2）员工与员工之间的关系：工作中的同事关系。

3）管理者与管理者之间的关系：分工合作的关系，应该是互相支持、相互尊重的关系。

二 团队合作的重要性

当今社会，竞争日趋激烈，社会需求越来越多样化，使人们在工作、学习中所面临的情况和环境越来越复杂。在很多情况下，单靠个人能力已很难完全处理各种错综复杂的问题。所有这些都需要人们组成团体，并要求组织成员之间进一步相互依赖、相互关联、共同合作来解决错综复杂的问题，并进行必要的行动协调，开发团队应变能力和持续的创新能力，团队合作往往能激发出团体不可思议的潜力，创造奇迹。

三 成功与不成功团队的表现

1. 高效团队的特质

1）团队对技术和能力进行优化组合，角色清楚分配，建立有效的组织结构。

2）团队能优化"思想者"和"行动者"。

3）团队成员之间提供高水平的信任和支持，使成员间实现有效沟通，切磋技巧，积极处理各种意见。

4）团队使目标更明确。

5）团队能对决策提供合理和固定的程序。

6）团队通过实践能提供学习机会。

7）团队能使冲突得到最好的解决。

8）团队能通过设定目标和达到目标的时间实现承诺。

9）团队能提供一个令人愉快的、充满刺激和享受的工作环境。

10）团队对外关系良好。

11）团队成员共同分享工作成果。

2. 失败团队的表现

1）任务不能有效地完成。基本技术缺乏，成员间不平衡所致。

2）挫折。缺乏自我表现和个人满意度；不能清楚地领会满足他们自身的需要和期望的方法。

3）组织花许多时间责备或惩罚犯错误者，希望从错误中得到学习和提高。

4）不健康的竞争，如背后诽谤、相互贬低、报复等。

5）缺乏开放性。团队领导者没有足够的度量来讲真话，封锁信息，成员背后议论。

6）部门之间的关系不协调，容易相互埋怨，有效的团队不能产生。

7）领导和团队是脱节的，相互之间缺乏了解，造成各持己见的局面。

8）个人不能发展和成长。

四 团队成员的各种表现

团队中的成员会有各种行为表现，下面详细叙述。

1. 有利于团队工作的行为

1）以"我"开头的表达。例如，"我感到""我认为"。
2）积极地聆听并考虑别人的观点，以促进双向交流，实现有效沟通。
3）允许别人提出反对意见，以示尊重别人的需要、感情和权利。
4）公开与别人共享信息和专业知识。
5）参与、贡献主意和确立目标。
6）愿意付出信任。
7）正视问题。
8）愿意缓慢地做出判断。
9）愿意寻找大家一致同意的选择。
10）愿意放弃控制。
11）承担责任。

2. 不利于团队工作的行为

1）不愿将个人需要和个人的事放在一边后与团队中其他成员一起工作。
2）想要或强烈地倾向成为团队的焦点，而不愿成为团队发展过程中的一部分。
3）回避冲突，对任何事都表示同意。
4）打断别人的话，限制他人的行为。
5）表现出高人一等，喜欢说教和轻易评价，很快就对别人做出判断，但却不检查自己的行为。
6）对团队变化、成员和团队建设持否定态度。
7）推卸责任。
8）闲谈、抱怨、愤怒、攻击等。
9）使用挑衅性的语言，如"永远""绝对不"。
10）贬低别人的贡献。
11）不参加团队会议或常常迟到。

3. 有个性缺陷的行为表现

每个人的行为表现都不一样，但有些行为表现是因为个性缺陷使然。例如：不爱说话，不听人说话，不合群，喜欢截留信息，喜欢生气，过于敏感，爱抱怨，过于好胜，专横，破坏规矩，推卸责任等。

了解了一个团队成员可为团队接受的行为和不为团队接受的行为，就知道了在团队工作中应该如何去做，才能成为一个受欢迎的成员。了解了某些行为属于个性缺陷造成的，就要注意克服，使自己能够在团队中工作更顺利。

五 培养团队精神，学会与人合作

1. 团队精神的定义

团队精神就是经过精心培养而逐步形成的团队成员共同的一种集体意识，是显现的团队成员的工作心理状态和士气,是团队成员共同价值观和理想信念的体现,反映了团队成员对本团队的特征、地位、形象和风气的理解和认同,蕴含着对本团队的发展、命运和未来所抱有的理想与希望,折射出一个团队的整体素质和精神风格,是凝聚团队和推动团队发展的精神力量和共同愿望。

2. 团队精神的重要性

团队精神对于企业而言具有相当重要的作用,在一定程度上,它甚至决定了企业的前途。目前,在我国各企业建立和完善现代企业制度的同时,都特别重视企业文化的建设。在这个过程中,最重要的一点就是要培育企业的团队精神。

3. 团队精神的主要表现

1)在团队与其成员之间的关系上,团队精神表现为团队成员对团队的强烈归属感与一体感。

2)在团队成员之间的关系上,团队精神表现为成员间的相互协作及共为一体。

3)在团队成员对团队事务的态度上,团队精神表现为团队成员对团队事务的尽心尽力及全方位的投入。

4. 培养团队精神

首先,应检验一下自己是否具有团队精神:

1)你经常与人合作吗?

2)合作过程愉快吗?合作的结果理想吗?

3)与你合作过一次的人,当再次需要合作时,是否愿意与你合作?

下面是几点建议:

1)如果你从未与人合作过,总是独来独往,你需要认真地去想想这是为什么,你的团队精神必须极努力地培养。

2)如果你与不同的人合作的过程都是不愉快的,你要对照上述团队精神的表现检查一下自己存在哪个方面的问题。

3)如果在不多的选择中有人选择与你合作,说明你有点团队精神,但需要提高自己的水平。

4)如果经常有人愿意与你合作,这说明你具有良好的团队精神,可以继续提高自己的水平。

5. 学会与人合作

人们常说:小合作有小成就,大合作有大成就,不合作就很难有成就。

什么是合作?合作就是互相配合,共同把事情做好,实现合作者的共同目标。一个人学会了与别人合作,就有了获得成功的良好基础。

在合作中,为了实现最终的目标,团队中的个人都需要放弃自己的一部分利益,克服短视的行为和自私的缺点,更多地为他人考虑,拥有分享精神,否则合作就不可能愉快,也难于成功。

在团队合作中,不仅要尽力做好自己分内的事情,还要想着别人,想着集体,勇于承认他人的贡献。如果借助于别人的智慧和成果,就应该声明;如果得到了他人的帮助,就应该表示感谢。

学会合作是进行良好的人际交往所必需的心理品质,是在生活中获得幸福、事业上获得成功的基础。

🖐 任务实施

观看团队合作的视频,掌握团队合作的核心,体会团队合作的技巧,组队完成一项团队任务。

请扫二维码观看团队合作概述视频。

请扫二维码观看团队合作的实施视频。

观看二维码观看团队合作训练视频。

团队合作概述

团队合作的实施

📚 归纳总结

本任务介绍了团队的定义、团队成员的表现、团队的表现,以及培养团队精神、学会与人合作等内容。

✍ 思考题

1. 想想你喜欢在一起玩的伙伴有哪些表现吸引你愿意跟他(她)一起玩?
2. 你有过希望合作被人拒绝的经历吗?如果有,你事后想过为什么被拒绝吗?如果没想过,请想想是否自身有不易合作的缺点。
3. 你帮助过别人或为别人牺牲过自己的利益吗?是否被对方承认?你有什么想法?

团队合作训练

◆ 任务四 愉快工作认知 ◆

📋 任务引出

愉快地工作是一种职业态度,是一种高效的工作状态,这有益于个人、有益于工作中涉及的所有人、有益于企业,也必定有助于个人的职业生涯的发展。在去工厂进行顶岗实习或者就业时,都将要面对一个新的群体,应尽快融入新的群体并在其中愉快工作。

📝 任务描述

本任务简单介绍在面对并融入新群体时涉及的个人礼仪、健康以及情商等问题。

📖 相关专业知识

一 融入新的群体

1. 面对新的群体

当你在火车站候车室候车时,站在人群中的感觉与站在班级成员中一样吗?

你在火车站人群中的感觉与你去别的学校的某个班级面对那个班的全班学生时一样吗?

当你为某事去一个学校的某个班级,或去一个工厂的某个车间顶岗实习,或去一个单位工作时,你实际是面对一个不熟悉的群体或团队。这与你站在火车站候车室的人群中,面对一个个彼此都不相识的陌生的个体的感觉是完全不同的。

这种感觉是来自你所面对的群体或团队的特性产生的压力。

2. 人们需要被群体接受

人们每到一个新的地方,并不是一下就被新的群体所接受,这是因为群体是有认同感的。但人们每到一个新的地方都希望尽快融入群体中,因为融入群体可以获得安全感,可以满足社交的需要,可以满足自尊的需要,可以满足自我确认的需要,可以增强自信心和力量感……所以人们每到一个新的地方时,都希望尽快融入新群体。

美国社会学家舒茨的人际需要理论如下:

(1) 包容的需要　希望与人建立并维持和谐关系的欲求,基于此产生的行为特征有交往、沟通、参与及融合等。

(2) 控制的需要　在权利上与别人建立并维持良好关系的欲望,其行为特征是运用权力、权威,以超越、影响、控制及支配他人等。

(3) 感情的需要　在感情上与他人建立并维持良好关系的欲望,其行为特征是爱慕、亲密、同情、友善、热心及照顾等;在遭受挫折时,则表现出憎恨、厌恶及冷淡等特征。

以上三种需要表明:任何人都需要融入群体,以满足人际需求。

二　个人礼仪

一个人的个人礼仪、修养也是他能否被群体成员接受的一个重要因素。

个人礼仪是社会个体的生活行为规范与待人处世的准则,是个人仪表、仪容、言谈、举止、待人、接物等方面的个体规定,是个人道德品质、文化素养、教养良知等精神内涵的外在表现。其核心是尊重他人,与人友善,表里如一。

1. 个人礼仪修养的标准

(1) 和善亲切　对人要彬彬有礼,不冷淡、不粗野、不放荡,更不可有恶行。要从内心去爱、去关心、去帮助别人。要做到对人是平和的,处事是安详的。

【案例 1-4】

《林肯传》中有这样一件事:一天,林肯总统与一位南方的绅士乘坐马车外出,途中遇到一位老年黑人远远地向他鞠躬。林肯点头微笑并也摘帽还礼。同行的绅士问道:"为什么向黑鬼摘帽?"林肯说:"因为我不愿意在礼貌上不如别人。"

1982 年美国举行民间测验,要求人们在美国历届的 40 位总统中挑选一位"最佳总统",林肯名列前茅。

(2) 谦虚随和　谦虚总是受人欢迎的良好态度,社交场上任何自傲情绪的流露都会成为你通向成功之路上的障碍。古人云:"满招损,谦受益。"

(3) 理解宽容　理解是情感交流的基础,也是成功的交际和建立友谊的桥梁。

(4) 热情诚恳　对待他人应该自然和真诚。

(5) 诚实守信　无信则不立,无信则无德,无信则不肖。如参加活动迟到、银行卡透支还款不及时等,都会使个人信用受到影响。

【案例 1-5】

某单位为员工办银行卡,并开通透支功能,但某人发现其银行卡不能透支,询问方知:因其曾晚了 5 天还购房贷款,所以银行拒绝为其开通银行卡的透支功能。

2. 个人仪容礼仪

(1) 发型礼仪　头发是人体的制高点,很能吸引他人的注意力。第一要干净,第二要与个人的发质、形体、年龄、职业相协调。

(2) 面容礼仪　对所有人而言,面容礼仪要求干净,对女性而言,还要求与服饰、年龄、职业和身份、场合与环境相协调。

（3）个人仪容的最好修饰——微笑　微笑是人际交往中最基本、最常用的礼仪，在日常交往和服务工作中具有重要的实践性价值。微笑是人类的一种表情，是人类美好情感的流露，是真正的世界语言，能超越文化而传播。交往中的微笑是对人的尊重、理解，是增进友谊的纽带。

3. 个人服饰礼仪

服饰包括服装和饰品。

1）着装要考虑时间、地点、场合的 TPO 原则。
2）着装要考虑色彩协调原则。
3）着装要考虑形体协调原则。
4）着装要考虑个性原则。

4. 个人形体礼仪

（1）体姿礼仪　人类的体姿类型大致分为站姿、坐姿、行姿和蹲姿。

每种体姿都在表达着形体语言，形体语言在信息传递中所起的作用甚至大于语言和语音的作用之和。下面简介各种体姿的基本要领。

1）站姿。站立时应挺胸、收腹、立腰，基本要领是头正，双目平视，下颌微收，双肩放松，双臂自然下垂，双手在背后或体前交叉，双腿直立，两脚跟靠拢，双脚夹角呈45°~60°，如图1-7、图1-8 所示。

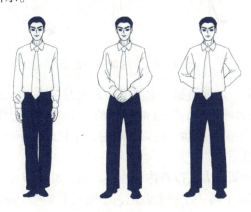

图 1-7　各种站姿

图 1-8　各种站姿的手位

2）坐姿。入座时，走到座位前，转身后把右脚向后撤半步，轻稳坐下，然后把右脚与左脚并齐，平落地面；上体自然挺直，头正；表情自然，目光平视，嘴微闭，两肩平正放松，两臂自然弯曲放在膝上，也可以放在椅子或沙发扶手上，掌心向下。图1-9所示为男性的各种坐姿，脚可以有多种姿势。图1-10所示为女性的各种坐姿。

图1-9　男性的各种坐姿

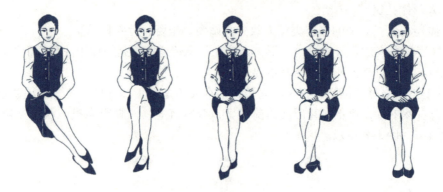

图1-10　女性的各种坐姿

3）行姿。行走时，双目向前平视，微收下颌；上身挺直，头正、挺胸收腹，重心稍前倾；手臂伸直放松，手指自然弯曲，摆臂时要以肩关节为轴，上臂带动前臂，手臂要摆直线，肘关节略屈，前臂不要向上甩动，向后摆动时，手臂外开不超过30°，前后摆的幅度为30~40厘米，如图1-11所示。

4）蹲姿。下蹲时，两腿合力支撑身体，使头、胸、膝关节在一个角度上。下蹲时，左脚在前，右脚在后，两腿向下蹲，左脚全着地，小腿基本垂直于地面，右脚脚跟提起，脚掌着地，臀部向下，如图1-12所示。

图1-11　行姿　　　　　　**图1-12　女性蹲姿**

以上是各种体姿的基本要求,各种体姿因性别不同和服装的特性,还有更加具体的要求。

（2）表情礼仪　　表情是一个人面部肌肉、眼睛、眉毛和嘴的综合运用所反映的心理活动和感情信息。表情能充分地展现人类的各种情感,如愉快、兴奋、激动、悲伤、忧郁、惶恐、失望、愤怒、自负、自卑、爱慕等。同时,人们的悲喜交加、喜忧参半的复杂心情也会通过表情表现得淋漓尽致。微笑是人类的最美好的表情。

眼睛是心灵的窗户,所以眼睛是表达表情的最重要的器官。眼睛表情包括眼睛的转动范围和频率以及目视的方向、目光接触技巧等。人们在各种场合与不同的对象交谈时,目光凝视的范围如图 1-13 所示。

（3）手势礼仪　　手势是一种无声的语言,是人们交往时不可缺少的动作,是最有表现力的身体语言。手势语可以加重语气,增加感染力。在使用手势时,要注意手势的幅度、次数、力度等。同时要注意各种手势的含义,尤其是面对不同国家和地区的人时,以免出现误解。

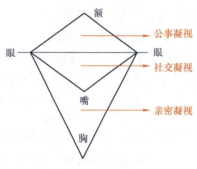

图 1-13　目光凝视范围

个人礼仪不仅是个人的喜好,而且是关乎个人整体形象、立场、态度以及个人修养的重要因素,这影响一个人是否能被一个群体接受。

三　健康

一个人的健康状况也影响着他是否被群体成员接受。

（一）健康的概念

世界卫生组织（WHO）的健康概念：人的健康分为生理健康、心理健康、社会适应良好、道德健康四个层次,并且后面的健康层次是以前面的健康层次为基础而发展的更高级的健康层次。

1. 生理健康

生理健康指的是人体的组织结构完整和生理功能正常。人体的生理功能是指以人体内部的组织结构为基础,以维持人体生命活动为目的,协调一致的复杂而高级的运动形式。

2. 心理健康

判断心理是否健康有三项基本原则。

（1）心理与环境的同一性　　指心理反映客观现实无论在形式或内容上均应与客观环境保持一致。

（2）心理与行为的整体性　　指一个人的认识、体验、情感、意识等心理活动和行为是一个完整和协调一致的统一体。

（3）人格的稳定性　　指一个人在长期的生活经历过程中形成的独特的个性心理特征具有相对的稳定性。

3. 社会适应良好

社会适应是指一个人在社会生活中的角色适应,包括职业角色,家庭角色及学习、娱乐中的角色转换与人际关系等方面的适应。社会适应良好,不仅要具有较强的社会交往能力、工作能力和广博的文化科学知识,能胜任个人在社会生活中的各种角色,而且能创造性地取得成就贡献于社会,达到自我成就、自我实现。缺乏角色意识、发生角色错位是社会适应不良的表现。

4. 道德健康

道德健康以生理、心理健康为基础,并高于生理和心理健康,是生理健康和心理健康的发展。首先健康的最高标准是"无私利人";基本标准是"为己利他";不健康的表现是"损人利己"和"纯粹害人"。

(二)健康的十项标准

1. 世界卫生组织提出了人体健康的十项标准

1)有充沛精力,能从容不迫地担负日常繁重的工作。
2)处事乐观,态度积极,乐于承担责任,事无巨细不挑剔。
3)善于休息,睡眠良好。
4)应变能力强,能适应环境的各种变化。
5)能抵抗一般性感冒和传染病。
6)体重适中,体形匀称,站立时头、肩、臂位置协调。
7)眼睛明亮,反应敏捷,眼和眼睑不发炎。
8)牙齿清洁,无龋齿,不疼痛,牙龈颜色正常,无出血现象。
9)头发有光泽,无头皮屑。
10)肌肉丰满,皮肤有弹性。

2. 美国心理学家马斯洛(Maslow)和迈特尔曼(Mittelman)提出的心理健康十项标准

1)有充分的安全感。
2)充分了解自己,并能对自己的能力作恰当的估计。
3)生活目标、理想切合实际。
4)与现实环境保持接触。
5)能保持个性的完整、和谐。
6)具有从经验中学习的能力。
7)能保持良好的人际关系。
8)能适度地表达、发泄和控制自己的情绪。
9)在不违背集体意志的前提下,有限度地发挥个性。
10)在不违背社会道德规范的情况下,能适当满足个人的基本需要。

四 情商

(一)情商是什么

情商主要是指人在情绪、意志、耐受挫折等方面的能力。它具体包括情绪的自控性、人际关系的处理能力、挫折的承受力、自我的了解程度以及对他人的理解与宽容。现代心理学家认为,情商与智商同样重要,是个人走向成功的关键要素。

查阅资料包,了解情商的能力组成。

(二)情商与智商的区别

智商(IQ)主要反映人的认知能力、思维能力、语言能力、观察能力、计算能力、律动的能力等。也就是说，它主要表现人的理性的能力。它是大脑皮层特别是主管抽象思维和分析思维的左半球大脑的功能。

情商（EQ）主要反映一个人感受、理解、运用、表达、控制和调节自己情感的能力，以及处理自己与他人之间的情感关系的能力。它是非理性的，其物质基础主要与脑干系统相联系，大脑额叶对情感有控制作用。智商是情商的基础。

（三）情商在现代生活中的重要性

由于现代社会工作节奏快、竞争激烈、人际关系紧张，工作压力和精神压力越来越大，所以要经常不断地进行自我心理调整。也就说，情商越高越容易适应现代生活。情商的作用就是使人能更充分地发挥智商的作用、效果。

情商理论认为，在人们取得的成功中，智商占的比例仅是20%，而情商占80%（其中，40%是人际关系，40%是观察力）。

情商的水平不像智商水平那样可用测验分数较准确地表示出来，它只能根据个人的综合表现进行判断。

情商水平高的人具有如下的特点：

1）社交能力强，外向而愉快，不易陷入恐惧或伤感，具有良好的人际关系。
2）对事业较投入，易于为自己营造良好的成才环境，从而在职业生涯中取得成就。
3）为人正直，富于同情心，情感生活较丰富但不逾矩。
4）无论是独处，还是与许多人在一起时，都能怡然自得。

（四）情商高、低的各种表现

情商高、低的各种表现见表1-4。

表1-4 情商高、低的各种表现

高情商的表现	较高情商的表现	较低情商的表现	低情商的表现
尊重所有人的人权和人格尊严	自尊	易受他人影响，自己的目标不明确	自我意识差，没有自信
不将自己的价值观强加于他人	有独立人格，但在一些情况下易受别人焦虑情绪的感染	善于原谅，能控制大脑	无确定的目标，也不打算付诸实践
对自己有清醒的认识，能承受压力	能站在别人的角度想问题	能应付较轻的焦虑情绪	严重依赖他人
自信而不自满	比较自信而不自满	把自尊建立在他人认同的基础上	处理人际关系能力差
人际关系良好，和朋友或同事能友好相处	人际关系较好	缺乏坚定的自我意识	应对焦虑能力差
善于处理生活中遇到的各方面的问题	做事不怕难	人际关系较差	生活无序
认真对待每一件事情	能应对大多数的问题，不会有太大的心理压力，心理承受能力强		无责任感，爱抱怨
			心理承受能力差，受不了一点打击，对生活感到悲观绝望

（五）提高情商

情商可以通过学习不断提高。提高自己的情商，能够更好地审视自己，知道如何激励自己，将不再无助地听任消极情绪的摆布，能够从容地面对挫折、忧虑和人际关系中的各种烦恼，不断获得事业上的成就和生活中的愉快。

提高情商的方法有以下几个：

1）学会划定恰当的心理界限，这对每个人都有好处。

2）找一个适合自己的方法，在感觉快要失去理智时使自己平静下来，从而做出理智的行动。

3）想抱怨时，先自问："我是想继续忍受这看起来无法改变的情形呢，还是想改变它呢？"

4）扫除一切浪费精力的事物。

5）找一个生活中鲜活的榜样。

6）从难以相处的人身上学到东西。

7）经常尝试另一种完全不同的方式，以拓宽视野，提高情商。

情商不仅影响着一个人能否被群体接受，更影响着一个人一生的职业生涯的顺利发展，以及一生的生活幸福。

美国卫生协会提出了11条心理平衡要诀：

1）对自己不过分苛求。

2）不要强求别人。

3）疏导自己的愤怒情绪。

4）偶尔也可以屈服。

5）暂时逃避。

6）找人倾诉烦恼。

7）为别人做些事。

8）在一段时间内只做一件事。

9）不要处处与人竞争。

10）对人表示善意。

11）适当娱乐。

（六）压力与绩效的关系

"压力就是动力"并不完全正确。

压力与绩效的关系如图1-14所示，当压力没有超过人的承受能力时，绩效与压力成正比；当压力超过了人的承受能力时，绩效与压力不再成正比，人的神经系统会受到冲击，免疫系统将遭到破坏，接踵而至的不仅是绩效的下降，还有健康的损害。

当遇到无法解决的难题、无所适从时，要控制情绪，与其随便乱做决定，不如选择顺其自然。

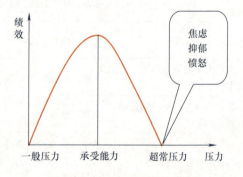

图1-14　压力与绩效的关系

【案例1-6】
1955年，世界建筑大师格罗培斯设计了迪士尼乐园，经过三年的精心施工，马上就要对外开放了。然而，各景点之间的路该怎样联络，还没有具体方案。

施工部发电报给正在法国参加庆典的格罗培斯，请他赶快定稿，以期按计划竣工和开放。

格罗培斯从事建筑研究四十多年，攻克过无数个建筑方面的难题，在世界各地留下70多处精美的杰作。然而，建筑学中最微不足道的一点——路径设计，却让他大伤脑筋。对迪士尼乐园各景点之间的道路安排，他修改了50多次，没有一次是让他满意的。

接到电报，他心里更加焦躁。庆典一结束，他就乘车去了地中海海滨。他想清理一下思绪，争取在回国前把方案定下来。汽车在法国南部的乡间公路奔驰，那儿是法国著名的葡萄产区，满山遍野都是当地居民的葡萄园。一路上，他看到无数的葡萄园主，把葡萄摘下来，提到路边，向过往的车辆和行人吆喝，然而很少有车停下来。

可是，当车拐进了一个山谷时，他发现那儿停满了车。原来这儿是一个无人葡萄园，你只要在路旁的箱子里投入5法郎，就可以摘一篮葡萄上路。据说，这是一个老太太的葡萄园，她因年迈无力料理而想出了这个办法。起初，她还担心是否能卖出葡萄，谁知在这绵延上百公里的葡萄产区，总是她的葡萄最先卖完。她这种给人自由、任其选择的做法使大师深受启发。

回到住地，他马上给施工部发电报：撒上草种，提前开放。

施工部按其要求在乐园撒上草种，没多久，小草长出来了，整个乐园的空地被绿茵所覆盖。在迪士尼乐园提前开放的半年里，草地被踩出许多小径，这些被踩出的路径，有宽有窄，优雅自然。第二年，格罗培斯让人按这些踩出的痕迹铺设了人行道。

在1971年伦敦国际园林建筑艺术研讨会上，迪士尼乐园的路径设计被评为世界最佳设计。

顺其自然就是最好的方案。

（七）是否有心理疾患的判断

我会有心理疾患吗？请对照表1-5为自己的心理健康做个检查。

表1-5　心理异常的表现

日常表现	具体情形描述
自卑	缺乏自信，无论在生活中还是工作中，总是认为自己不如别人，感觉压抑，抬不起头。个人情形受到严重影响，导致生活没有情趣，没有意义
敏感	多疑，神经敏感，常常将别人无意中的、不相干的语言和动作当作对自己的轻视或嘲讽，为此而人际关系紧张，情绪波动，喜怒无常
惊恐	对事物和环境产生恐怖感，如看到锐器、光影、黑暗等都会感觉恐惧。轻者心跳加速，四肢颤抖；重者失眠、噩梦连连
忧郁	闷闷不乐，对所有的事情都提不起兴趣，整日沉默寡言、愁眉苦脸
狭隘	心胸狭窄，对所有的事都斤斤计较，爱钻牛角尖，不能理解别人，更不能宽容别人，遇有不顺心的事总是耿耿于怀
嫉妒	不允许别人比自己好，如果别人超过了自己，就感觉不舒服，以致产生敌意，甚至故意打击、中伤别人
残暴	随意发泄自己的不满，摔东西、骂人、打人，或者随意戏弄别人、嘲讽别人

当我们遇到某些问题或者受到某些打击时，心情始终无法平静，总是摆脱不掉某些想法，产生表1-5中的现象，甚至身体生病。这时，我们的心理其实已经不健康了，这是每个人都可能出现的情况。这时应该怎么办？

1）当问题不是很严重时，可能会随着时间的推移，慢慢自动恢复正常。
2）采取办法尽快摆脱这种状况，有下面的方法可以尝试。
① 承认自己心理上出现了问题（甚至是疾患）。
② 找出导致不良情绪的原因。
③ 情绪转移到其他事情上。
④ 学会宣泄不良情绪（这是一个自我减压的重要途径）。
⑤ 将不良情绪以艺术或运动的形式升华表达，如大声地唱歌或者去操场跑步。
3）如果上述办法不能解决问题，那么就应该像感冒无法自愈时一样，去医院找医生。现在很多医院都有心理干预门诊，可以去那里寻求帮助，使自己尽快摆脱疾病的困扰。

任务实施

和同伴一起互相进行个人礼仪示范，找出错误和需要改正的地方，直至完全正确、熟练。

归纳总结

本任务介绍了在面对并融入新群体时涉及的个人礼仪、心理健康、社会适应性、不同水平情商的表现，以及提高情商的方法等内容。

思考题

1. 是不是所有人都容易受他人的影响，而改变自己的行为？这与情商高低有关吗？
2. 两个好朋友之间要有心理界限吗？
3. 你要求朋友像你对待他一样对待你吗？
4. 你是一个从不言败的人吗？你做的事都按照你事先的计划实现了吗？如果没实现怎么办？
5. 依照本任务的内容，判断一下自己的情商属于哪类水平。

任务五　当好班组长

任务引出

班组长作为企业最基层的管理者，既要承担生产任务，又要上下沟通协调，调动班组员工的积极性和主观能动性。只有员工成功，才有班组的成功，也才有班组长的成功。对于高等职业院校的毕业生，不仅可以从事专业技术工作，也可以从事企业生产现场管理工作。如果从事现场管理工作，那么第一步就是成为班组长，你知道如何当好班组长吗？

任务描述

本任务介绍企业管理层次、班组长的职责、班组长的角色认知以及技能要求等。

相关专业知识

培养高认知、高技能、高素质的"三高"人才，是高职高专院校的人才培养目标。这一培养目标意味着，当学生就业成为一名合格的员工后，一个发展方向是成为技术型人才，另一个发展方向是成为企业基层的管理型人才（班组长和工段长等）。当好班组长就成了高职高专毕业生职业生涯中的一个目标。

一　企业的管理层次

企业的纵向管理层是金字塔形的，如图 1-15 所示。

1. 经营层

经营层指的是企业的总经理、董事长层面，他们负责企业的战略制定及重大决策。

2. 管理层

管理层指的是企业中的部长、科长、车间主任等层面，他们负责层层组织和督促员工完成企业的生产任务。

图 1-15　企业的纵向管理层

3. 执行层

执行层指的是企业中最基层的管理者，如工段长、领班、班组长，他们是生产现场的直接指挥和组织者。

图 1-16 所示为日资企业的组织形式。

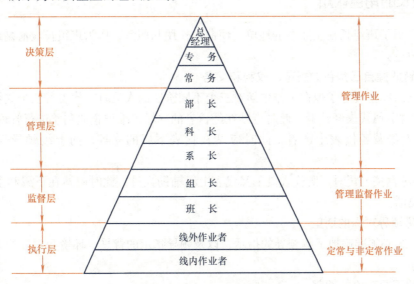

图 1-16　日资企业的组织形式

管理作业的人员负责制定企业战略（企业发展方向）；管理监督作业的人员负责制订战术（具体工作计划）；定常与非定常作业的操作人员负责执行计划（标准作业）。

二　班组长的地位、使命、作用和职责

1. 班组长的地位

班组长是班组生产管理的直接指挥者和组织者，是企业中最基层的负责人，也是直接的生产者。

2. 班组长的使命

提高产品质量，提高生产效率，降低成本，防止工伤和重大事故。

3. 班组长的作用

1）班组长影响着决策的实施，影响着企业目标的最终实现。

2）班组长是承上启下的桥梁和纽带。

3）班组长是生产的直接组织和参加者，班组长既应是技术骨干又应是业务上的多面手。

4. 班组长的职责

班组长的职责涉及以下三个方面。

（1）劳务管理　涉及人事调配、排班、勤务、严格考勤、情绪管理、技术培训以及安全操作、卫生、保健、福利、团队建设等方面。

（2）生产管理　包括现场作业、工程质量、成本核算、材料管理以及机器保全等工作。

（3）辅助上级　要及时向上级反映工作中的实际情况，提出自己的建议，做好上级领导的参谋助手。

显然，班组长的工作既重要又繁杂，要做好其工作需要有较高的情商，以便在工作中发挥智商的作用，才能较好地完成工作，同时使上级和下级都满意。

三 班组长的角色认知

上面介绍了班组长在企业中的地位、使命、作用和职责，作为班组长应清楚地了解自己所扮演的角色。

1. 准确把握自己角色的规范、权利和义务

班组长的地位决定了他在工作中面对三个不同阶层的人员时，代表着三个立场：

1）面对下属代表经营者，此时应站在经营者的立场，维护企业利益进行管理工作。

2）面对经营者代表生产者，此时应站在代表下属的立场，向上级领导反映部下的呼声。

3）面对直接上司时，既代表员工又代表上级辅助人员，此时应站在下属和上级辅助人员的立场说话。

2. 了解领导对你的期望

作为下级必须准确地了解领导的指示，以及领导指示的背景、环境和领导的风格，以免费力不讨好。

3. 了解下级对你的期望

图 1-17 所示为下级对班组长的期望。

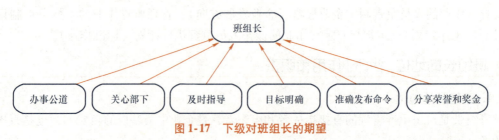

图 1-17　下级对班组长的期望

（1）办事公道　班组长在安排工作、考核、奖惩和利益分配时，要做到公平、公正，才能服众。

（2）关心部下　要出自真心地在工作上和生活中了解、关心班组内的员工，才能使员工感受到尊重、重视、关心和温暖，员工会自发地努力工作。

（3）及时指导　上级领导对下级的指导就是对下级的关注和培训，因此，下级会希望得到领导的指导。下级对那种不闻不问的领导是不满意的。同时，这种不闻不问会使小问题逐渐演变成大问题，直到出现事故。

（4）目标明确　作为班组的领导，班组长必须有明确的目标，否则班组成员不会有明确目标，或者有目标也无法实现。

（5）准确发布命令　作为生产一线的指挥者，班组长在发布命令时必须清楚准确。由于沟通过程是存在漏斗现象的，如果命令发布不准确、不简洁，在命令的传播过程中必然会产生失真，以致造成工作中的事故。

（6）分享荣誉和奖金　作为领导应该慷慨地把荣誉和奖金分给大家，让大家的努力得到承认，这将会更好地调动员工的工作积极性。从另一个角度看，下属获得的荣誉越多，说明你的工作做得越好。

四　班组长的需求层次

1. 领导者的层次

根据马斯洛的需求层次理论，人有五个需求层次，如图 1-18 所示。当人的基本需求满足之后，会有另外的新的需求产生。

不成功的领导者：仅满足发得出工资，不出事故。

一般的领导者：不满足于发得出工资，不出事故，还要求工作要比别人做得好，受到大家的尊重，当然还有社交的需求。

成功的领导者：与一般的领导者比较，还有更高层次的需求——自我实现，实现自己的职业生涯的预期目标。

2. 管理方格图

1964 年，美国德克萨斯大学的行为科学家罗伯特·布莱克和简·莫顿提出了研究企业的领导方式及其有效性的管理方格理论，倡导用方格图表示和研究领导方式，如图 1-19 所示。

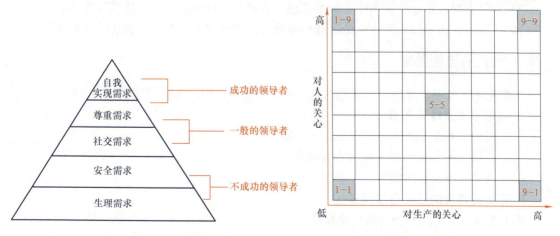

图 1-18　班组长的需求层次　　　　　图 1-19　管理方格

在这个方格图中，纵轴和横轴各 9 等分，纵轴表示企业领导者对人的关心程度（包含了员工对自尊的维护、基于信任而非基于服从来授予职责、提供良好的工作条件和保持良好的人际关系等），横轴表示企业领导者对业绩的关心程度（包括政策决议的质量、程序与过程、研究工作的创造性、职能人员的服务质量、工作效率和产量），其中，第 1 格表示关心程度最小，第 9 格表示关心程度最大。全图总共 81 个小方格，分别表示"对生产的关心"和"对人的关心"这两个基本因素以不同比例结合的领导方式。

根据企业管理者"对业绩的关心"和"对人的关心"程度的组合，可以将领导分为五种类型。

（1）"1-1"方格是贫乏式领导者 对业绩和对人关心都少，实际上，他们没有认真履行自己的职责，身在其位，不谋其事，这种领导令下属失望，不可能成功。

（2）"1-9"方格是俱乐部式领导者 对业绩关心少，对人关心多，他们努力营造一种人人放松、感受友谊与快乐的环境，但对协同努力以实现企业的生产目标并不热心，方格表示重点放在满足职工的需要上，而对指挥监督、规章制度却重视不够，效率低、窒息进步、压抑创造力，使有追求的人失望。

（3）"5-5"方格是中间式领导者 对人的关心和对工作的关心保持中间状态，不设置过高的目标，只求维持一般工作效率与士气，使员工和上级都能接受，各方关系良好，有长期支持性，但不积极促使下属发扬创造革新的精神。

（4）"9-1"方格是专制式领导者 对业绩关心多，对人很少关心，领导者的权力很大，指挥和控制下属的活动，作风专制，他们眼中没有鲜活的个人，只有需要完成生产任务的员工，他们关注的就是业绩指标。

（5）"9-9"方格是理想式领导者 对生产和对人都很关心，对工作和对人都很投入，在管理过程中把企业的生产需要同个人的需要紧密结合起来，既能带来生产力和利润的提高，又能使员工得到事业的成就与满足。

除了那些基本的定向外，还可以找出一些组合，例如：

"5-1"方格表示准生产中心型管理，比较关心生产，不太关心人。

"1-5"方格表示准人中心型管理，比较关心人，不太关心生产。

"9-5"方格表示以生产为中心的准理想型管理，重点抓生产，也比较关心人。

"5-9"方格表示以人为中心的准理想型管理，重点在于关心人，也比较关心生产。

五 班组长的技能要求

在企业的管理中，对企业管理层的技能要求主要有见识、人情和技术三个方面。

1. 对管理层技能的要求

（1）见识 判断事物本质和预见未来的能力。

（2）人情 人际协调和人际沟通的能力。

（3）技术和专业技术能力。

2. 不同管理层的三项技能权重

表 1-6 列出了不同管理层的技能权重。

表1-6 不同管理层的技能权重

管理层	技能要求		
	见识	人情	技术
高层（总经理、董事长）	47%	35%	18%
中层（车间主任）	31%	42%	27%
基层（班组长）	18%	35%	47%

（1）高层领导　见识所占的权重最大，因为高层领导需要为企业制定战略方向和政策，要能够预见未来，指引方向；技术所占的权重最低，因为企业中还有中层、基层领导以及企业中的技术专家负责技术问题。

（2）中层领导　人情所占的权重最大，因为在实际工作中，中层领导要把大量精力用在与上、下、左、右各方面的协调沟通上。因此，中层领导需要有较强的人际协调能力。

（3）基层领导　作为基层领导的班组长，技术所占的权重最大。班组长必须是业务尖子，这样在班组工作中才能有权威，说话有分量。因为班组长的工作主要是生产一线的操作与管理，所以，班组长的人际协调能力要求也比较高，仅次于技术。

3. 中国传统思想对管理者的要求——德、法、术

德——德行、品德，强调管理者的道德示范作用。班组长的高尚人格会使员工心服口服。

法——制定以及执行规章制度的能力。制度制定得合理，同时班组长要认真执行。

术——领导艺术。灵活的应变能力。

古人云：服人者，德服为上，才服为中，力服为下。

这里所说的"力服"是指靠权力使人服从，这种服从往往是被迫的服从。其优点是解决问题迅速，尤其是在局面混乱时，比较有效；缺点是这种服从不能持久，一旦权威削弱，便会遇到反抗。"才服"是以自己的才能引导下属员工，令其理智地服从，但这种情况难于使能力超过自己的员工服从，甚至会遭到有能力的下属的蔑视。

六　班组长的素质能力

班组长在企业中所起的作用是极其重要的，班组长的素质能力包括五个方面，见表1-7。

表1-7 班组长的素质能力

素质能力	含义
专业技术能力	生产作业技术能力，包括基础理论知识和操作技能
组织管理能力	对生产活动要素的协调能力
社会能力	陈述、沟通和交往的能力
职业道德素养	职业意识、责任意识、执行能力及态度
文化知识素养	综合科学素质、知识结构和心态

七　优秀班组长案例

查阅资料包，了解一汽大众五星级班组长贾明伟。

资料1-2

任务实施

讨论学习，总结当好班组长的方法和需要具备的素质能力和各种技能，清楚地认识班组长在企业中的地位、使命、作用和职责，与团队成员相互分享，找出不足。

归纳总结

班组长是企业最基层的指挥者和组织者,其职责涉及生产现场的劳务和生产管理,并需要辅助上级领导工作。通过本任务的学习,要认知班组长的角色、需求层次以及必需的技能要求等。

思考题

1. 一个班组长的素质能力,与他在学校的学习有关吗?
2. 《三国演义》中的刘备是靠什么受到诸葛亮、关羽、张飞等人的拥戴?在生活中,你周围的人有令你佩服的吗?
3. 你目前除了生理需求和安全需求,还有其他的需求吗?
4. 你为自己的职业生涯做过规划吗?
5. 一家公司的销售副总在外出差时,家里因楼上火灾被灭火的水泡得一塌糊涂。他接到家中的电话后,连夜赶回家。第二天一早向公司老总请假,说家里被水泡要请几天假。按理说,这很正常,并不过分,但老总却说:"谁让你回来的?你必须马上去处理那个订单,如果你还不马上走,我就免你的职。"这位副总心里很恼火,无可奈何地离家去外地。老总看到副总走了,马上把党、政、工团负责人都叫了过来,要求他们分头行动,在最短的时间内,不计代价把副总家里安顿好。

问题1:公司老总应划定为哪个方格中?

问题2:公司老总的说法和做法有什么问题吗?如果你是老总,你认为应该如何处理这件事?

模块评价

评分项目	评分标准	自我评价			教师评价		
		优秀 25分	良好 15分	一般 10分	优秀 25分	良好 15分	一般 10分
知识能力	1. 掌握陈述技巧、礼仪 2. 掌握有效沟通的要点 3. 掌握团队人员角色构成 4. 了解心理健康标准、礼仪、情商等知识						
实践能力	1. 能够与人进行有效沟通 2. 具备良好的团队合作精神						
职业素养	懂礼仪、会沟通、善协调						
工作规范	1. 清理及整理工具、量具,维护实训场地整洁 2. 建立安全操作环境 3. 物品回收与环保处理 4. 检查完善工作单						
总评	满分100分						

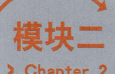

模块二 企业管理基本认知

> Chapter 2

学习目标

素养目标：
为建设制造强国、质量强国培养管理意识。

知识目标：
1. 了解并掌握企业的发展目标、企业的法律形式和企业的组织结构。
2. 掌握最基本的企业管理知识。

能力目标：
能够区分企业的法律形式和企业的组织结构。

◆ 任务一 企业发展目标的确立 ◆

任务引出

习近平总书记指出，"制造业是国家经济命脉所系""要坚定不移把制造业和实体经济做强做优做大""加快建设制造强国"。制造强国目标的实现有赖于制造业，生产制造企业的发展目标不能仅仅是追求利润最大化。

任务描述

本任务介绍企业的含义、企业必备的基本要素和企业的发展目标。

相关专业知识

一、企业的含义

企业一般指从事生产、流通或服务等活动，为满足社会需要进行自主经营、自负盈亏、承担风险、实行独立核算，具有法人资格的基本经济单位。企业可分为工业企业和商业企业两类。

所有的汽车整车和零部件生产厂家都是企业，而且是工业企业。因为所有厂家在进行生产时，都要利用先进的科学技术、相应的设备，将原材料加工成型或改变形状，使其成为满足社会生活需要的产品，同时使企业获得利润。

商业企业不同于工业企业的是它以从事商业性服务的方式，直接或间接向社会供应服务或销售货物，以获取利润，如汽车销售服务公司（4S店）即属于商业企业。

企业的最终目标是获取利润，其活动均与经济活动相关，不同于政府机构、学校、医院等事业单位。

二 企业必须具备的基本要素

不论是工业企业还是商业企业，要进行经营活动，必须具备以下基本要素：
1）拥有一定数量、一定技术水平的生产设备和资金。
2）具有开展一定规模的生产和经营活动的场所。
3）具有一定技能、一定数量的生产者和经营管理者。
4）从事社会商品的生产、流通等经济活动。
5）进行自主经营，独立核算，并具有法人地位。
6）生产经营活动的目标是获取利润。

三 企业发展的目标

企业发展的目标是在可持续发展的前提下，追求利润的最大化。盈利、做大、做强、成为行业中的佼佼者，是许多企业领导者为之奋斗的目标。作为社会的成员，企业在追求利益实现目标的同时，又必须使自身的获利过程有益于社会进步，必须注重企业道德，承担一定的社会责任，否则企业就难以发展。

企业追求利润最大化是无可厚非的，但在这个过程中，企业必须承担应尽的社会责任，否则企业自身的发展也会受到社会环境的限制，从而陷入困境，要修复历经多年努力创立的品牌损伤更加困难。

任务实施

调研一些企业，了解这些企业的发展目标，对比他们的不同，分析这些目标的本质意义。

归纳总结

企业发展的目标是在可持续发展的前提下，追求利润的最大化。同时，企业必须注重企业道德，承担应尽的社会责任。

思考题

1. 什么是企业？
2. 企业应具备哪些要素？
3. 企业的最终目标是什么？
4. 企业在追求利润的同时是否肩负社会责任？

任务二　企业的法律形式认知

任务引出

在法治社会和市场经济条件下，企业是法律上和经济上独立自主的实体，它拥有一定法律形式下自主经营和发展所需的各种权利。企业的法律形式有哪些？

任务描述

本任务简单介绍几种企业常见的法律形式。

相关专业知识

企业的法律形式有多种，图 2-1 所示为企业常见的法律形式，下面进行简单介绍。

图 2-1　企业常见的法律形式

一　个体企业

个体企业是由业主个人出资兴办，由业主自己直接经营的企业。业主享有企业的全部经营所得，同时对企业的债务负有完全责任，若经营失败而出现资不抵债的情况，业主要用自己的家产来抵偿。

1. 个体企业的优点

1）建立和歇业的程序简单。
2）产权转让比较自由。
3）经营方式灵活。
4）利润独享，保密性强。

2. 个体企业的缺点

1）多数个体企业本身财力有限，受偿债能力限制，贷款较难，难以从事需要大量投资的大规模工商活动。
2）企业的生命力弱（当业主无力或无意经营时，企业极易倒闭）。
3）企业完全依赖于业主个人的素质。

个体企业通常存在于零售商业、自由职业、个体农业等领域，由零售商店、注册医师、注册律师、家庭农场等组成。虽然这种企业形式数量庞大，占到企业总数的大多数，但由于规模小、发展余地有限，在整个经济中并不占据支配地位。

二　合伙制企业

合伙制企业是由两个或两个以上的个人联合经营的企业，合伙人分享企业所得，并对经营亏损共同承担责任。它可以由部分合伙人经营，其他合伙人仅出资并共负盈亏，也可以由所有合伙人共同经营。

1. 合伙制企业的优点

1）从众多的合伙人处筹资，筹资能力比个体企业高。
2）合伙人对企业盈亏负有完全责任，即所有合伙人都以自己的全部家产为企业担保，因而有助于提高企业的信誉。

2. 合伙制企业的缺点

1）当原有合伙人退出或接纳新合伙人时，都必须重新确立合伙关系，法律关系复杂。

2）重大决策需要得到所有合伙人的同意，容易造成决策上的延误和差错。

3）所有合伙人对于企业债务负有无限清偿责任，这使得不能控制企业的合伙人面临很大的风险。

由于合伙制企业的特点，一般来说，合伙制企业的规模较小、资本需要量较少、合伙人信誉有明显的重要性，如律师事务所、会计师事务所、诊疗所等常采取这种组织形式。

三、合作制企业

合作制企业是以本企业或合作经济实体内的劳动者平等持股、合作经营、股本和劳动共同分红为特征的企业。实行合作制的企业，外部人员不能入股。

合作制企业的税后利润，一部分应该用于企业内部的按劳分配，另一部分应按股本进行分红。

四、有限责任公司（简称有限公司）

有限责任公司的股东投入公司的财产与他们个人的其他财产脱钩，股东对公司所负责任仅以其出资额为限（有些公司以出资额倍数为限，在美国称为担保有限公司）。

公司不对外发行股票，股东出资额不要求等额，协商确定。公司出具股权证书，但不能自由流通，必须其他股东同意方可转让，并优先转让公司原有股东。

1. 有限责任公司的优点

1）公司设立程序比较简单，不必发布公告。

2）公司不必公开账目，尤其是资产负债表。

3）公司内部机构设置灵活。

2. 有限责任公司的缺点

1）由于不能公开发行股票，筹资范围和规模一般都较小。

2）由于资金限制，难以适应大规模生产经营活动。

五、股份有限公司（简称股份公司）

股份有限公司是指注册资本由等额股份构成，并通过发行股票（或股权证）筹集资本，公司是以其全部资产对公司债务承担有限责任的企业法人。

公司股东的身份、地位、信誉不再具有重要意义，任何愿意出资的人都可以成为股东。股东成为单纯的股票持有者，其权益主要体现在股票上，并随股票的转移而转移。

公司的资本总额均分为每股金额相等的股份，以便于根据股票数量计算每个股东所拥有的权益。在交易所上市公司的股票可公开发行，自由转让，但不能退股。

公司股东只以其认购的股份对公司承担责任，一旦公司破产或解散进行清盘，债权人只能对公司的资产提出还债要求，而无权直接向股东讨债。

为保护股东和债权人的利益，各国法律都要求股份有限公司必须公开公司的账目，在每个财政年度终了时要公布公司的年度报告和资产负债表，以供众多的股东和债权人查询。

股份有限公司的所有权与经营权分离。股东大会是公司的最高权力机构，由股东大会委托董事会负责处理公司重大经营管理事宜。董事会聘任总经理，负责公司的日常经营。此外，公司往往还设立监视会，对董事会和经理的工作情况进行监督，可使所有者、经营者和劳动者之间互相激励、制衡。

1. 股份有限公司的优点

1）股东承担有限责任，减小股东的投资风险。

2）若公司获准在交易所上市，面向社会发行股票，具有大规模筹资能力，能迅速扩展企业规模，增强企业在市场上的竞争力。

3）由于股票易于迅速转让，提高了资本的流动性。

4）当股东认为公司经营不善时，会抛售股票，把资金转而投向其他公司，这对公司经理人员形成强大的压力，使其努力工作，提高企业的经济效益。

2. 股份有限公司的缺点

1）公司组建和歇业程序复杂。

2）公司营业情况和财务状况需向社会公开，保密性差。

3）股东购买股票主要是为了取得股利和从股票升值中取利，缺少对企业长远发展的关心。

4）所有权与经营权的分离会产生复杂的委托代理关系。

股份有限公司是现代市场经济中最适合大中型企业的组织形式。股份有限公司在企业总数中所占的比例并不大，但它们的营业额、利润和使用的劳动力都占有很大比例，从而在国民经济中占据主导地位。

任务实施

调研当地都有哪些汽车公司，分别属于哪种企业法律形式，述说其中利弊。

归纳总结

本任务简单介绍了五种常见的企业法律形式，其各有优缺点，抗风险能力也不同。

思考题

1. 如果你开一家小超市，这是什么法律形式的企业？
2. 股份有限公司和有限责任公司有什么区别？
3. 股份有限公司有什么优点？
4. 你知道一汽轿车、上海大众、北京现代、吉利汽车、郑州宇通和奇瑞汽车是什么法律形式的企业吗？

任务三　企业的组织结构认知

任务引出

企业的组织结构如果能使平凡的员工通过不平凡的努力，创造伟大的业绩，就能使企业具有竞争力，持续不断地发展、壮大，无数个这样的企业必然使国家的经济更强盛。企业的组织结构形式有哪些？

任务描述

本任务简单介绍主要的企业组织结构形式。

> 相关专业知识

企业为确保生产经营活动的正常进行，必须在其内部设立必要的组织机构。随着企业的发展以及领导体制的变革，企业的组织结构也跟随着发展变化。目前，主要的企业组织结构形式有直线制、直线—职能制、事业部制、矩阵制、委员会制、网络型和集团控股型等。

一、直线制——最简单的组织形式

直线制的组织结构是最早期、最简单的一种组织形式，如图2-2所示。

直线制的特点是各级行政单位实行自上而下的垂直领导。下级部门只接受一个上级的领导，各级主管负责人对所属单位的一切问题负责。

直线制的优点：结构简单，责任分明，命令统一。

直线制的缺点：要求行政领导通晓多种知识，亲自处理各种业务。

图2-2 直线制组织结构图

直线制仅适用于规模小、生产技术简单的企业。对生产技术和经营管理比较复杂的企业则不适宜。

二、直线—职能制（也称生产区域制或直线参谋制）

直线—职能制组织结构如图2-3所示，这是目前绝大多数企业都采用的组织结构形式，它将管理机构和人员分为两大类。

（1）直线领导机构和人员　按命令统一原则，对组织各级行使指挥权。他们在自己的职责范围内有一定的决定权和对所属下级的指挥权，并对自己部门的工作负全部责任。

（2）职能机构和人员　按专业化原则，从事组织的各项职能管理工作。他们是直线指挥人员的参谋，不能直接对部门发号施令，只能进行业务指导。

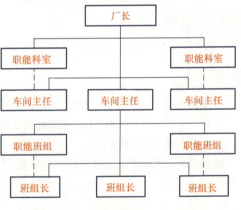

图2-3 直线—职能制组织结构图

直线—职能制的优点：

1）能够保证企业管理体系的集中统一。

2）可以在各级行政负责人的领导下，充分发挥各专业管理机构的作用。

直线—职能制的缺点：

1）职能部门之间的协作和配合性较差，许多工作要直接向上级领导报告才能处理。

2）办事效率低。

三、其他的组织结构形式

资料2-1 查阅资料包，了解事业部制、矩阵制、委员会制、网络型及集团控股型等组织结构。

任务实施

以组为单位,每个小组调查一家汽车企业公司,说说他们的组织结构形式。

归纳总结

本任务简单介绍了几种企业的组织结构形式、特点及适用范围。

思考题

1. 美国通用汽车公司采用什么样的组织结构?
2. 网络型组织结构有什么优点?适合大型公司吗?微软公司是网络型的公司吗?
3. 直线制的组织结构适合于什么企业?

◆ 任务四 企业管理简介 ◆

任务引出

中国要成为制造强国,需要生产制造企业持续经营、持续发展,这都取决于企业的管理。各种结构形式的企业正常运行,需要进行哪些方面的管理?企业管理是否与环境因素有关?

任务描述

本任务简单介绍管理与企业管理基本知识。

相关专业知识

一、管理概述

1. 管理的概念

管理是管理者或管理机构,在一定范围内通过计划、组织、控制、领导等工作,对组织所拥有的资源(人、财、物、时间、信息)进行合理配置和有效使用,以实现组织预定目标的过程。

管理是一个过程,其核心是达到预定目标,其手段是运用资源,其本质是沟通协调。在这个过程中,要调动人们的主动性和创造性,从而实现用人成事。

2. 管理的职能

管理的职能可细分为五项,如图 2-4 所示。

图 2-4 管理的职能

(1)计划 计划是为实现组织既定目标而对未来的行动进行规划和安排的工作过程。包括组织目标的选择和确立,实现组织目标方法的确定和抉择,计划原则的确立,计划的编制及计划的实施。计划是全部管理职能中最基本的职能,也是实施其他管理职能的条件。

(2)组织 为实现管理目标和计划将必需的各种业务活动进行组合分类,把管理每一类业务活动必需的职权授予主管这类工作的人员,并规定上下左右的协调关系。为有效实现目标,还必须不断对这个结构进行调整,这一过程即为组织。组织为管理工作提供了结构和制度保证,它是进行领导和控制的前提。

(3)领导 领导是对组织内全体成员的行为进行引导和施加影响的活动过程,其目的在于使个体和群体能够自觉自愿、有信心地为实现组织既定目标而努力。领导所涉及的是主管人员与下属之间的相互关系。

(4)协调 协调是指企业的一切工作都要和谐地配合,以便企业的经营顺利地进行,并有利于企业获得成功。

(5)控制 控制是按既定目标和标准对组织的活动进行监督、检查,发现偏差,采取纠正措施,使工作能按原定计划进行,或适当调整计划以达到预期目的。控制工作是一个延续不断的、反复发生的过程,其目的在于发现、改正错误和防止重犯错误,保证组织实际的活动及其成果同预期目标相一致。

管理职能循序完成并形成周而复始的循环,其中每项职能之间是相互联系、相互影响的,以构成统一的有机体。

二 企业管理简介

(一)企业管理的概念

企业管理是由企业经理人员或经理机构按客观经济规律对企业的生产经营活动进行计划、组织、指挥、协调、控制,以提高经济效益,实现营利的目的。

(二)企业管理的任务

企业管理有两方面的任务,如图2-5所示。

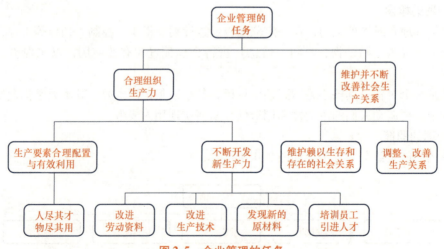

图2-5 企业管理的任务

1. 合理组织生产力

(1)生产要素合理配置与有效利用 把企业现有的劳动资料、劳动对象、劳动者和科学技术等生产要素合理地组织在一起,恰当地协调它们之间的关系和比例,使企业生产组织合理化，实现人尽其才、物尽其用。

（2）不断开发新生产力

1）改进劳动资料，并不断采用新的劳动资料。

2）改进生产技术，并不断地采用新的技术来改造生产工艺流程。

3）发现新的原材料或开发原有原材料的新用途。

4）培训员工以提高技术水平，掌握新技术，并不断引进优秀人才。

2. 维护并不断改善社会生产关系

1）维护赖以生存和存在的社会关系。

2）调整、改善生产关系，以适应生产力不断发展的需要。

企业管理的结果是使企业进行高效率、高质量的生产，同时要满足市场个性化的需求。

三　企业管理环境

企业管理环境是指存在于企业内部与外部的、影响企业管理实施和管理功效的各种力量、条件和因素的总和。

企业管理环境分为内部环境和外部环境两个方面。企业内部环境主要指企业履行基本职能所需的各种内部的资源与条件，包括人员的社会心理因素、组织文化因素等。在这里主要介绍企业的外部环境。

企业外部环境是指企业外部的各种自然和社会因素，也称宏观环境，就是所有企业都共同面临的整个社会的一些环境因素。

（一）影响企业的外部环境因素

影响企业的环境因素包括经济、技术、政治与法律、社会、文化及自然环境等方面。

1. 经济环境

影响企业的经济环境中最重要的因素是市场环境，除此之外，还有宏观、微观经济环境和税收环境。

（1）宏观经济环境　企业所在国家或地区的宏观经济环境从总体上影响企业的经营和发展，其影响因素如图2-6所示。

图2-6　影响企业的宏观经济环境

（2）微观经济环境　企业外部微观经济环境指那些对企业的影响更频繁、更直接的外部环境因素，是与某一具体的决策活动和处理转换过程直接相关的各种特殊力量，是那些与企业目标的制定与实施直接相关的因素，如图2-7所示。

（3）税收环境　税收是国家按所制定的法律向经济单位和个人征收实物或货币。目前我国实行的是货币税额。税收是国家财政收入的主要形式。依法纳税是企业应尽的义务，而纳税支出构成了企业生产经营活动开支的重要组成部分。因此，税收环境既是企业的经济环境也是必须正视的法律环境。目前我国在征税种如图2-8所示。

企业管理者要全面掌握每一种税的税收条例及其实施细则。这些条例和细则都有共同的基本要素：征税对象、纳税人、税率、纳税环节、纳税期限、减免税以及违法处理等。增值税和企业所得税是上述税种中比较重要的税种。管理者要详细了解这些税的征收方法，以及税额与企业账务处理和财务安排的关系，争取在税法允许的范围内尽量减轻企业的税收负担。

2. 技术环境

技术环境是指一个企业所在国家或地区的技术水平，以及相应的技术条件、技术政策和技术发展

图2-7 微观经济环境对企业的影响

的动向与潜力等。较好的技术环境可以使企业获得更高的生产率，生产更多品种的产品。无论是国内还是国际，获得突飞猛进发展的大企业，都是依靠先进技术取得优势的。技术环境对组织管理的影响是显著的，技术水平、技术条件、技术过程的变化，必然引发管理思想、管理方式与方法的更新。同时，对管理者的素质也提出了更高的要求。

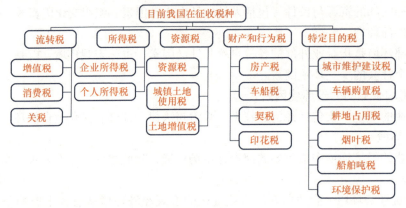

图2-8 目前我国在征税种

技术环境对企业的影响，主要表现在技术进步迅速、产品寿命缩短、开展集体研究三个方面。

企业要想在市场上立于不败之地，就应该十分注意自身技术及设备的更新，尽可能采用最新技术生产出受客户欢迎的新产品。

3. 政治和法律环境

政治和法律环境是指对企业经营活动具有现存的和潜在的作用与影响的政治力量，它直接影响到企业的管理政策。政治和法律环境由当权的政府构成，企业必须在既定的法律构架下从事生产和经营。

构成一个国家政治环境的要素有政权的稳定性、执政党所要推行的基本政策以及这些政策的连续性和稳定性（这些基本政策包括产业政策、税收政策、政府订货及补贴政策，国家确定的重点产业总是处于优先发展的地位。因此，处于重点行业的企业增长机会就多，发展空间就大。那些非重点发展的行业，发展速度就较缓慢，甚至停滞不前，因而处于这种行业的企业很难有所发展）、政府官员的廉洁勤奋程度、行政手续的繁简、政府的税收政策、

社会开放及民主程度、政府对工商企业管理程度以及对外国投资企业管制制度等。

政府在一个国家的政治环境中起着决定性的作用，影响着企业和个人生活的各个方面。它可以促进企业的发展，同时制约和规范企业必须在法律法规允许的范围内从事生产经营活动。

政治和法律给企业的生产经营构成了复杂的环境。因此，企业管理人员要熟悉适用于本企业经营活动的法律和法规。一般企业通常都会聘请法律和政治方面的专家做顾问，来帮助预见和处理政治和法律问题，以减少决策失误。

4. 社会和文化环境

社会的道德观念、价值观念、风俗习惯、民众的受教育程度以及人口因素等都会影响企业的生产和经营。

5. 自然环境

自然环境指企业所处的生态环境和相关自然资源，包括土地、森林、河流、海洋、生物、矿产、能源和水源以及环境保护、生态平衡等方面的发展变化。相对于其他一般环境因素而言，自然资源环境是相对稳定的。自然资源因素与企业的厂址选择、原材料供应、产品输出、设备和生产技术的应用等众多方面都有着紧密的关系。随着经济和技术的发展，自然资源环境不论是从法律上还是从企业的社会责任角度来说，都必将成为企业必须关注的问题。对于任何企业来说，要有效地利用、开发自然资源环境，更要很好地保护环境。

环境保护的要求对企业的生产经营有着极为重要的影响。企业一定要保护好所在地区的环境，完善自己的社会责任。在自然资源有限的今天，企业管理主要面临日益减少的自然资源蕴藏量、不断升高的能源成本、污染日益严重的环境和政府对自然资源的干预加剧等四大问题。

（二）企业对环境的影响

企业与环境是相互影响和相互作用的，企业不仅受到外部环境的影响，也会影响外部环境，甚至改变外部环境，从而设法形成有利于自己的环境，才能达到自己的目标。企业对外部环境的主要影响有图2-9所示的几个方面。

图2-9 企业对外部环境的主要影响

四 企业经营管理

企业经营管理是指企业以市场为主要对象，通过商品生产和商品交换，为了实现企业的总体目标而进行的与企业外部环境达到动态平衡的一系列有组织的活动，所涉及内容如图2-10所示。

图2-10 企业经营管理内容

查阅资料包，学习企业经营管理的知识。

资料2-2

五、市场营销管理

市场营销是一种经济活动，是对产品、思想和服务进行构思、定价、促销和分销的计划和实施的过程，从而产生能满足个人和组织目标的交换。

企业市场营销管理的目的在于使企业的市场营销活动与复杂多变的市场营销环境相适应，这是企业经营成败的关键。市场营销涉及的内容如图 2-11 所示。

图 2-11　市场营销涉及的内容

资料2-3　　查阅资料包，学习企业市场营销管理知识。

六、企业财务管理

财务管理是企业组织财务活动、处理财务关系的经济管理工作，是通过价值形态对企业资金运动进行决策、计划和控制的综合性管理工作。

财务本身并不能为企业直接创造价值，但由于企业财务管理直接向管理层提供第一手的信息，所以企业财务管理实际上是企业经营管理的一项重要的管理内容。企业财务管理涉及的内容如图 2-12 所示。

图 2-12　企业财务管理涉及的内容

资料2-4　　查阅资料包，学习企业财务管理知识。

七、企业生产管理

生产管理是企业对生产活动的计划、组织、指挥、协调与控制，是企业管理的重要组成部分，是实现企业经营目标的基本保证。搞好生产管理，能够实现生产管理的具体目标——高效、灵活、准时、安全、清洁地生产合格的产品满足市场的需要，提高企业的适应能力和竞争能力，实现企业的经营目标。企业生产管理涉及四个方面，如图 2-13 所示。

图 2-13　企业生产管理涉及的方面

资料2-5　　查阅资料包，学习企业生产管理知识。
企业生产现场班组生产管理的内容在模块八班组管理中介绍。

八 质量管理

目前"质量第一"已成为工商界的信念，大力开展质量管理的研究与实践已成为企业在竞争中取胜的主要手段。"质量是企业的生命"这一理念已为企业界所认同，质量管理是企业管理的重要部分。本书将在模块六专门阐述质量管理内容。

九 人力资源开发与管理

人是组织最重要的资产，也是竞争力的关键因素。因此，各种机构都越来越重视人力资源的开发管理。

（一）人力资源与人力资源管理概述

1. 人力资源的含义

人力资源是以具有劳动能力的劳动者的数量和质量表示的资源，是企业经营中最活跃、最积极的生产要素。人的劳动能力包括体能和智能两个方面，体能是指对劳动负荷的承载能力和消除疲劳的能力。由于人体是劳动能力存在的载体，因此，人力资源便表现为具有劳动能力的人口。

人力资源是进行社会生产的最基本的资源，与其他资源相比，它具有以下特点。

（1）能动性　人能有意识地认识世界，并能通过教育和培训使自己获得更高的劳动素质和能力，人作为劳动力的所有者可以自主择业，创造性地劳动。

（2）时效性　人在生命周期的不同阶段的体能和智能是不同的，各阶段的劳动能力也是不同的，因而人力资源在各个时期可利用的程度也不同。在开发人力资源时要重视其规律性。

（3）智力性　人是科学文化的载体，人不仅可以利用智力创造价值，而且能在创造价值的同时增加智慧。人的这种智慧可以传播和积累。

（4）社会性　人类劳动是群体性劳动，员工们置身于企业之中，企业在一定的社会环境下生存和发展。所以，人力资源管理要注意组织文化建设，注重人与人、个体与群体、人与社会的关系及利益的协调与整合。

2. 人力资源的分类

人力资源可以从不同的角度进行分类。中国现行的企业员工分类如图 2-14 所示。美国传统的人力资源分类如图 2-15 所示，美国新的人力资源分类如图 2-16 所示。

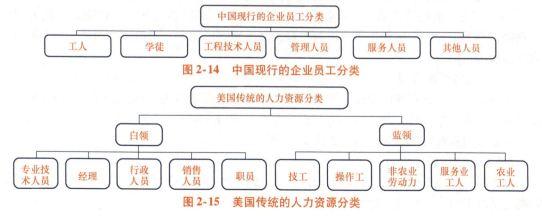

图 2-14　中国现行的企业员工分类

图 2-15　美国传统的人力资源分类

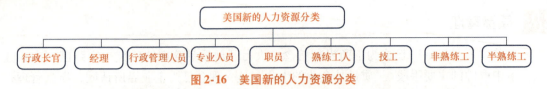

图 2-16 美国新的人力资源分类

3. 人力资源的重要性

从经济学的观点来看，人力资源在社会经济发展过程中处于第一资源的重要地位。

4. 人力资源管理的概念

人力资源管理是指管理者为实现组织的战略目标，利用现代化的科学技术和管理理论不断获得的人力资源进行的整合、奖酬、调控、开发各环节的总和。其结果能提高组织的生产率和竞争力，同时，也能提高员工的工作生活质量和增加工作满意感。

5. 人力资源管理的目标

人力资源开发的目标是提高人力资源的适用率、发挥率和有效率。

（1）提高人力资源的使用效能　保证组织对人力资源的需求得到最大限度的满足，通过取得人力资源使用效能的最大化来实现企业利润的最大化，使人力资源的使用价值达到最大。

（2）充分调动员工的工作积极性　使其潜能得到最大限度的发挥。

（3）促进员工全面发展　以人为本，使企业员工得到全面发展是企业人力资源管理追求的最高境界。人力资源管理要以员工为中心，培养员工多方面的能力。

6. 人力资源管理的基本职能

（1）获取　根据企业目标确定的所需员工条件，通过规划、招聘、考试、测评、选拔获取企业所需人员。

（2）整合　整合是使员工之间和睦相处、协调共事、取得群体认同的过程，是员工融入组织，使企业内部的员工个体的目标、行为、态度趋向企业的要求和理念，使之形成高度的合作与协调，发挥集体优势，提高企业的生产力和效益的过程。

（3）保持　通过薪酬、考核、晋升等一系列管理活动，保持员工的积极性、主动性、创造性，维护劳动者的合法权益，保证员工工作在安全、健康、舒适的工作环境，以增进员工满意度，使之安心、满意地工作。

（4）调控　对员工工作成果、劳动态度、技能水平以及其他方面做出全面考核、鉴定和评价，为做出相应的奖惩、升降、去留等决策提供依据，对员工实行公平的动态管理。

（5）开发　通过员工培训、职业生涯规划与开发，促进员工知识、技能和其他方面素质提高，使其劳动能力得到增强和发挥，最大限度地实现其个人价值，达到员工个人和企业共同发展的目的。

（二）人力资源规划

通过对企业人力资源的供需分析，预见人才需求的数量和质量要求，结合市场供需确定企业人力资源工作策略，制订切实可行的人力资源规划方案。

企业人力资源规划涉及的内容如图 2-17 所示。

（三）员工招聘

员工招聘即企业根据人力资源管理规划，从组织内部和外部吸收人力资源的过程。员工招聘包括员工招募、甄选和聘用等内容。

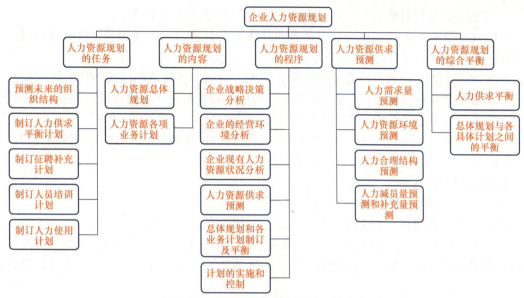

图 2-17　企业人力资源规划涉及的内容

1. 员工招聘的原则

（1）计划性原则　不论是新建企业还是已正常运行的企业，都应该根据企业的发展目标、生产计划、人事变化、生产经营变化以及行业变化等因素制订人力需求计划。

（2）公正性原则　将招聘工作置于公开监督之下，防止出现以权谋私、假公济私的现象，确保招聘制度给予合格应征者平等的获选机会，择优选拔录用员工，促进企业的发展。

（3）科学性原则　制定科学的岗位用人标准和规范，作为企业考核选拔人员的客观依据；形成科学的考核方法体系，保证招聘工作的公正性；制定科学而实用的操作程序，使招聘工作高效率地进行。

2. 员工招聘程序

根据员工招聘的原则，按一定的程序实施招聘工作，如图 2-18 所示。

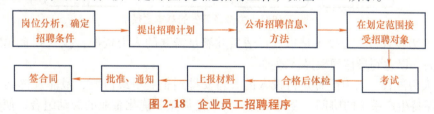

图 2-18　企业员工招聘程序

3. 测试、选拔与录用

常用的员工招聘测试方法有笔试、面试、心理测试和情景模拟（如上海通用汽车公司招聘过程必须经过人事评估）等。

（1）笔试　通过纸笔测验的方式对被试者的知识广度、深度和结构进行考查。可以有效地测验应聘者的基本知识、专业知识、管理知识、相关知识以及综合分析能力、文字表达能力等。

（2）面试　要求被试者用口头语言回答问题，以便了解被试者心理素质和潜在能力。面试的重点内容包括仪表风度、专业知识与特长、工作经验、求职动机、人际交往与沟通技巧、应变能力、分析判断能力、个人兴趣与爱好、与职位的匹配性等。

(3) 心理测试　心理测试主要包括职业能力倾向性测试、个性测试、价值观测试、职业兴趣测试、情商测试等。

(4) 情景模拟　根据被试者可能承担的任务，编制一套与该职位实际情况相似的测试项目，将被试者安排在模拟的、逼真的工作环境中，要求被试者处理可能出现的各种问题，用多种方法测试其心理素质、潜在能力的一系列方法。

在被试者通过各种测试后，用人单位要在其中选拔优秀者。与录用者签订试用合同，安排初始工作、试用，一切满意后，正式录用。

4. 员工招聘方法

招聘分为企业内部招聘和企业外部招聘。

(1) 企业内部招聘　企业现有的员工是企业管理岗位的最大招聘来源。内部招聘对象的主要来源是内部晋升，这种提拔建立在比较了解的基础上，往往更注重员工的能力而不是学历。内部晋升给员工提供了发展的机会，能培养员工的奉献精神，有利于增强企业的凝聚力。

(2) 企业外部招聘　企业员工需要经常不断地从外部招聘，特别是企业处于高速成长期或需要大量用人之际。外部招聘常用方法有广告招聘、招聘会、校园招聘、实习、中介公司以及网上招聘等。

(四) 人力资源开发

人力资源开发即发现、发展和充分利用人的创造力，以提高企业劳动生产率和经济效益的活动。

1. 人力资源开发的基本途径

人力资源开发的基本途径有四个，如图2-19所示。

图2-19　人力资源开发的基本途径

(1) 人力投入　人力投入是指选择适量并满足需要的人力资源，投入到企业的生产经营活动中去，以达到最佳规模经济效益。

(2) 人力配置　人力配置是将投入的人力安排到企业中最需要、最能发挥其才干的岗位上，以保持生产系统的协调。合理配置人力就是调整和优化企业的劳动组合，使生产经营各环节人力均衡，使人岗匹配，有利于每个人作用的充分发挥。

(3) 人力发展　人力发展是指通过教育培训，提高劳动者的素质。

(4) 员工激励　员工激励是指激发人的热情，调动人的积极性，使其潜在的能力充分发挥出来。

2. 员工激励和培训

有关员工激励和培训将在本书模块八班组人员管理中详细讲述，在此不再赘述。

(五) 绩效考核

绩效考核是指考评主体对照工作目标或绩效标准，采用科学的考评方法，从工作成绩、工作能力和工作态度三个方面评定员工，考核结果是员工晋升、接受奖惩、发放工资、接受培训等的有效依据。它有利于调动员工的积极性和创造性，检查和改进人力资源管理工作。

1. 员工绩效考核的种类

1）按主体分——有自我、上级、下级、同事、外部、客户和混合考核等。

2）按时间分——有年度、长期、经常性考核。

3）按技术手段分——有定性、定量考核及包括模糊综合考核在内的中性考核。

4）按作用分——有控制性、分配性、配置性、培训性考核。

5）按目的分——有诊断性、鉴定性、评价性考核。

2. 员工考核的目的

（1）人事管理决策

1）考核是薪酬管理的重要手段。

2）考核结果是员工调迁、升降、淘汰的重要标准，因为通过考核可以评估员工对任用职位的胜任程度及其发展潜力。

3）考核结果可以对公司现有员工与组织进一步发展的需要之间的差距做出评价，为人力资源开发计划提出方向和依据。

（2）员工职业发展

1）考核可以确定员工培训开发的方向。

2）考核给员工提供了自我评价和升迁的机会。

（3）企业管理诊断　员工绩效考核是企业运行状况诊断的重要内容，并可以作为组织绩效改进的一个有力措施。

1）考核结果可以作为评价整个企业生产效率的一个指标。

2）考核结果可以作为企业管理部门评价检验工时制度、工作方法、组织结构、领导行为方式、工作条件、劳动设备及环境效果和价值的标准。

3）考核结果可提供给企业的生产、供应、销售、财务等职能部门，供制定有关决策时作为参考依据。

4）考核是绩效控制的重要手段。

3. 员工考核的内容

员工考核应从四个方面进行，即德、能、勤、绩。

（1）德　德是一个人的灵魂，指人的政治思想素质和道德素质，用以统帅才能。

【案例2-1】

下面是摘自王如明的《欣赏别人》的一段文字：我国台湾作家林清玄当记者时，曾报道过一个作案手法非常细腻、独特，作案上千起才第一次被捉住的神偷。林清玄在报道的最后情不自禁地发出感叹："像心思如此细密，手法那么灵巧，风格这样独特的小偷，做任何一行都会有成就的吧！"

林清玄没想到，他无心写下的几句话，竟影响了一个青年的一生——当年的小偷后来成为我国台湾饮食界的大老板。"林先生的那篇特稿，打破了我生活中的盲点，使我想，为什么除了做小偷，我没有想过做正当的事呢？"从此，他脱胎换骨，重新做人，迎来了新的人生。

这段文字充分地说明了"德用以统帅才能"。

企业对员工的道德考核主要看员工的价值观是否与企业一致。德从三个方面决定了员工对企业可能的贡献大小。

1) 行为方向——目的。

2) 行为强弱——努力程度。

3) 行为方式——手段。

(2) 能　能是指一个人的能力素质，即认识世界和改造世界的本领。

能力表现在一个人所具有的常识，掌握的专业知识、相关知识、技能、技术、技巧，积累的工作经验，以及是否具有良好的身体素质。

能力考核以素质为依据，结合员工的具体工作表现进行判断，如图2-20所示。

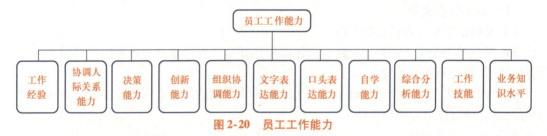

图 2-20　员工工作能力

(3) 勤　勤指勤奋敬业精神，即工作态度：工作积极性、创造性、主动性、纪律性和出勤率。工作态度是工作能力向工作业绩转换的"中介"，工作态度的考核从四个方面进行，即工作积极性、工作责任心、工作协作性和工作纪律性。

(4) 绩　绩是指员工在一定的时间与条件下完成某一任务所取得的业绩、成效、效果、效率和效益。绩效考核主要看工作效率、工作任务完成的质与量和工作效益，如图2-21所示。

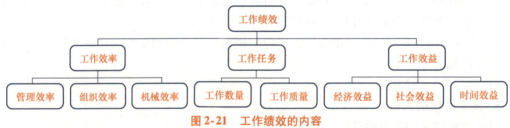

图 2-21　工作绩效的内容

(六) 薪酬管理

1. 薪酬的含义

薪酬指企业所付出的人力成本，即企业因使用员工劳动，为员工对企业所做的贡献而付出的经济性报酬。薪酬包括直接薪酬（如基本工资、津贴补贴和股权）和间接薪酬（如福利）。所以薪酬不仅仅是工资。

2. 基本工资制度

基本工资制度也称工资等级制度，员工按工资标准领取的工资构成了全部工资收入的基本部分。目前企业中流行的主要基本工资制度包括以下五个方面。

(1) 岗位工资制度　它是根据员工目前所在职位来决定员工报酬的一种工资制度。特点是员工只能根据目前的职位取得报酬。职位变化，报酬随之变化。

(2) 技能工资制度　它是根据员工所拥有的与工作相关的技能与知识水平来决定员工报酬的一种工资制度。它是上述岗位工资制度的替代方案。它的特点是员工的基本报酬是基于技术而不是资历来支付的。

（3）绩效工资制度 它是根据员工的表现或绩效来决定员工报酬的一种工资制度。这种工资制度最能体现收入与贡献挂钩的经济利益原则。

（4）结构工资制度 这是我国目前比较普及的工资制度。在结构工资中，既有职位工资部分，也有资历工资、技能工资的成分，还有随工作表现浮动的部分。

（5）年薪制 对企业董事长、总经理等高管层实行的经营者年薪制。它是以年度为单位确定经营者的基本收入，并视经营成果分档浮动发放风险收入的工资制度。

3. 员工福利

福利是指组织为员工提供的除工资与奖金之外的一切物质待遇。员工福利可以分为两部分：法定福利和企业福利。

法定福利是指按国家法律法规和政策规定必须发生的福利项目，它要求企业只要建立并存在，就有义务和责任按照国家统一规定的福利项目和标准支付，不受企业所有制、经济效益和支付能力的影响。法定福利包括以下两种。

（1）社会保险 社会保险包括五种保险：养老保险、医疗保险、工伤保险、失业保险和生育保险。

1）养老保险是国家保障劳动者退休后的基本生活的一种社会保险制度。

2）医疗保险是指劳动者非因公患病、负伤、残疾和死亡时获得经济帮助的一种社会保险制度。

3）工伤保险是国家对因公负伤、致残、死亡而暂时或永久丧失劳动能力的劳动者及其供养家属提供经济帮助的一种社会保险制度。工伤保险包括因公负伤保险、患职业病保险、因公致残保险和因公死亡保险等。

4）失业保险是国家为保障失业劳动者的基本生活而给予经济帮助的社会性保险制度。失业保险待遇包括失业救济金、困难补助金、患病医疗补助金、丧葬补助金、遗属抚恤金等。

5）生育保险是指参保员工依法享受的生育津贴和生育医疗服务。

（2）法定节假日 按照 2007 年中华人民共和国国务院颁布的《全国年节及纪念日放假办法》，目前全年法定节假日为 11 天。

企业福利是企业在没有政府立法要求的前提下主动提供的。企业福利项目的多少和标准的高低，取决于企业的经济效益及高层管理者的经营理念。

合理、科学的工资报酬福利体系关系到组织中员工队伍的稳定。人力资源管理部门要从员工的资历、职级、岗位及实际表现和工作成绩等方面，来为员工制定相应的、具有吸引力的工资报酬福利标准和制度。工资报酬应随着员工的工作职务升降、工作岗位的变换、工作表现的好坏与工作成绩进行相应的调整，不能只升不降。

企业物流管理与设备管理

（一）企业物流管理

企业物流管理是为了满足客户的需要，促进生产与市场保持同步，以最低的成本、最高的效率，通过运输、保管、配送等方式，实现原材料、半成品、成品及相关信息由商品的产地到商品的消费地所进行的计划、实施和管理的全过程。

查阅资料包，学习企业物流管理知识。

（二）设备管理

设备管理是以企业经营目标为依据，通过一系列的技术、经济、组织措施，对设备的全过程进行的科学管理，即实行从设备的规划工作起直至报废的整个过程的管理。

在企业的生产经营活动中，设备管理的主要任务是为企业提供优良而又经济的技术装备，使企业的生产经营活动建立在最佳的物质技术基础之上，保证生产经营顺利进行，以确保企业提高产品质量、提高生产效率、增加产品种类、降低生产成本、进行安全文明生产，从而使企业获得最高经济效益。设备管理水平是企业的管理水平、生产发展水平和市场竞争能力的重要标志之一。

有关生产现场的设备管理将在模块八班组管理中详细讲述。

十一 企业管理信息系统

信息技术飞速发展改变着传统经济结构和社会秩序，企业所处的是以网络为媒介、客户为中心，将企业组织结构、技术研发、生产制造、市场营销、售后服务紧密连接在一起的信息经济环境，服务于管理领域的企业管理信息系统应运而生。

1. 企业管理信息系统的定义

企业管理信息系统是由人和计算机网络集成，能提供企业管理所需信息以支持企业的生产经营和决策的人机系统。

系统利用计算机硬件、软件、网络通信设备以及其他办公设备，进行信息的收集、传输、加工、储存、更新和维护，以企业战略竞优、提高效益和效率为目的，支持企业的高层决策、中层控制和基层运作。

2. 企业管理信息系统的功能

企业管理信息系统的主要功能如图 2-22 所示。

图 2-22　企业管理信息系统的主要功能

3. 企业管理信息系统的构成

企业管理信息系统由决策支持系统、工业控制系统、办公自动化系统以及数据库、模型库、方法库、知识库和与上级机关及外界交换信息的接口构成。

4. 企业管理信息系统的适用条件

大量的研究与实践表明，管理信息系统应用的成败不仅取决于技术、资金、互联网系统、应用软件、软件实施等硬环境，还取决于企业的管理基础、文化底蕴等软环境，而且这些软环境往往起着更重要的作用。管理信息系统是一个人机管理系统，管理信息系统只有在信息流通顺畅、管理规范的企业中才能更好地发挥作用。因此，企业管理信息系统的采用，要求企业具有如下条件：

1）规范化的管理体制。

2）具备实施战略管理的基础或条件。

3）培训一批能够熟练应用管理信息系统的人才。
4）健全的绩效评价体系。

任务实施

分组，各组从企业管理环境、企业经营、市场营销、企业财务、企业生产、人力资源开发、企业物流与设备管理及企业管理信息系统中各选一个方面，进行进一步的学习，提交学习内容报告。

归纳总结

本任务从企业管理环境、企业经营、市场营销、企业财务、企业生产、人力资源开发、企业物流与设备管理及企业管理信息系统等多方面介绍了企业管理内容。

思考题

1. 企业管理的任务是什么？
2. 影响企业管理的外部环境有哪些？
3. 企业对环境有影响吗？
4. 什么是企业经营管理？
5. 企业经营管理的内容有哪些？
6. 企业的财务管理只是记记账、跑跑银行吗？
7. 财务管理涉及什么内容？具备有什么职能？
8. 企业生产过程组织的形式有哪些？
9. 什么是人力资源？人力资源如何分类？
10. 员工绩效考核的目的、内容是什么？
11. 员工薪酬仅仅是工资吗？
12. 员工法定福利中的社会保险有哪些？
13. 什么是企业管理信息系统？
14. 企业管理信息系统的主要功能有哪些？
15. 无论什么样的企业都能采用企业管理信息系统吗？

模块评价

评分项目	评分标准	自我评价			教师评价		
		优秀 25分	良好 15分	一般 10分	优秀 25分	良好 15分	一般 10分
知识能力	1. 掌握企业的发展目标 2. 企业的法律形式 3. 企业的组织结构 4. 了解企业管理环境、企业经营、市场营销、企业财务、企业生产、人力资源开发、企业物流与设备管理及企业管理信息系统等知识						
实践能力	1. 根据资料能了解企业的发展目标 2. 根据资料能判断企业的法律形式 3. 根据资料能了解企业的组织结构						
职业素养	具有学习新知识的能力						
工作规范	遵守法律法规和企业的规章制度						
总评	满分100分						

模块三 企业文化

学习目标

素养目标：
关注企业形象，激发爱国热情，自信自强。

知识目标：
1. 知道企业文化的含义、作用。
2. 掌握企业文化的结构和内容。

能力目标：
能够利用企业文化建设的方法知识提出企业文化建设的思路。

◆ 任务一 企业文化的基本认知 ◆

任务引出

华为总裁任正非创建了华为文化，以企业文化为先导来经营企业，是任正非的基本理念。通过他的一些讲话可以帮助我们理解华为文化的内涵。任正非认为资源是会枯竭的，唯有文化才能生生不息。他说："人类所占有的物质资源是有限的，总有一天石油、煤炭、森林、铁矿会开采光，而唯有知识会越来越多"。企业文化是企业的"灵魂"，那么企业的持续发展需要企业文化发挥怎样的作用呢？

任务描述

本任务介绍企业文化的含义、企业文化的特点与作用、企业文化的结构、企业文化的内容以及企业文化案例。

相关专业知识

一、企业文化的含义、特点及作用

（一）企业文化的含义

企业文化是指一个企业在运行过程中形成的，并为企业员工普遍接受和共同奉行的理想、价值观念、职业道德、行为规范和准则。它是企业创造的具有自身特点的物质和精神文化，是企业形成的具有自身个性的经营宗旨、价值观和道德行为准则的综合表现，是企业以价值为核心的文化管理模式。

（二）企业文化的特点

稳定的企业都会形成有自己特色的企业文化，通常企业文化具有以下特点：

（1）**积累性**　企业文化是一个系统，由许多方面构成，不是随时可以形成和改变的。一旦形成，就具备了作为思想和行为交流的平台价值。

（2）**双刃性**　企业文化一旦形成，既有利于沟通，又会形成排斥创新和新文化形成的惰性。需要企业人员善于利用企业文化的力量从事所希望的活动。

（3）**双重性**　当说"每个企业都有自己的企业文化"时，并没有说明这些企业文化究竟是好还是不好，因为有些文化内涵能够促进企业发展，有些文化内涵可能阻碍企业的发展。但是，当说一个企业想做企业文化方面的建设时，比如说确立企业的核心价值观或做员工培训时，这个意义上的"企业文化"就是特指好的企业文化。

（4）**实践性**　企业文化总是与管理实践和氛围相联系，要实际在具体的企业中感受才能知道这个企业文化的特点。企业文化是在一定条件下通过实践形成的。

（三）企业文化的作用

企业文化通常具有以下作用：

（1）**导向作用**　用人性化的管理方法，将员工个人目标引导到企业目标上来。所谓人性化管理或人本管理，并不是依靠人情的管理，而是把人性化中的优点加以发挥，使企业目标与员工成长、自我实现的目标相一致。

（2）**凝聚作用**　企业文化能够提供凝聚力和向心力。好的企业文化具有精神的魅力，能够吸引人才。一个企业要发展，没有好的企业文化环境和强有力的企业文化建设是不行的。企业文化是吸引和留住人才的"法宝"。

（3）**约束作用**　企业文化可以强化企业优势，或减少不良习性对企业的影响。

（4）**促进作用**　企业文化有助于促进经济效益。在思考企业文化的意义时，也不能完全停留在直接追求经济效益上，否则根本建立不起好的企业文化。因为，不重视文化价值的人，不可能有好的文化感受和追求。

（5）**激励作用**　文化激励包括营造公平竞争的环境、营造讲效率的环境，高层与员工有更多的沟通，塑造好的企业形象让员工自豪，员工的参与感更强等。

（6）**辐射作用**　企业文化塑造着企业形象，优良的企业形象是企业成功的标志。这包括两个方面：一是内部形象，它可以激发员工对本公司的自豪感、责任感和崇尚心理；二是外部形象，它能够更深刻地反映出企业文化的特点和内涵。企业形象还可能对国内外其他企业产生一定的影响，具有巨大的辐射作用。

二　企业文化的结构

1. 定义

企业文化的结构是指企业文化的构成、形式、层次、内容、类型等的比例关系和位置关系。

2. 企业文化的结构模型

企业文化结构可以分为四层，如图3-1所示。

（1）**企业文化的物质层**　这一层也称为企业的物质文化层，它是企业员工创造的产品和各种物质设施等构成的器物文化，是以物质形态为主要研究对象的表层企业文化。企业生

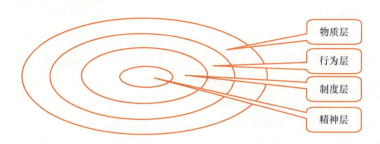

图 3-1　企业文化的结构模型

产的产品和提供的服务是企业生产经营的成果,它是企业物质文化的首要内容。其次是企业创造的生产环境、企业建筑、企业广告、产品包装与设计等,它们都是企业物质文化的主要内容。

（2）企业文化的行为层　企业文化的行为层又称为企业行为文化,是指企业员工在生产经营、学习娱乐中产生的活动文化。它包括企业经营、教育宣传、人际关系活动、文娱体育活动中产生的文化现象。它是企业经营作风、精神面貌、人际关系的动态体现,也是企业精神、企业价值观的折射,主要分为企业家的行为、企业模范人物行为和企业员工行为。

（3）企业文化的制度层　企业文化的制度层又称为企业制度文化,主要包括企业领导体制、企业组织机构和企业管理制度三个方面。

（4）企业文化的精神层　企业文化的精神层又称为企业精神文化,相对于企业物质文化和行为文化来说,企业精神文化是一种更深层次的文化现象,在整个企业文化系统中处于核心的地位,主要是指企业或组织的领导和成员共同信守的基本信念、价值标准、职业道德和精神风貌。精神层是企业文化的核心和灵魂。

三　企业文化的内容

1. 经营哲学

经营哲学也称企业哲学,是一个企业特有的从事生产经营和管理活动的方法论原则。它是指导企业行为的基础。一个企业在激烈的市场竞争环境中,面临着各种矛盾和多种选择,需要企业有一个科学的方法论来指导,有一套逻辑思维的程序来决定自己的行为,这就是经营哲学。

2. 价值观念

价值观念是人们基于某种功利性或道义性的追求而对人们（个人、组织）本身的存在、行为和行为结果进行评价的基本观点。

企业的价值观是指企业员工对企业存在的意义、经营目的、经营宗旨的价值评价和为之追求的整体化、个异化的群体意识,是企业全体员工共同的价值准则。企业价值观决定着员工行为的取向,关系企业的生死存亡。

3. 企业精神

企业精神是指企业基于自身特定的性质、任务、宗旨、时代要求和发展方向,经过精心培养而形成的企业成员群体的精神风貌。如一汽集团公司的企业精神：学习、创新、抗争、自强。

4. 企业道德

企业道德是指调整本企业与其他企业之间、企业与客户之间、企业内部员工之间关系的行为规范的总和。它具有广泛的适应性，是约束企业和员工行为的重要手段。

5. 团队意识

团队意识是指组织成员的集体观念。团队意识是企业内部凝聚力形成的重要心理因素。企业团队意识的形成使企业的每个员工把自己的工作和行为都看成是实现企业目标的一个组成部分，使他们对自己作为企业的成员而感到自豪，对企业的成就产生荣誉感，从而把企业看成是自己利益的共同体和归属。

6. 企业形象

企业形象是企业通过外部特征和经营实力表现出来的，被消费者和公众认同的企业总体印象。由外部特征表现出来的企业形象称为表层形象，如招牌、门面、徽标、广告、商标、服饰、营业环境等，这些都给人以直观的感觉，容易形成印象。通过经营实力表现出来的形象称为深层形象，它是企业内部要素的集中体现，如人员素质、生产经营能力、管理水平、资本实力、产品质量等。

7. 企业制度

企业制度是在生产经营实践活动中形成的，对人的行为带有强制性，并能保障一定权利的各种规定。它使个人的活动得以合理进行，员工的共同利益受到保护，从而使企业有序地组织起来为实现企业目标而努力。

任务实施

各组搜集比亚迪汽车公司的企业文化，课上展示各组搜集的结果，并讨论比亚迪汽车公司崛起的奥秘是什么。

归纳总结

通过本任务内容的学习，对企业文化的概念、作用、企业文化的结构、企业文化内容等有了一定的了解，要想真正掌握这些知识，还要不断地进行思考和总结。

思考题

1. 简述企业文化的含义。
2. 简述企业文化的作用。
3. 简述企业文化的特点。
4. 简述企业文化结构的组成。
5. 企业文化的内容有哪些？

◆ 任务二　企业文化建设 ◆

任务引出

习近平总书记说过：坚定文化自信，是事关国运兴衰、事关文化安全、事关民族精神独立性的大问题。之所以中华民族能够做到文化自信，其最根本的原因就是中华传统文化博大精深、源远流长，曾经创造过并将继续创造无与伦比的辉煌。对于企业来说，企业文化对企业发展至关重要。那么，怎样才能建设好一个企业的文化呢？应该遵循怎样的建设原则与方法呢？

任务描述

本任务介绍企业文化建设的原则和企业文化建设的方法。

相关专业知识

企业文化建设是指与企业文化相关理念的形成、塑造、传播等过程。

一 企业文化建设原则

1. 强化以人为中心

文化应以人为载体，人是文化生成与承载的第一要素。企业文化建设中要强调关心、尊重、理解和信任。

2. 表里一致，切忌形式主义

企业文化要通过企业或员工的行为和外部形态表现出来，这就容易形成表里不一的现象。建设企业文化必须首先从员工的思想观念入手，树立正确的价值观念和哲学思想，在此基础上形成企业精神和企业形象，防止搞形式主义，言行不一。

3. 注重个异性

个异性是企业文化的一个重要特征。文化本来就是在本身组织发展的历史过程中形成的。每个企业都有自己的历史传统和经营特点，企业文化建设要充分利用这一点，建设具有自己特色的文化。企业有了自己的特色，而且被客户公认，才能在企业之林中独树一帜，具有竞争的优势。

4. 不能忽视经济性

企业是一个经济组织，企业文化是微观经济组织文化，应具有经济性。所谓经济性，是指企业文化必须为企业的经济活动服务，要有利于提高企业生产力和经济效益，有利于企业的生存和发展。

5. 继承传统文化的精华

中华民族坚持人的平等性，认为"人皆为尧舜"。这种思想的增值开发并用于现代企业的文化建设，将为企业员工提供平等竞争的机会，有利于倡导按劳分配、同工同酬的运行机制。

二 企业文化建设方法

1. 晨会、夕会、总结会

晨会、夕会是在每天的上班前和下班前用若干时间宣讲公司的价值观念的小会，总结会是月度、季度、年度部门和全公司的例会，这些会议应该固定下来，成为公司的制度及公司企业文化的一部分。

2. 思想小结

思想小结就是定期让员工按照企业文化的内容对照自己的行为，自我评判是否做到了企业要求，思考如何改进。

3. 张贴宣传企业文化的标语

把企业文化的核心观念写成标语，张贴于企业中显要的位置。

4. 树先进典型

给员工树立一种形象化的行为标准和观念标志，通过典型员工行为等形象、具体地使员工明白"何为工作积极""何为工作主动""何为敬业精神""何为成本观念""何为效率高"，从而提升员工的行为。上述的这些行为都是很难量化描述的，只有具体形象才可使员工充分理解。

5. 权威宣讲

引入外部的权威进行宣讲是一种建设企业文化的好方法。

6. 外出参观学习

外出参观学习是建设企业文化的好方法，这无疑向广大员工暗示：企业管理者对员工提出的要求是有道理的，因为别人已经做到这一点，而我们没有做到这些是因为我们努力不够，应该向别人学习、改进工作。

7. 故事

有关企业的故事在企业内部流传，会起到企业文化建设的作用。

8. 企业创业、发展史陈列室

陈列一切与企业发展相关的物品。

9. 文体活动

将企业文化的价值观贯穿在企业的歌唱、舞蹈、体育比赛、各种晚会等活动中。

10. 引进新人，引进新文化

引进新的员工，必然会带来些新的文化，新文化与旧文化融合就形成另一种新文化。

11. 开展互评活动

互评活动是员工对照企业文化要求当众评价同事工作状态，也当众评价自己做得如何，并由同事评价自己做得如何，通过互评活动，摆明矛盾、消除分歧、改正缺点、发扬优点、明辨是非，以达到工作状态的优化。

12. 领导的榜样作用

在企业文化形成的过程当中，领导的榜样作用有很大的影响。

13. 创办企业报刊

企业报刊是企业文化建设的重要组成部分，也是企业文化的重要载体。企业报刊更是向企业内部及外部所有与企业相关的公众和客户宣传企业的窗口。

【案例3-1】 一汽—大众汽车有限公司的企业文化

图3-2所示为一汽—大众汽车有限公司企业文化体系框架。

图3-2 一汽—大众汽车有限公司企业文化体系框架

一汽—大众企业文化核心理念为：
（1）使命　造价值经典汽车，促人、车、社会和谐。
（2）愿景　中国最优秀的汽车合资企业、员工眼中最具吸引力的公司。
（3）核心价值观　诚信创造价值，尊重成就共赢。
（4）企业精神　学习、进取、合作、创新。
（5）经营方针　市场导向、管理创新、质量至上、技术领先。

查阅资料包，学习一汽—大众汽车有限公司企业文化具体内容。

资料3-1

王洪军是一汽—大众汽车有限公司一名普通的钣金返修工人，立足岗位22年，不断地学习新知识，面对困难勇于进取，持续改进、积极创新、善于合作，发明、创新钣金修复工具120多种3000多件，制作出让德国专家为之赞叹、具有国际水准的展车，获得了国家科技进步二等奖。王洪军的身上充分体现了一汽—大众"学习、进取、合作、创新"的企业精神，是公司优秀员工的杰出代表。

任务实施

根据所学企业文化建设的相关知识，分组讨论如何建设好一个企业的企业文化。然后每组派出一个代表发言、展示讨论成果，最后由教师根据各组表现给予评价。

归纳总结

通过本任务内容的学习，对企业文化建设的原则和企业文化建设的方法有了一定的了解，要想真正掌握这些知识，还要不断地进行思考和总结。

思考题

1. 列举几种企业文化建设的方法。
2. 企业文化建设的基本原则是什么？

模块评价

评分项目	评分标准	自我评价			教师评价		
		优秀 25分	良好 15分	一般 10分	优秀 25分	良好 15分	一般 10分
知识能力	1. 知道企业文化的含义、作用 2. 掌握企业文化的结构和内容						
实践能力	1. 收集比亚迪公司企业文化 2. 能够利用企业文化建设的方法知识提出企业文化建设的思路的能力						
职业素养	具有爱校、爱家、爱国的精神						
工作规范	1. 各小组整理组内学习环境 2. 各组代表准备好讲演稿 3. 各组代表按照讲演稿发言 4. 检查完善工作单						
总评	满分100分						

模块四 Chapter 4

危险预知与现场危险源辨识

学习目标

素养目标：
1. 树立安全第一、预防为主的安全发展观。
2. 养成安全防范意识，培养安全确认习惯。
3. 养成5S习惯，维护现场安全整洁。
4. 坚持规范操作，培养注意细节的防范意识。

知识目标：
1. 掌握生产现场安全管理知识及引发事故的基本要素。
2. 理解危险源辨识知识，掌握汽车生产现场的危险源类型。
3. 掌握KYT活动的方法和活动展开的流程。
4. 掌握各种劳动防护用品的作用和使用注意事项。
5. 掌握安全色和安全警示标志的作用和使用管理。
6. 掌握职业健康与职业病防治办法。

能力目标：
1. 能够分析生产现场事故发生原因并能找出危险源。
2. 能根据生产现场中的情境开展KYT活动。
3. 能识别生产现场安全色、安全警示标志。
4. 能够根据生产现场的特点正确选择劳动防护用品。
5. 能识别职业性危害因素并采取防范措施。

◆ 任务一 危险预知训练活动开展与推进 ◆

任务引出

中国是世界第二大经济体、制造业第一大国。中国工业在世界能有如此地位，跟汽车工业的高速发展息息相关。汽车工业的持续发展不能只重发展不顾安全，要牢固树立安全发展理念，针对汽车生产现场安全生产的主要特点和突出问题，强化风险防控，采用各种方法从根本上消除事故隐患，有效遏制事故发生。

危险预知训练是起源于20世纪70年代日本安全运动中的一套安全训练方法。危险预知训练的具体内容是什么？危险预知训练如何展开？

任务描述

对现场生产中的潜在危险因素事先进行识别,并采取相应有效可行的措施,对这些措施进行日常强化,变被动安全为主动安全,可以有效降低事故发生的概率,确保人身安全和安全生产。

相关专业知识

【案例4-1】 美国安全工程师海因里希(Heinrich)曾统计了55万起机械事故,其中死亡、重伤事故1666起,轻伤事故48 334起,其余则为无伤害事故。从而得出一个重要结论,即在机械事故中,死亡及重伤、轻伤、无伤害事故的比例为1∶29∶300,国际上把这一法则称为海因里希法则(又称事故法则),如图4-1所示。

这个法则说明,在机械生产过程中,在一系列不安全操作、不安全状态的情况下,每发生330起意外事件,其中有300起是未产生人员伤害的"吓一跳"经历,29起会造成人员轻伤,最终导致1起重伤或死亡类的特大事故发生。简而言之,无数次的意外事件必然导致重大伤亡事故的发生。

图4-1 海因里希法则

【案例4-2】 当年,日本在其经济高速发展的同时,生产现场的事故频发,1961年工作现场死亡人数达到6700多人。为了有效遏制这种局面,日本自1973年起开始推行"零事故战役"。当时"零事故战役"实施的方法就是危险预知训练(Kiken Yochi Training, KYT)及指差确认法(Pointing and Calling),即通过对工作环境、作业过程等潜在危险预先进行识别和确定控制措施,使安全预防意识深入人心,以实现工作环境、作业过程的"零事故"和"零职业病"的总目标。

在我国经济发展的过程中,也曾出现重大事故频发的情况。所以,1987年劳动人事部把"安全第一、预防为主"作为劳动保护工作方针写进了我国第一部《中华人民共和国劳动法(草案)》。2002年"安全第一、预防为主"作为安全生产方针被列入《中华人民共和国安全生产法》。在法律上确立"安全第一、预防为主",要求在生产经营活动中将安全放在第一位,采取一切可能的措施保障安全,防止一切可能发生的事故。生产必须安全,安全是生产的先决条件。

危险预知就是预先了解生产或作业过程中潜在的危险性,而危险预知训练就是为了保障安全,防止人为过失造成的事故而做的训练。

一 KYT活动的概述

KYT(危险预知训练)是来自日语和英语的缩写,即K(Kiken)——"危险";Y(Yochi)——"预知";T(Training)——"训练"。

危险预知训练起源于日本住友金属工业公司的工厂,后在三菱重工业公司和长崎赞造船厂发起的"全员参加的安全运动"中成功运用,1973年经日本中央劳动灾害防止协会推广,形成一套指导安全训练活动的技术方法,在众多日本企业获得了广泛运用，被誉为当年"零事故战役"的支柱。

在我国，很多企业引进并开展了此项安全训练活动，如一汽丰田、一汽轿车、宝钢、三星公司等。这些企业通过 KYT 活动、标准作业、作业前指差确认、惊吓提案等活动的实施，确保作业安全，提高员工对危险的感受性、对作业的注意力及解决问题的能力，控制作业过程中的危险因素，预测和预防可能出现的事故。

KYT 活动是一种班组会议讨论方式，通过作业前较短时间的会议讨论，提前发现、把握和解决现场或作业中潜在的危险因素。它是使安全活动由被动变为主动的一种训练活动，由"要我安全"的被动要求变为"我要安全"的主动意识。

二 KYT 活动的方法

KYT 活动讨论的内容是针对岗位和作业过程中潜在的危险因素，分析危险因素能引起的各种不安全的现象，并讨论出对策和措施，确定最终实施目标，形成 KYT 分析表、KYT 报告或 KYT 卡等。

1. KYT 活动的内容

KYT 活动是针对生产特点和作业全过程，以危险因素为对象、以作业班组为团队开展的一项安全教育和训练活动。它是一种群众性的"自主管理"活动。

1）使用岗位和作业状况的工作图表。
2）以现场实际为活动对象。
3）在班组内进行讨论，相互启发和理解。
4）对危险和重点实施项目进行互保确认。
5）KYT 分析表的内容要全面、实用、有效。
6）在事故发生之前排除危险因素。

2. KYT 活动中班组成员的职责和作用

KYT 活动中班组长、记录员、班组其他成员承担不同的职责，各尽其责，才能保证活动的顺利展开和有效实施。

（1）班组长的职责和作用　拟定活动议题并主持活动的开展，把握活动的时间和进度；营造良好的活动讨论氛围；确保全员参与，不偏离主题；引导大家进行"主要危险"和"行动目标"的指差确认。

（2）记录员的职责和作用　负责活动中的全程记录，在不中断活动的前提下迅速、流畅地记录；确保每个成员的发言都不遗漏。

（3）班组其他成员的职责和作用　根据班组长的提示，积极提出自己的意见和想法；发言内容要简单、具体。

3. KYT 活动的实施

KYT 活动的实施过程又称四循环法或讨论四步法（简称 4R 法），一般首先由班组长拟定议题、选定训练内容、介绍要训练议题的作业内容，记录员记录。其实施流程见表 4-1。

表 4-1　KYT 的实施流程

步骤	名称	内容	流程概要
准备	确认议题	确认议题	班组长拟定议题
1R	把握现状	针对议题（危险性作业），找出潜在危险因素，并想象、预测或预见可能出现的后果	1. 组员们面对图片或置身现场的状况中 2. 班组成员以"要是……就会……"的形式轮流发言 3. 记录员进行记录并编号
2R	追求本质	在发现的危险因素中找出 1～3 个主要危险因素	1. 对危险因素进行分类 2. 在认为"可能是问题"的序号前进行标记 3. 找出 1～3 个"确实是问题"（主要因素），在相应序号前画重点标记符号 4. 全体人员，指着记录表上的危险点，大声说："要是……就会……OK！"
3R	制定对策	针对主要危险因素，每人提出具体、可实施的候选对策	1. 针对主要危险点提出对策 2. 提出的对策必须切实可行，并且不被法规禁止 3. 要充分发挥创意和发散性思维，提出的对策尽可能地多 4. 记录员进行记录
4R	确定目标	在候选对策中，经过充分讨论，选出最优化的重点安全实施项目，设定为班组行动措施	1. 找出 1～2 项重点安全实施对策，在其编号上加重点标记 2. 对有重点标记的项、行动目标，一个一个地确认 3. 行动目标：全体人员，用指差确认法进行确认（"……OK！"）
确认	完成 KYT 分析表	会议结束后，将危险因素的分析与对策形成 KYT 分析表。全体组员签名	1. 每个人都进行指差确认的演练 2. 主持人"这是我们的行动目标！……OK！"等 3. 全体人员再次指差确认
发表	发表 KYT 分析表	持续改进	

4. KYT 活动实施过程

KYT 活动实施过程详见 KYT 分析表（表 4-2）。

查阅资料包，学习 KYT 活动实施过程详解。

资料4-1

5. KYT 的实施形式

KYT 的实施就是对训练中的重要措施和目标的应用过程，其形式有三种。

（1）短会训练　以班前会、班中会和安全活动短会的形式进行。在作业前进行有针对性的宣讲、确认，结合当班的作业任务和分工安排，再次学习 KYT 分析表，对具体作业过程中会存在的危险因素与防范措施进行补充。通过班组讨论、个人思考，达到理解、会用。

表 4-2　KYT 分析表——样表

NO		作业名称		KYT 分析表 4R 法		日期	/ /
		砂纸打磨门				场所	
组名		组长		记录员		其他组员	

拟定议题			
在楼梯间门外，站在凳子上擦百叶窗，准备刷油	1R 把握现状：针对议题（危险性作业），发现、预知潜在危险		
	2R 追求本质：找出 1~3 个主要危险因素。重要危险打上红色○记号。特别重要打上红色◎，并画下划线		
	○　◎	NO	找出危险原因及现象，按（因为……所以做了……导致……）的形式加以记录
	◎	1	风吹门，门开，撞到人，摔下凳子，或摔下楼
	◎	2	脚踩的凳子高，且离栏杆近，人体重心位置高出栏杆，不稳时易摔出栏杆，摔下楼
	○	3	左手提油漆桶，右手操作，站凳子上不稳定
	○	4	擦灰或刷油时，挪动脚，踩偏摔落
	◎	5	门可能被人从里面推开，撞到人，摔落
	○	6	擦灰时，灰尘掉进眼中，以及不稳定的后果
	○	7	人摔落时，手中油漆桶掉落，砸到下面人

3R 制定对策：针对主要危险因素（带◎标记）每人制定出具体、可实施的对策

4R 制定目标：确定要实施或执行的对策。将重要实施事项加注红色※标记，画上下划线，设定为班组的行动目标

标记◎的编号	重要项标记※	具体对策	班组行动目标（…做，OK!）"指差确认"
1	※	1. 将门锁上	指差确认："将门锁上，OK!"
		2. 将门完全打开，固定	"系上安全带，OK!"
2	※	系上安全带	要点确认：3 次"指差确认" 指差确认："将门锁上，OK!" "系上安全带，OK!"
5		1. 将门锁上	身体接触并喊口号： "我们的行动目标：将门锁上，OK!"
		2. 在门里面标示"禁用"	"我们的行动目标：系上安全带，OK!"

（2）辨识性训练　在具体作业过程中应用 KYT 分析表，通过发现问题和不足，掌握解决问题的方法，从而在操作中检验 KYT 分析表的可行性，不断提高其适用性。

（3）解决问题训练　在实施岗位 KYT 分析表过程中，若发生了分析表中未涉及的危险或防范措施不到位而导致了事故，就应当结合问题，及时补充完善 KYT 分析表。

6. KYT 活动后的总结和持续改进（KYT 再实施）

KYT 分析表形成后不是一劳永逸、一成不变的。一般来说，一个 KYT 分析表实施一定的周期后，就应当挖掘式地修订 KYT 分析表。将重新修订后的 KYT 分析表再次发到班组实施。

三　KYT 活动在班组安全管理中的重要意义

生产现场是最容易产生工伤事故的地方，班组是预防安全事故的第一线，所以班组安全活动是预防安全事故的最好手段，而 KYT 活动就是班组安全活动的最有效方法之一。

1. KYT 活动的范围

1）班组长要对本班组作业范围内的所有作业内容明确无误，对重点、难点、危险点了如指掌，做到心中有数。

2）班组成员应对班组作业范围内的作业任务、可能会引发的伤害、事故（如起重伤害、车辆碰撞、高空坠落、割伤、烫伤等），在作业前仔细思考，并运用因果图、事故树分析等方法，分别列出对策并加以落实，防患于未然。

3）KYT 分析表要认真填写，要求班组成员人人会写、人人清楚，达到危险预知大家清楚，从而保证每次危险作业都能安全、顺利完成。

4）班组长和班组成员在一个集体中工作，要了解彼此的心理、健康状况的变化，及时发现问题，采取措施加以解决。

5）对每一项作业任务，班组长都要按照"班组成员人员是否足够、素质是否适应、配合是否默契、方案是否可行"的要求，精心制订作业方案，确保作业安全及质量。

2. KYT 活动的关键

KYT 活动的关键是深化隐患检查整改。

（1）发现隐患及时整改　班组长在班组巡检中，要对生产工艺过程、设备运行状况、安全装置、个人防护用品的使用情况等进行巡检，对发现的问题要及时整改，本班组解决不了的要及时上报。

（2）进行"五查"活动　班组成员要进行"五查"活动，即查不安全装置、不整洁环境、不安全行为、不标准操作、麻痹作业。

（3）建立台账　建立缺陷检查、隐患整改台账，做到记录齐全、填写认真、情况真实、有据可查。

3. KYT 活动的目的

KYT 活动的目的是提高班组整体安全素质。

（1）班前危险预知安全讲话　班组长根据生产特点、作业内容，用安全讲话的形式，用正反两方面的事例来说明安全作业要点、安全注意事项、预防事故的措施等。

（2）事故案例教育　定期将近来发生的事故案例列出，做简要的分析评论，以案说法、以案说责，防止事故再次发生。

（3）提高全员素质　对班组成员要有计划地组织安全技术轮训，也可进行多项技术培训、模拟可能的事故现象，找出安全对策，营造良好的班组安全文化氛围。

（4）班组成员互帮互助 班组成员能力不同，具备的安全技术也不同，班组成员互帮互助，以此识别作业中人的不安全行为和物的不安全状态，通过这些识别活动来进一步明确危险因素，消除安全隐患。

班组开展KYT活动可以强化班组控制危险的能力，提高班组整体安全素质。

四 实施KYT活动使用的技术手段

实施KYT活动过程中常使用的技术手段有指差确认法（Pointing and Calling，P&C）、身体接触并喊口号（Touch and Call，T&C）、惊吓提案、自问自答卡等。

查阅资料包，学习实施KYT活动使用的技术手段。
扫二维码观看指差确认视频。
扫二维码观看指差确认训练视频。

资料4-2

指差确认

指差确认训练

任务实施

以组为单位，在具体情境中开展KYT活动，利用较短时间的会议讨论，按照把握现状、追求本质、制定对策、制定目标四步，识别实训情境中的危险因素、制定解决措施，完成KYT分析表。在实施过程中各成员注意分工合作。

归纳总结

本任务介绍了KYT活动的由来和含义，并对其实施的流程进行了详细的介绍。KYT活动是主动安全训练活动，是最有效的方法之一。KYT活动的结果可以作为持续改进的依据。

思考题

1. 什么是危险预知训练？
2. 危险预知训练活动的四个步骤分别是什么？
3. 按4R法开展危险预知训练：站在脚踏板上把油桶放到称重器上称重（图4-2）。
4. 指差确认法的实施要点是什么？
5. 说一说对开展危险预知训练活动的看法。

图4-2 思考题3图

任务二 汽车生产现场的危险源辨识

任务引出

汽车企业是技术密集型企业，汽车企业生产车间的生产线长、工艺复杂，生产现场的安全隐患多，其安全管理工作比其他企业复杂得多。《中华人民共和国安全生产法》规定"以人为本，坚持人民至上、生命至上，把保护人民生命安全摆在首位，树牢安全发展理念，坚持安全第一、预防为主、综合治理的方针，从源头上防范化解重大安全风险"。因此，预先识别现场危险源，树立安全意识是非常必要的。

在汽车生产现场中，其重要生产过程、作业环境有哪些特点？都存在怎样的潜在危险因素和危险源?

🚩 任务描述

要实现"预防为主",就要对现场生产中的危险因素和危险源进行事先识别,对一些典型的、涉及重要安全因素的场所,更要进行深入调查研究,对其存在的潜在危险源进行详细了解,才能做到防患于未然。

📖 相关专业知识

一、概述

我国的安全生产方针是"安全第一,预防为主"。"安全第一"就是在进行生产经营活动时,时刻把安全工作放在首要位置,当安全和生产发生矛盾时,必须先解决安全问题再进行生产。"预防为主"是强调把一切危险因素消除在事故发生之前,要求一切安全工作必须立足于预防。科学技术的进步、安全工程的发展,使得人们可以在事故发生之前有效预测、评价事故的危险性,先行控制或采取措施消除危险因素,实现"预防为主"。

要实现"预防为主",把一切不安全的因素消除在事故发生之前,就要了解生产现场中存在哪些危险因素。危险源辨识的调查内容包括以下几项。

(1) 生产工艺设备及材料情况　工艺布置、工艺设备的固有缺陷,所使用的材料种类、性质、危害等。

(2) 作业环境情况　安全通道情况,工艺设备的结构、布局、作业空间布置等。

(3) 操作情况　操作过程中的危险,作业人员接触危险的频率等。

(4) 事故情况　以往发生的事故及危害状况,事故处理应急方法,故障处理措施。

(5) 安全防护　危险场所有无安全防护措施,有无安全标志,设备、物料的使用有无安全措施。

下面对汽车生产现场可能存在的危险源进行辨识,汽车生产现场主要有冲压、焊接、涂装、总装四大车间及动力总成车间等。

二、起重机吊装作业的危险源辨识

在汽车的冲压、焊接、涂装、总装、动力总成等车间生产现场都有大量吊具(发动机总成吊具、冲压件模具吊具、车身吊具、车门吊具等)及电葫芦,因此在起吊和运输零件过程中,如果存在危险因素,就有可能引起起重事故。

起重事故是指在进行各种起重作业(包括吊运、安装、检修、试验)中发生的重物坠落、夹挤、物体打击、起重机倾翻、触电等事故。在事故多发的特殊工种作业中,起重作业的事故最多,而且事故后果严重。

1. 起重作业的特点

重物在空间的吊运、起重机的多机构组合运动、庞大机器的移动,以及大范围、多环节的群体运作,使起重作业的安全问题尤其突出。起重作业有以下几个特点。

(1) 安全防护困难　重物在高空中的悬吊运动,起重作业的多运动组合,起重机械具有大量的可动零部件,结构复杂、形状不一、运动各异以及速度多变,造成起重机械的危险

点多且分散，给安全防护增加了难度。

（2）作业范围大　起重机带载可以在较大范围内移动运行，使危险的影响范围加大。

（3）多人配合的群体作业　有些大型起重机，作业时需要捆绑吊物、挂钩，作业人员操纵起重机将吊物吊起，按地面指挥，通过空间运行，将吊物放到指定位置摘钩、卸料。需要作业人员互相合作才能完成，作业过程中无论哪个环节出问题，都可能发生意外。

（4）作业条件复杂多变　在生产现场，地面设备多，作业人员集中；在室外，受气候、气象条件和场地限制的影响，特别是流动式起重机会受到地形和周围环境等多种因素的影响。

2. 起重机吊装作业可能存在的危险源

1）重物掉落。起重机吊钩超载断裂、吊运时钢丝绳从吊钩中滑出；使用的钢丝绳断裂造成重物下落；使用的吊具吊运超过额定起重量的重物等造成重物下落；钢丝绳从滑轮轮槽中跳出；机械传动部分未加防护，造成机械伤害。

2）起重机倾覆。汽车起重机作业场所地面不平整、支撑不稳定、配重不平衡、重物超过额定起重量而造成起重机倾覆；风力过大、违章作业造成起重机倾覆。

3）违章作业。载货升降机违章载人；人站立或坐在吊钩上；人站在起重臂下等危险区域；吊运时无人指挥；作业区内有人逗留；运行中的起重机的吊具及重物摆动撞击行人；驾驶室玻璃未擦净，造成视野不清；驾驶人员与指挥人员联络不畅，或误解吊运信号；起重作业及其他作业人员未戴安全帽等个人防护用品；吊挂方式不正确，造成重物从吊钩中脱出。

4）触电、漏电。电气设备漏电、保护装置失效、裸导线未加屏蔽等造成触电；吊运中突然停电；吊具或钢丝绳与导电滑线意外接触。

三　生产现场行驶车辆的危险源辨识

汽车生产的各车间内有许多物流车辆、叉车、成品或返修车辆行驶，在行驶过程中可能发生车辆伤害事故。主要危险因素如下：

1）小车运输速度过快，特别是在转弯处没有减速，很容易对弯道处或十字交叉处的行人造成撞击。

2）转弯处或交叉路口，人流和车流在弯道处不能事先看到对方，容易发生迎面撞击。

3）驾驶人员违章操作或者没有取得驾驶合格证件而驾驶。

4）道路条件不好，如有障碍物体、地面湿滑、照度不够、人和车辆混行等。

5）车间内照度不够，可见度低。

6）车辆长期使用，发生故障而没有及时检修。

四　总装生产现场的危险源辨识

总装是汽车生产的四大工艺之一，设备种类繁多，工艺复杂，除了存在可能造成伤害的起重设备、吊装设备和物流车辆外，其他危险因素也较多，如总装使用的各种油类可能引发火灾或爆炸。总装车间可能存在的危险源主要有机械伤害、触电伤害、火灾爆炸、毒物伤害等（表4-3）。

表 4-3 总装生产现场的危险源辨识

伤害类型	危险源辨识
机械伤害	机械手在操作运转区域都有隔离栏杆及电气连锁防护装置,正常生产情况下,一般不易发生机械伤害事故,但作业人员误入机械手工作区域、连锁防护装置故障时可能发生机械手伤人事故。此外,机械手在检修特别是在调试过程中,由于安全防护装置关闭,作业人员在工作过程中可能发生机械伤害事故
	机械手会因供电系统断电或油路故障导致被抓取物体坠落,如果附近有作业人员,容易造成伤害
	当机械手抓取玻璃时,由于吸盘吸附不牢固而使玻璃坠落,可能导致周围作业人员受伤
	压装机在工作过程中设有光栅保护装置,但保护装置发生故障时,作业人员用手向压装机续料时,有可能手未完全离开,冲模便下落,导致压伤。压装机在检修调试过程中,安全防护装置关闭也可能发生机械伤害事故
	地面运输链转角交叉处、与人接触处、地沟等地方可能夹伤人体
触电伤害	机械手、压装机等电气设备在维修调试过程中,由于绝缘防护不当可能会产生触电事故;在车辆电气设备装配、检测过程中,由于防护不当也可能发生触电事故;在总装车间配电所、车间变电所,作业人员误靠、接地装置失灵、外壳带电、在检查或者维修过程中防护不当等均可能发生触电事故
火灾爆炸	总装车间装配线使用的柴油、汽油、变速器油、制动液、玻璃水、防冻液以及补漆间内使用的油漆及辅料等液体,属于易燃、易爆化学品,在加装、输送和使用的过程中,一旦发生泄漏,遇到热源、明火、静电,就可能发生火灾甚至爆炸事故
毒物伤害	涂胶工位所用的胶、补漆室在烘干过程中产生的少量有机溶剂废气、车辆装配下线工段和试验调整工段中发动机产生的尾气,都具有一定的毒性,作业人员如果防护不当,会危害作业人员健康,也可能引发职业病伤害

五 冲压生产现场的危险源辨识

冲压车间机械化和自动化程度较高,冲压作业的动作频率高,又多数是薄板加工,所以冲压过程中违章或防护不够都会发生伤人事故。冲压车间可能存在的危险源可以分为机械伤害、触电伤害、物体打击和坠落伤害、噪声和振动伤害以及其他伤害等(表4-4)。

表 4-4 冲压生产现场的危险源辨识

伤害类型	危险源辨识
机械伤害	压力机、机械手都是自动化作业,在正常工作时,人员在格栅外监护,但是设备调试、维修时,人员可能要进入压力机及其机械手的工作区域,从而造成伤害。压力机冲压后在清理过程中也可能会对作业人员造成伤害
	压力机、机械手在检修过程中,由于机械故障、误起动、违反操作规程等原因,可能导致压力机、机械手伤人事故
	压力机在冲压薄板件的过程中,可能会产生少量的碎屑飞溅,如果作业人员距离防护栅栏太近或者防护不当,可能会造成人员伤害
	少量冲压件可能需要进行手工剪切,在剪切过程中,由于误操作或防护不当,易发生剪切设备伤人事故
触电伤害	压力机和机械手等电气设备在检修调试过程中,违章操作、防护不当都可能导致触电事故;另外,冲压车间外贴建配电所、变电所会导致触电事故
物体打击、坠落	在搬运和堆垛冲压件过程中,由于重心失稳或者防护不当,可能会造成物体打击伤害。压力机及其机械手设备较大,在检修过程中会进行高空作业,可能会由于防护不当引发高空坠落事故

(续)

伤害类型	危险源辨识
噪声、振动伤害	压力机在冲压过程中产生较大的噪声，如果作业人员未戴防护耳塞可能会引起听觉损伤；冲压过程中产生的振动是巨大的，如果作业人员长期在振动环境下工作会产生职业病
其他伤害	冲压模具由于其自身的故障或其他缺陷，会引发压力机及其附属部件对人造成危害，因此模具对操作作业人员的安全也有一定影响。例如：模具的强度不够，在长年高压过程中断裂或破坏；模具材料及其热处理没有达到要求，硬度太高容易引起模具脆裂；冲压模具的紧固件用量较多，主要有螺钉、螺母、弹簧、柱销、垫圈等，这些零件如果选用质量不佳，压力机长期工作使得紧固件松动，也会引起冲压事故

六 涂装生产现场的危险源辨识

汽车的涂装作业所用原材料中，多数具有易燃、易爆和毒性等理化特性，在作业过程中还有粉尘危害。工业化涂装大量使用化工、机电、输送、加热和燃烧等设备，所以危险因素存在于涂装生产的各个工艺环节。因此，涂装生产被国家环保部门列为危险性较大的作业。涂装作业对劳动防护的要求很高，如果作业中未严格按要求进行防护或防护不当就会造成伤害。具体的危险因素包括触电伤害、物体（悬挂链等）打击、火灾爆炸、有毒物伤害、酸碱腐蚀伤害、高温作业等（表4-5）。

表4-5 涂装生产现场的危险源辨识

伤害类型	危险源辨识
触电伤害	涂装车间外贴建配电所、车间变电所可能导致触电事故
物体打击	涂装车间有悬挂链系统（由轨道、链条、导轮、驱动装置和吊具等组件构成），如果其组件中有一个出现故障或缺陷，可能会导致链条断裂或工件掉落而造成物体打击伤害
火灾爆炸	由于喷涂用漆（有机溶剂二甲苯）为易燃、易爆物质，这些物质一旦发生泄漏，遇到明火、热源、静电等激发能源，可能发生火灾甚至爆炸事故
	调漆车间生产时有甲苯及二甲苯等易燃、易爆、挥发性气体产生，这些气体一旦在车间内达到爆炸极限浓度后，遇到明火或静电产生的火花、金属物体撞击产生的火花，都会发生火灾甚至爆炸
	如果烘干室涂料挥发气体没有及时充分排空，可能会导致爆燃、爆燃事故，爆炸事故往往伴随着二次灾害——火灾。导致烘干室内可燃气体积聚而燃爆的原因有很多，如通风系统出现故障使室内爆炸性混合气体浓度达到爆炸极限、室内气体压力超过警戒值而报警系统未报警、泄压装置失效等
	天然气调压站主要是将城市中压管网来的天然气调压后供应涂装车间使用，天然气为易燃、易爆物质，一旦发生泄漏，遇热源、明火、火花等，可能发生火灾甚至爆炸事故
毒物伤害	尽管整个调漆及喷涂过程为封闭过程，但由于油漆溶剂为易挥发物质，这些物质包括甲苯、二甲苯等，如果密闭装置发生泄漏或者车间通风不良，使这些有毒有害物质聚集，可能会造成作业人员中毒伤害
酸碱腐蚀伤害	车身的前处理过程涉及脱脂液（稀碱）、磷化液（稀酸）槽罐，这些酸碱物质具有一定的腐蚀性。当作业人员在换液、清洗槽罐等过程中，如果防护不当，可能导致酸碱腐蚀伤害
高温作业	烘干炉附近温度较高，作业人员长期在高温环境下工作可能会导致身体脱水，从而出现其他职业性损伤

七 焊装生产现场的危险源辨识

汽车焊装车间的主要生产任务是白车身总成、地板总成、左/右侧围总成等的焊接，主要设备有各类焊机、夹具、焊接机器人、电葫芦及其吊具、涂胶机等。焊装件多为薄板，操作不当会造成割伤。在焊装过程中电弧可能灼伤眼睛，并产生有害气体等。焊装车间可能发生的伤害主要有机械伤害、触电伤害、物体打击、有毒物伤害及其他伤害等（表4-6）。

表4-6 焊装生产现场的危险源辨识

伤害类型	危险源辨识
机械伤害	焊接过程中，经常要移动焊机，有时候要使焊机倾斜一定角度，对准焊接部位，焊接件虽然静止不动，但焊工可能误碰焊件造成板料划伤事故。若焊钳挂钩未装保护套，使得焊钳容易脱出，对人造成撞击伤害
	焊接夹具有许多的凸起部件和锐角部位，在安装、拆卸夹具时很容易造成夹伤、划伤、碰伤等伤害
	机器人焊接作业区域一般为封闭区域，周围装有安全网和安全连锁门，避免人员进入。当作业人员在进行维修作业时，需进入机器人活动区域，此时一旦有人关闭安全门或者启动设备就可能造成人员伤害
	滚床运行过程中，如果有人员靠近作业区域，可能会产生撞击或擦伤事故
触电伤害	各类焊机、焊接机器人、电葫芦都是由电来驱动，在作业人员接触这些设备时，防护不当、设备、电路故障或者作业人员的误操作都会导致触电事故的发生
	身体的某一部位接触电弧焊机的焊钳、电焊条的导电部分，另一部位接触大地或电焊机的二次绕组；接线头、接线柱、连接板和电缆破损并裸露；小容量电焊机长期过载使用，一次、二次绕组绝缘击穿，无接地或接零的电焊机外壳漏电；电焊机因受雨淋或受潮，绕组绝缘水平降低，无接地或接零的电焊机外壳漏电，这些都可能会造成触电伤害
	悬点焊机是通过变压器进行电压转换，变压器一旦发生故障，如漏电等；焊钳绝缘块吊环上的锁紧螺栓无防松措施，使得焊接过程中绝缘块掉落都会造成触电伤害
	焊接机器人工作中用的是高压动力电，维修人员在检修过程中如果操作或者防护不当，可能会造成触电伤害
	焊机内冷却水泄漏，导致焊机外壳带电，可能发生触电事故
	焊装车间外贴建配电所、车间变电所，可能会发生触电事故
物体打击	作业人员在搬运物体时，重心失稳或者防护不当；焊装车间的悬挂链系统发生链条断裂均可能造成打击伤害
有毒物伤害	氩弧焊、手工电弧焊接时会产生大量有害烟尘（烟尘的主要成分有铁、锰、铝、铜、氧化锌、硅等，其中主要毒性物质是锰），如果防护不当，吸入这些金属粉尘，将引起尘肺、锰中毒等职业病
其他伤害	高温电弧使金属熔化、飞溅，如果防护不当，容易使人受到灼烫伤害；焊接中为去除焊渣而敲击焊缝时，未全部冷却的焊渣可能溅入眼睛，刺伤或烫伤眼睛；电弧辐射会灼伤眼睛；焊接工件放置不稳会造成砸伤；检修登高作业时不加强防护可能会造成高处坠落等

八 动力总成车间的危险源辨识

动力总成车间包括零部件的机械加工，发动机总成、变速器总成的装配，发动机总成、变速器总成的装配过程中存在的危险源与总装车间类似。发动机、变速器的零部件需要进行切削加工，在切削加工过程中会产生许多不同的危险和有害因素。例如，机床高速运动着的部件、飞出的切屑、被加工零件及工具（刀具）因切削而产生的高温、被加工材料的粉尘颗粒、工作时产生的噪声与振动等，这些因素均有可能对人造成伤害（表 4-7）。

表 4-7　动力总成生产现场的危险源辨识

伤害类型	危险源辨识
机械伤害	设备处于静止状态时，当作业人员接触或与静止设备做相对运动时可能发生危险。可能伤人的机械部位包括切削刀具的刃口；机械设备突出的较长的部分，如设备表面上的螺栓、吊钩、手柄等；毛坯、工具、设备锋利边缘；未打磨的零件上的毛刺、锐角、翘起的铭牌等表面。工作平台有水或油时更为危险
	机械进行往复的直线运动，作业人员操作或防护不当将受到运动机械的撞击或挤压；或人体与运动的部件（如运动时的金属接头、工作台与底座组合处）刮蹭而引发伤害
	机械进行回转运动时，若人体、头发或衣服被卷进回转机械部位会引发伤害，具体部件如：主轴、卡盘、进给丝杠、磨削砂轮、各种切削刀具（如铣刀、锯片）等；相互啮合的齿轮；砂轮与砂轮支架之间，有辐条的手轮与机身之间；如传动带与带轮、链条与链轮等；有孔洞的零部件旋转具有更大的危险性，如风扇叶片、带轮条的滑轮、齿轮和飞轮等
	机械飞出物击伤的危险，具体部件如飞出的刀具或机械部件（如未夹紧的刀片、紧固不牢的接头、破碎的砂轮片）等；飞出的切屑或工件（如连续排出或破碎而飞散的切屑、锻造加工中飞出的工件）
违章作业	由作业人员不安全行为引发的事故大多数是由于违反相关的操作规程造成的：未按规定穿工作服，导致过于宽松的衣袖被卷入机械传动部分；戴手套进行作业，被飞速旋转的钻头或刀具把手套与手指一起卷入危险部位；未按规定穿戴工作防护帽，而使长发卷入丝杠；工件或刀具未夹紧就开动机器等
其他伤害	高温烫伤。刀具和被加工的零件的表面在工作时会产生 400℃的高温，有的温度甚至高达 600℃；切削过程中产生的切屑，以及产生的脆性材料粉尘和磨料粉尘温度也很高
	若防护不当，切削加工用的冷却液会侵蚀皮肤；润滑油所含的石油气溶胶刺激上呼吸道黏膜，会降低人的免疫力
	如果防护不当，长期受到机床产生的振动和噪声的影响会对人体造成危害
	在对塑料、橡胶等高分子聚合材料进行切削加工时，由于摩擦而形成的高温会使高分子聚合物发生机械和物理化学变化，如发生的热氧化降解能使高分子聚合物变为蒸气和气态，产生饱和烃和不饱和芳香烃，如果防护不当，会对人体产生麻醉作用，引起中枢神经系统、血管系统、造血系统及内脏病变等
	电路绝缘不良引起的漏电、设备运转时产生的静电都会产生伤害
	安装和拆卸较重的工件需要过重的体力劳动；单调的工作以及长时间的注意力集中易引起疲劳，长时间地注视旋转零件也易引起视觉疲劳；如果不采取有效防护措施，都会造成伤害

扫二维码观看危险源辨识训练视频。

任务实施

分析在汽车的生产过程中存在哪些主要危险因素，对其识别分类，列表分析。

归纳总结

本任务对汽车生产现场的各种作业中存在的各种潜在危险源进行了详细介绍，并对各危险源可能造成的伤害进行了分门别类的阐述。通过本任务的学习，可以提高在生产现场作业过程中的安全意识。

危险源辨识训练

思考题

1. 我国的安全方针是什么？详述其意义。

2. 危险源辨识的调查内容有哪些?
3. 简要说明起重机吊装作业的危险源。
4. 简要说明生产现场行驶车辆的危险源。
5. 简要说明总装生产现场的危险源。
6. 简要说明冲压生产现场的危险源。
7. 简要说明涂装生产现场的危险源。
8. 简要说明焊装生产现场的危险源。
9. 简要说明动力总成生产现场的危险源。

◆ 任务三 劳动防护用品认识与选用 ◆

任务引出

《中华人民共和国安全生产法》第四十七条规定：生产经营单位应当配备劳动防护用品。同时为规范用人单位劳动防护用品的使用和管理，保障劳动者安全健康及相关权益，制定了《用人单位劳动防护用品管理规范》（2018 年修订）。

在现场生产中，由于作业环境、生产过程、劳动过程的复杂性，存在各种危险性因素。为了避免员工在劳动过程中受到伤害，企业应按法律规定为员工配备必要的劳动保护用品。劳动保护用品有哪些？其使用方法和注意事项是什么？

任务描述

《中华人民共和国安全生产法》第五十四条规定：从业人员在作业过程中，应当严格遵守本单位的安全生产规章制度和操作规程，服从管理，正确佩戴和使用劳动防护用品。生产现场中存在诸多危险因素，必须按要求使用劳动保护用品，避免造成人身伤害。劳动防护用品的品种很多，由于使用单位对劳动防护用品要求不同，分类方法也不同。

相关专业知识

劳动防护用品（PPE）是指由生产经营单位为从业人员配备的，使其在劳动过程中免遭或者减轻事故伤害及职业危害的个人防护装备。

我国对劳动防护用品以人体防护部位为法定分类标准，在《劳动防护用品分类与代码》中将其分为九大类。

一 头部防护用品

头部防护用品是为防御头部不受外来物体打击和其他因素危害而配备的个人防护装备。根据防护功能要求，主要有一般防护帽、防尘帽、防水帽、防寒帽、安全帽、防静电帽等。

安全帽属于特种防护用品（应有三证：生产许可证、产品合格证、安全标志证或安全鉴定证，并符合 GB 2811—2019）。

作用：防止物体打击伤害；防止高处坠落伤害头部；防止机械性损伤；防止污染毛发伤害。

使用注意事项：将安全帽戴正，拉紧下颏带，帽箍调到合适位置。

二 呼吸器官防护用品

呼吸器官防护用品一般分为两类：一类是过滤式呼吸保护器，它通过将空气吸入过滤装置，去除污染而使空气净化；另一类是供气式呼吸保护器，它从一个未经过污染的外部气源向佩戴者提供洁净的空气（如自备气源呼吸器）。

呼吸器官防护用品主要分为防尘口罩和防毒口罩（面具）两类，按功能可分为过滤式和隔离式两类。

作用：为防御有害气体、蒸气、粉尘、烟、雾经呼吸道吸入，或直接向使用者供氧或清洁空气，保证尘、毒污染或缺氧环境中作业人员正常呼吸。

使用注意事项：在使用过程中严禁随意拧开滤毒罐（盒）的盖子，并防止水或其他液体进入罐（盒）中；防毒呼吸用品应专人使用和保管，使用后应清洗和消毒。在清洗和消毒时，应注意温度，不可使橡胶等部件因受温度影响而发生质变受损。

三 眼部和面部防护用品

眼部和面部防护用品是预防烟雾、尘粒、金属火花和飞屑、热、电磁辐射、激光、化学飞溅物等因素伤害眼睛或面部的个人防护用品。

眼部和面部防护用品种类很多，其防护功能有防尘、防水、防冲击、防高温、防电磁辐射等。目前我国普遍生产和使用的眼部和面部防护用品主要有焊接护目镜和面罩、炉窑护目镜和面罩以及防冲击眼护具等。

作用：在进行打磨、切割、钻孔等工作时必须佩戴防护眼罩，以防止眼睛被飞溅的碎片割伤，防止飞溅物、碎屑和灰沙伤及眼睛及面部。

使用注意事项：防护眼罩必须符合劳动防护用品生产要求及相关标准。

四 听觉器官防护用品

听觉器官防护用品是能防止过量的声能侵入耳道，使人耳避免噪声的过度刺激，减少听力损失，预防由噪声对人引起的不良影响的个体防护用品。听觉器官防护用品主要有耳塞、耳罩和防噪声通话头戴等。

作用：防止噪声使耳部受损（当噪声大于 80dB 时需佩戴），如空气动力噪声、机械噪声、电磁噪声等。

使用注意事项：先将耳廓向上提拉，使耳腔呈平直状态，然后手持耳塞柄，将耳塞帽体部分轻轻推入外耳道内，不要用力过猛，感觉舒适即可。

五 手部防护用品

手部防护用品是具有保护手和手臂功能的个人防护用品，通常称为劳动防护手套。手部防护用品按照防护功能分为一般防护手套、防静电手套、防高温手套、防油手套、防振手套、防切割手套、绝缘手套等。操作回转机械或设备时禁用手套。

作用：防止火与高温、低温的伤害；防止电磁与电离辐射的伤害；防止电、化学物质的伤害；防止撞击、切割、擦伤、微生物侵害以及感染。

使用注意事项：防水、耐酸碱手套使用前应仔细检查，观察表面是否有破损。简易的检查办法是向手套内吹口气,用手捏紧套口,观察是否漏气,漏气则不能使用。橡胶、塑料等类防护手套用后应冲洗干净、晾干,保存时避免高温,并在上面撒上滑石粉以防粘连。

六 足部防护用品

　　足部防护用品是防止生产过程中有害物质和能量损伤足部的护具,通常称为劳动防护鞋。足部防护用品按照防护功能分为安全鞋、电工绝缘鞋、防滑鞋、消防靴、防酸碱鞋、防油鞋等。

　　作用:防止物体坠落砸伤;防止滑跌;防止被尖锐物品刺伤等。

七 躯干防护用品

　　躯干防护用品就是通常讲的防护服(工作服)。根据防护功能,防护服分为一般防护服、防水服、防寒服、防砸背心、防毒服、阻燃服等。

　　作用:保护作业人员躯干免受环境有害因素的伤害。

　　使用注意事项:穿戴要"三紧"——领口紧、袖口紧、下摆紧。

八 护肤用品

　　护肤用品用于防止皮肤(主要是面、手等外露部分)受化学、物理等因素危害的个体防护用品。

　　其防护功能有防毒、防腐、防射线、防油漆及其他类。

九 高空作业,防坠落防护用品

　　高空作业是指《高处作业分级》(GB/T 3608—2008)标准中规定的凡是在坠落高度基准面2米以上(含2米)有可能坠落的高处的作业。

　　防坠落用品是防止高空作业人员从高处坠落的整体及个人防护用品。个人防护用品是通过安全绳或安全带,将高处作业者的身体系接于固定物体上,整体防护用品是在作业场所的边沿下方张网,以防不慎坠落,主要有安全网和安全带两种。

　　安全网是高空作业场所边侧立装或下方予张的防坠落用品,是用于防止和挡住人和物体坠落,使作业人员避免或减轻伤害的集体防护用品。

　　安全带分为围杆安全带和悬挂、攀登安全带两种。高空作业必须佩戴安全带或安全绳等防坠落装置。其主要作用是限制下坠的高度,并且帮助开展救援工作。安全带使用时应系紧在腰部,挂钩应扣在不低于作业者所处水平位置的固定牢靠处(高挂低用)。应注意经常检查安全带缝制的挂钩是否完好可靠,发现磨损时要及时修理、更换;悬挂点必须是固定的且能够承担一定负荷的固定点。

十 正确使用劳动防护用品

　　劳动防护用品是指在生产过程中为免遭或者减轻人身伤害和职业危害所配备的防护装备,所以正确使用劳动防护用品是保障作业人员人身安全与健康的重要措施。按规定和要求佩戴和使用劳动防护用品,防止发生以下情况。

　　1)从事高空作业的人员,不系好安全带发生坠落。

2）从事电工作业（或手持电动工具）不穿绝缘鞋发生触电。

3）在车间不按要求穿工作服，或虽穿工作服但穿着不整、敞着前襟、不系袖口等，造成机械缠绕。

4）长发不盘入工作帽中，造成长发被机械卷入。

5）不正确戴手套。有的该戴不戴，造成手的烫伤、刺破等伤害。有的不该戴而戴，造成卷住手套带进手去，甚至连胳膊也带进去的伤害事故。

6）不及时佩戴适当的护目镜和面罩，使面部和眼睛受到飞溅物伤害或灼伤，或受强光刺激，造成视力伤害。

7）不正确戴安全帽。当发生物体坠落或头部受撞击时，造成伤害事故。

8）在工作场所不按规定穿用劳保皮鞋，造成脚部受到伤害。

9）不能正确选择和使用各类口罩、面具，不会熟练使用防毒护品，造成中毒伤害。

10）在有噪声、振动、辐射等需要进行防护的场所，未正确佩戴或使用劳动防护用品，从而使自己的人身安全和健康受到危害。

十一　劳动防护用品使用注意事项

1. 劳动防护用品具有一定的有效期限

劳动防护用品的使用期限与作业场所环境、劳动防护用品使用频率、劳动防护用品自身性质等多方面因素有关，如安全帽有效期限为 2 年（或根据材质、说明书确定）。

2. 劳动防护用品需定期检查或维护

例如，安全带每 12 个月检查一次，若 6 个月未使用，在使用之前需检查；呼吸面罩的滤盒及滤棉均需定期更换。

3. 劳动防护用品需经常清洁、保养

工作服、安全鞋、耳塞、呼吸面罩等要经常清洁。不得任意损坏、破坏劳动防护用品，使之失去原有功效，如安全帽不得随意打孔、喷漆及抛掷等。

任务实施

团队合作，查找实训中用到的劳动防护用品，根据实训实际，找出存在哪些缺失的用品，提出改进措施。

归纳总结

本任务主要介绍了对人体各部位进行防护的劳动防护用品，包括头部、呼吸器官、眼部、面部、听觉器官、手足、躯干以及防坠落等。通过本任务的学习，可以掌握防护用品的正确使用和穿戴方法，提高劳动者自我保护意识和能力。

思考题

1. 什么是劳动保护用品？
2. 按照《劳动防护用品分类与代码》，劳动保护用品分为哪几大类？
3. 劳动保护用品的使用注意事项有哪些？
4. 说出 5 种以上劳动防护用品及作用。
5. 谈谈你对使用劳动防护用品的看法。

任务四　安全警示标志认知

任务引出

《安全标志及其使用导则》（GB 2894—2008）中规定了在公共场所、工业企业及其他有必要提醒人们注意安全的场所设立传递安全信息的标志，及其设置、使用原则，用特定的颜色和标志，引起人们对周围存在的不安全环境的注意，提高人们对危险因素的警惕。

现场生产过程的复杂性导致其存在各种危险性因素。应采取怎样的安全警示标志、设置何种安全色，才能够引起员工的注意，提高其对危险性因素的警惕？

任务描述

《中华人民共和国安全生产法》中多处提及在有危险因素的生产经营场所和有关设施、设备上、安全通道等处设置明显的安全警示标志。《工作场所职业病危害警示标识》（GBZ 158—2003）对可能产生职业病危害的工作场所、设备设置安全警示标识，详细规定了要采取相应防护措施的图形标识、警示线、警示语句和文字。在紧急情况下人们能借助安全警示标识的指引，尽快采取防范和应急措施或撤离现场，避免发生严重的事故。

相关专业知识

树立安全意识，识别、理解安全警示标志的意义，避免危害的发生，有必要了解安全警示标志相关的法律法规。《中华人民共和国安全生产法》《工作场所职业病危害警示标识》（GBZ 158—2003）、《安全色》（GB 2893—2008）和《安全标志及其使用导则》（GB 2894—2008）等对安全警示标志的设置和使用原则等进行了明确的规定。

一　安全色

《安全色》（GB 2893—2008）规定采用红、黄、蓝、绿这四种颜色，作为发布"禁止""警告""指令"和"提示"等安全信息含义的颜色。安全色要求容易辨认和引人注目，其含义与应用见表4-8。

表4-8　安全色的含义与应用

颜色	含　义	应　用
红色	表示禁止、停止、消防和危险	禁止、停止和有危险的器件、设备或环境涂以红色标记
黄色	表示注意、警告	需警告人们注意的器件、设备或环境涂以黄色标记
蓝色	表示指令、必须遵守的规定	提醒人们应该遵守的规定
绿色	表示通行、安全和提供信息	可以通行或安全情况涂以绿色标记

（1）红色　引人注目，使人在心理上产生兴奋感和刺激感，适用于表示危险、禁止、紧急停止的信号。

凡是禁止、停止和有危险的器件、设备或环境，均涂以红色的标记。例如，城市交通和铁路上以红灯作为禁行标志，禁止标志、消防设备、停止按钮和停车、制动装置的操纵把手、仪表刻度盘上的极限位置刻度、机器转动部件的裸露部分（飞轮、齿轮、带轮等的轮辐、轮毂）、危险信号旗等均以红色为标志。

（2）黄色　黄色是一种明亮的颜色。黄色和黑色相间组成的条纹是视认性最高的色彩，特别能引起人们的注目，所以适用于警告或注意的信号，如警告标志、交通警告标志、道路交通路面标志、带轮及其防护罩的内壁、砂轮机罩的内壁、楼梯的第一级和最后一级的踏步前沿、防护栏杆、警告信号旗等。凡是警告人们注意的器件、设备或环境，均应涂以黄色或黑、黄相间的标记。

（3）蓝色　蓝色和白色配合使用效果较好，特别是在阳光照射下，蓝色和白色衬托出的图像或标志比较明显，所以被选用为指令标志的颜色，如交通指示标志等，要求必须遵守。

（4）绿色　绿色使人感到舒服、平静和有安全感，所以采用绿色作为表示通行、安全提示的颜色。凡是在可以通行或安全情况下，均应涂以绿色标记，如交通岗和道路的信号灯、机器起动按钮、安全信号旗等。

（5）对比色　能使安全色更加醒目的颜色，称为对比色或反衬色。

红色和白色、黄色和黑色间隔条纹是两种比较醒目的标示。红色和白色间隔条纹的含义是禁止通过，如铁路、公路上用的防护栏杆。黄色与黑色间隔条纹的含义是警告、危险，如工矿企业内部的防护栏杆、吊车吊钩的滑轮架、铁路和公路交叉道口上的防护栏杆。

二　安全标志

安全标志是由安全色、几何图形和图形符号构成的，用以表达特定的安全信息。安全标志分为禁止标志、警告标志、指令标志、提示标志和补充标志。

1. 禁止标志

禁止标志的含义是不准或制止人们的某种行动，几何图形是带斜杠的圆环。圆环和斜杠涂以红色，圆环内的图像用黑色，背景用白色，说明文字设在几何图形的下面，文字用白色，背景用红色，如图4-3所示。

图4-3　禁止标志示例

2. 警告标志

警告标志的含义是使人们注意可能发生的危险，几何图形是正三角形。三角形引人注目，故用作警告标志。三角的背景用黄色，三角图形和三角内的图像均用黑色。黄色是有警告含义的颜色，在对比色黑色的衬托下，绘成的警告标志较引人注目，如图4-4所示。

3. 指令标志

指令标志的含义是必须遵守，几何图形是圆形。在圆形内配上指令含义的颜色——蓝色，并用白色绘画必须履行的图形符号，表示必须遵守，如图4-5所示。

图 4-4　警告标志示例

图 4-5　指令标志示例

4. 提示标志

在绿色长方形内的文字和图形符号，配以白色底或标明目标的方向，即构成提示标志。长方形内的文字和图形符号用白色。提示标志根据长方形长短边的比例不同，分为一般提示标志和消防设备提示标志。

1）一般提示标志是指出安全通道或太平门的方向。如在有危险的生产车间，当发生事故时，要求作业人员迅速从安全通道撤离，就需要在安全通道的附近标上有指明安全通道方向的提示标志，如图 4-6 所示。

图 4-6　一般提示标志示例

2）消防设备提示标志是标明各种消防设备存放或设置的地方，使人们遇到火灾时不会因为慌张而忘了消防设备存放或设置的地方，如图 4-7 所示。

图 4-7　消防设备提示标志示例

提示标志提示目标的位置时有方向辅助标志—箭头。应按方向指示箭头指引的方向行进，如图 4-8 所示。

5. 补充标志

除了上述四种安全标志外，还有一种补充标志。补充标志就是在每个安全标志的下方标有的文字，可以和标志连在一起，也可以分开，补充说明安全标志的含义，如图4-9所示。

图 4-8　提示标志的方向辅助标志示例

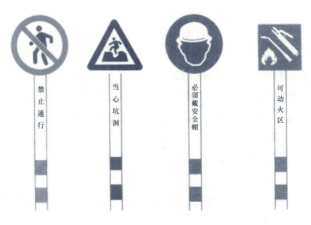

图 4-9　补充标志示例

三　安全标志设置原则

1. 标志牌的设置

标志牌应设在与安全有关的醒目地方，并使人看见后有足够的时间来注意它所表示的内容。环境信息标志宜设在有关场所的入口处和醒目处；局部信息标志应设在涉及的相应危险地点或设备（部件）附近的醒目处。

2. 图形标志设置

图形标志分为禁止标志、警告标志、指令标志和提示标志。

图形标志可与相应的警示语句配合使用。图形、警示语句和文字设置在作业场所入口处或作业场所的显著位置。

3. 警示线（标志）设置

警示线是界定和分隔危险区域的标识线，有红色、黄色和绿色三种。按照需要，警示线可喷涂在地面或制成色带设置，如图4-10所示。

4. 警示语句设置

警示语句是一组表示禁止、警告、指令、提示或描述工作场所职业病危害的词语。警示语句可单独使用，也可与图形标志组合使用。

5. "有毒物品作业岗位职业病危害告知卡"设置

根据实际需要，由各类图形标志和文字组合成"有毒物品作业岗位职业病危害告知卡"。它是针对某一职业病危害因素，告知劳动者危害后果及其防护措施的提示卡。"告知卡"设置在使用有毒物品作业岗位的醒目位置。在使用有毒物品作业场所入口或作业场所的显著位置，根据需要设置"当心中毒"或者"当心有毒气体"警告标志，"戴防毒面具"

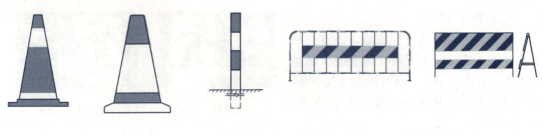

| 锥形交通标 | 道口标柱 | 施工路栏 |

图 4-10　警示线设置示例

"穿防护服""注意通风"等指令标志和"紧急出口""救援电话"等提示标志。

6. 其他职业病危害工作场所警示标志的设置

1）在产生粉尘的作业场所设置"注意防尘"警告标志和"戴防尘口罩"指令标志。

2）在可能产生职业性灼伤和腐蚀的作业场所，设置"当心腐蚀"警示标志和"穿防护服""戴防护手套""穿防护鞋"等指令标志。

3）在产生噪声的作业场所，设置"噪声有害"警告标志和"戴护耳器"指令标志。

4）在高温作业场所，设置"注意高温"警告标志。

5）在可引起电光性眼炎的作业场所，设置"当心弧光"警告标志和"戴防护镜"指令标志。

6）存在生物性职业病危害因素的作业场所，设置"当心感染"警告标志和相应的指令标志。

7）存在放射性同位素和使用放射性装置的作业场所，设置"当心电离辐射"警告标志和相应的指令标志。

7. 设备警示标志的设置

在可能产生职业病危害的设备上或其前方醒目位置设置相应的警示标志。

8. 职业病危害事故现场警示线的设置

在职业病危害事故现场，根据实际情况，设置临时警示线，划分出不同功能区。

1）红色警示线设在紧邻事故危害源周边；将危害源与其他区域分隔开来，只有佩戴相应防护用具的专业人员才可以进入此区域。

2）黄色警示线设在危害区域的周边，其内、外分别是危害区和洁净区，此区域内的作业人员要佩戴适当的防护用具，出入此区域的作业人员必须进行洗消处理。

3）绿色警示线设在救援区域的周边，将救援人员与公众隔离开来。患者的抢救治疗、指挥机构设在此区内。

四　安全警示标志的维护与管理

为了有效地发挥标志的作用，安全警示标志至少每半年检查一次。如发现有破损、变形、褪色等不符合要求的情况，应及时修整或更换，从而使之保持良好状况。安全管理部门应做好监督检查工作，发现问题，及时纠正。

要经常宣传安全警示标志使用的规程，特别是对那些需要遵守预先防范措施的作业人员。当设立一个新标志或变更现存标志的位置时，应提前告知作业人员，并且解释其设置或变更的原因。只有综合考虑了这些问题，设置的安全标志才有可能有效地发挥安全警示的作用。

五 各种安全标志及其设置范围和地点

请扫描二维码，认识相关安全警示标志视频。

任务实施

调研当地汽车企业，找出汽车生产现场常用的安全警示标志。

归纳总结

本任务根据国家相关标准规定，对安全色、安全标志进行了详细阐述，同时对安全标志设置原则、维护管理进行了介绍。通过本任务的学习，可以提高对安全色、安全标志的识别能力，提高安全防护能力。

安全警示标志

思考题

1. 安全色有几种，分别有什么含义？
2. 安全标志的含义是什么？
3. 安全标志有几种，分别用何种颜色和图形表示？
4. 安全标志设置有哪些原则？
5. 说出 5 种以上安全标志设置的范围和地点。

任务五　职业健康与职业病防治

任务引出

为了预防、控制和消除职业病危害，防治职业病，保护劳动者健康及其相关权益，促进经济社会发展，我国根据宪法制定了《中华人民共和国职业病防治法》（2018 年修订）。职业病是指企业、事业单位和个体经济组织等用人单位的劳动者在职业活动中，因接触粉尘、放射性物质和其他有毒、有害因素而引起的疾病。职业病防治工作坚持预防为主、防治结合的方针。

工作场所内可能会产生或存在影响员工健康的有害因素。什么是职业性危害因素？企业该如何识别、评估这些潜在危险因素，采取相应的职业病防治措施，以确保员工的健康不受到影响？

任务描述

企业生产过程中产生的粉尘、噪声、化学物质等有害因素，工作过程中的有害因素、工作组织和工作制度不合理，以及生产环境中的有害因素、生产场所设计不符合卫生标准或要求等，都会对员工的健康产生影响。企业应让员工了解职业健康知识，采取职业病防治措施，在生产过程、劳动过程、作业环境等方面进行有害因素控制，确保员工安全健康。

相关专业知识

一 职业健康

职业健康是对工作场所内产生或存在的职业性有害因素及其健康损害进行识别、评估、预测和控制的一门科学，其目的是预防和保护劳动者免受职业性有害因素所致的健康影响和危险，使工作适应劳动者，促进和保障劳动者在职业活动中的身心健康和社会福利。

1. 职业性危害因素

职业性危害因素是指在生产、劳动过程中和作业环境中存在的危害劳动者健康的因素，按来源可概括为生产过程、劳动过程、作业环境三类，如图4-11所示。

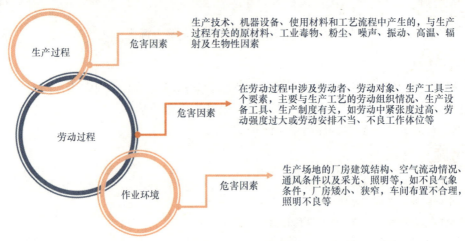

图4-11 职业性危害因素

2. 职业性危害因素主要的存在形式

职业性危害因素主要的存在形式有粉尘、烟尘、雾、蒸气、气体及其他形式（噪声、辐射、真菌细菌等）。

二 职业病防治

职业病防治工作坚持预防为主、防治结合的方针，实行分类管理、综合治理。

1. 预防措施

1）对存在职业危害的建设项目进行卫生预评价。卫生预评价的全过程包括可行性研究阶段、初步设计阶段、施工设计阶段的卫生审查，施工过程中的卫生监督检查，竣工验收以及竣工验收中对卫生防护设施效果的监测和评价。

2）新建、改建、扩建及技术引进、技术改造的建设项目，都必须有防尘、防噪等防害设施，实行"三同时"管理，即职业卫生防护设施要与主体工程同时设计、同时施工、同时验收和投产使用。

3）要根据预防为主、全面规划、因地制宜、综合治理的原则，编制防尘、防噪等防害规划，并纳入相关安全改善措施计划和长远规划，逐步消除危害。

4）从事有害岗位作业人员，必须事先进行告知并进行相关知识培训，掌握必要的急救互救知识，正确使用防护器材和个人劳动保护用品，必要时必须经考试合格后才可上岗作业。

2. 生产过程中的控制

1）对存在职业危害的生产过程，应采用密闭的设备和隔离操作，以无毒或低毒物代替毒害大的物料，革新工艺，实行机械化、自动化、连续化。

2）对作业场所散发出的有害物质，应加强通排风，并采取回收利用、净化处理等措施，未经处理不得随意排放。

3）对可能产生有毒、有害物质的工艺设备和管道，要加强维护，定期检修，保持设备完好，杜绝跑、冒、滴、漏。

4）若改变产品原材料或工艺流程，可能使危害增加者，要采取可靠的预防性措施，按照变更管理的要求进行管理。

5）对于防害的相关设施，必须加强维修管理，确保完好和有效运转。

6）对危害严重、测定超过国家规定卫生标准的作业场所，应当及时给予有效的治理。有害作业现场必须配备必要的职业卫生防护设施，并对其进行经常性维护、检修，定期检测防护效果，确保能够正常使用，不得擅自拆除或者停止使用。

7）要认真做好防害的各项工作，采取综合措施，消除危害，不断改善劳动条件，保障职工的安全健康，防止职业病的发生。

8）对于存在危害因素的物品的包装，必须符合安全要求。

9）从事有职业危害岗位作业的人员必须配备适宜有效的个体劳动防护用品，并监督使用。

10）在具有酸、碱等腐蚀性物质或化学烧伤危险的场所，应设置冲洗设施。

3. 职业卫生管理

1）必须贯彻执行有关保护妇女的劳动法规。

2）对工作场所存在的各种职业危害因素进行定期监测，工作场所各种职业危害因素检测结果必须符合国家有关标准要求。

3）对疑似职业病的人员需要上报职防机构诊治的，由安全管理委员会提供职业接触史和现场职业卫生情况，到具有职业病诊疗资格的职防部门进行检查、诊断。

4）对接触有职业危害因素的人员必要时需进行医学监护，包括上岗前的健康检查、在岗时的定期职业健康检查、离岗及退休前的职业健康检查。没有进行职业性健康检查的人员不得从事接触有职业危害因素的作业，有职业禁忌症的人员不得从事所禁忌的作业。

5）工作场所发生危害人员健康的紧急情况时，应立即组织该场所的人员进行应急职业性健康检查，并采取相应处理措施。

6）对于存在职业危害的岗位，要制定相应的职业安全卫生操作规程，专职、兼职安全卫生管理人员严格监督岗位操作人员按章操作。

7）对于存在严重职业危害因素的工作场所，在醒目位置应设置告示牌，注明岗位名称、危害因素名称、国家规定、监测结果、预防措施等。

8）按要求对国家规定的职业病进行报告。

三 职业健康安全管理体系

职业健康安全管理体系是20世纪80年代后期在国际上兴起的现代安全生产管理模式。职业健康安全管理体系产生的主要原因是企业自身发展的要求。随着企业规模扩大和生产集约化程度的提高，企业必须采用现代化的管理模式，使包括安全生产管理在内的所有生产经营活动科学化、规范化和法制化。

职业健康安全管理体系产生的另一个重要原因是世界经济全球化和国际贸易发展的需要。世界贸易组织（WTO）的最基本原则是"公平竞争"，其中包含环境和职业健康安全问题。我国已经加入世界贸易组织（WTO），职业健康安全问题对我国社会与经济发展产生了巨大的影响。因此，在我国必须大力推广职业健康安全管理体系。

职业健康安全管理体系（ISO 45001）强调最高管理者参与以及员工参与，以使工作场所更安全、更健康。采用ISO 45001的目的是使世界各地的组织使用相同的标准，这有助于不同行业、不同规模的企业通过采用强有力的职业健康安全方法，降低员工面临的风险并使工作场所更健康。

《职业健康安全管理体系 要求及使用指南》（GB/T 45001—2020）等同采用ISO 45001：2018，已于2020年3月6日实施。

🖐 任务实施

调研汽车行业职业健康情况，分析存在的危害主要有哪些，经常会产生的职业病有哪些。分析原因，总结预防措施，团队成员交流讨论。

📖 归纳总结

本任务介绍了职业健康的定义，对生产过程、作业环境中的职业性危害因素进行了阐述，还对我国的职业病防治相关法律、职业健康安全管理体系以及职业病防治控制方法进行了简单介绍。通过本任务的学习，可以提高职业健康意识，预防职业病的发生。

💭 思考题

1. 什么是职业性危害因素？按其来源可概括为哪三类？
2. 职业性危害因素主要的存在形式有哪些？
3. 什么是"三同时"管理？

📋 模块评价

评分项目	评分标准	自我评价			教师评价		
		优秀 25分	良好 15分	一般 10分	优秀 25分	良好 15分	一般 10分
知识能力	1. 掌握生产现场安全管理知识及引发事故的基本要素 2. 理对危险源辨识知识 3. 掌握KYT活动的方法和活动展开的流程 4. 掌握汽车生产现场的危险源类型 5. 掌握劳动防护用品的作用和使用注意事项 6. 掌握安全色和安全警示标志的作用和使用 7. 掌握职业健康与职业病防治办法						
实践能力	1. 会分析生产现场事故是否发生原因，并能找出危险源 2. 能够对生产现场中的情境开展KYT活动 3. 能够分析生产现场安全色、安全警示标志设置的目的 4. 能够根据生产现场的特点，正确选择和使用劳动防护用品 5. 能够识别潜在的职业性危害因素，并采取防范措施						
职业素养	1. 养成危险预知和安全确认的行为习惯 2. 树立安全意识，具有社会责任感 3. 按要求做好劳动防护						
工作规范	1. 做好工具、设备清点 2. 做好现场5S，维护现场安全、整洁 3. 做好物品回收与环保处理 4. 检查完善工作单						
总评	满分100分						

模块五 Chapter 5

汽车生产方式

学习目标

素养目标：
1. 养成爱岗敬业、对工作认真负责的习惯。
2. 培养减少浪费、节约成本的意识，树立绿色发展观。
3. 培养沟通、协作、团队意识。
4. 养成标准化作业习惯，践行精益求精的工匠精神。
5. 树立问题意识，培养创新思维。
6. 培养5S习惯，维护现场安全整洁。

知识目标：
1. 掌握汽车生产方式的基本理念。
2. 掌握自働化、准时化思想的含义与作用。
3. 掌握标准作业文件制作流程。
4. 掌握5S管理的实施方法及其在生产安全中的意义。
5. 掌握目视化管理的实施方法及其在提高生产效率中的意义。
6. 掌握现场改善的原则及推进方法。
7. 掌握全员生产维修的方法。
8. 了解人才育成的育人体系。

能力目标：
1. 能够进行现场5S管理。
2. 能够进行现场目视化管理。
3. 能够编制标准作业文件。
4. 在标准作业基础上，能够进行PDCA改善分析、差错预防方案制订。

◆ **任务一 汽车生产方式基本理念认知** ◆

任务引出

汽车是最复杂的工业品，相对一般的工业产品，汽车的零部件总成数量是最多，汽车生产的复杂程度也是最高。在如此复杂的生产制造过程中应遵循哪些原则？如何控制成本？如何识别和消除浪费？

任务描述

在汽车复杂、多样的生产过程中坚持利润原则,坚持以人为本、全员参与等原则;把消除生产现场中的浪费做到极致。

相关专业知识

查阅资料包,学习汽车生产方式的变迁。

资料5-1

汽车生产方式的产生

汽车生产方式基本理念概述

一 汽车生产方式的理论框架

汽车生产方式的理论框架包含一个目标、两大支柱和一大基础。

1. 一个目标

一个目标是指低成本、高效率、高质量地进行生产,最大限度地使顾客满意。

2. 两大支柱

两大支柱是准时化(Just in Time,JIT)和自働化(带有人字旁)。

3. 一大基础

一大基础指现场改善。现场改善是汽车生产方式的基础,这里的改善是指从局部到整体的改善,是消除一切浪费的持续改善。

二 汽车生产方式起源

丰田公司前总裁张富士夫为使传授、推进丰田生产方式变得更加容易,提出了一个简单的表达方法——丰田生产方式架构屋(图5-1)。"架构屋"已成为现代制造业中最广为人知的丰田生产方式标志之一。用代表结构体系的"架构屋"来表示丰田生产方式,房子的屋顶、梁柱与地基若不稳固,这间房子也不会坚固,只要其中任何一个环节出问题,就会使整个体制出现问题。

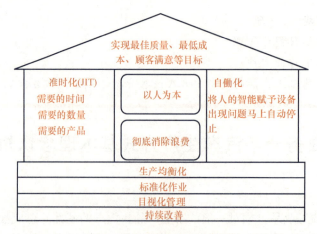

图5-1 丰田生产方式架构屋

屋顶——丰田生产方式的目标,即实现最佳质量、最低成本、顾客满意。

两大支柱——支撑屋顶(丰田生产方式的目标)的支柱,即丰田生产方式的准时化与自働化。

"架构屋"的基础——地基,由以下要素构成:稳固和可靠的标准化作业、目视化管理、持续改善,以及生产均衡化。持续改善是最基础、最根本的,可以说没有改善就没有丰田生产方式。生产均衡化是为了维持生产体系的稳定,并使存货降低至最少。

"架构屋"的核心之一是彻底消除浪费,以降低产品的成本。

"架构屋"的另一核心是"以人为本",体现了丰田生产方式对人才的重视及人本主义的理念。

"架构屋"中的每一个要素本身都很重要,但更重要的是这些要素彼此之间相互强化。

三 汽车生产中遵循的原则

汽车生产制造过程中遵循以下几个原则。

1. "利润"原则

企业生产的目的是要追求产品利润的最大化。图5-2所示为利润的构成,从图中可以看出增加利润有提高市场售价(当供应不大于需求时)、降低制造成本(当需求大于供应时)、增加产品数量三种方法。

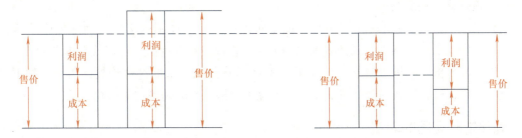

图5-2 利润的构成

很显然,当今汽车市场环境处于汽车的供应量大于需求量的经济环境中,如果通过提高售价来达到提高利润的目的是不可行的;而通过增加单位时间内生产的产品数量来提高利润,就要提高生产劳动效率,即提高生产节拍,从而降低产品的单价成本。但是现代生产管理中的生产节拍由生产量来决定,而生产量的大小取决于市场的需求,所以也受到制约。那么只能通过降低生产制造过程中的成本来提高产品利润。

2. 树立"问题意识"的原则

树立"发现问题,解决问题"的问题意识,强调把生产现场中潜在的问题点暴露出来,以便进一步改善。

3. 遵守"标准化作业"的原则

标准化作业活动是持续改善的最基本的前提条件。丰田要求"标准化作业"必须由现场直接管理者亲自制作,确保"标准化作业"的可行性和实效性,增强实际作业人员对标准的理解。

4. "现场、现物、现实"的现场原则

"以现场为主"的基本理念要求管理部门亲临现场，为现场生产提供服务，扶持现场，充分挖掘现场的潜能，建立现场的自律机制，使现场处于主导地位。

5. 坚持"持续改善"的原则

20世纪50年代美国提出的全面质量管理的原则之一就是持续改进原则，在目前企业通用的ISO9000质量管理体系标准，以及汽车工业相关标准QS-9000质量体系要求（美国克莱斯勒、福特、通用等使用）、VDA6.1（大众和其他德国公司所用）等各大标准体系都强调了持续改进原则的应用。

而持续改善强调通过不断地改善，最终实现"集小变以成大变，化不可能为可能"的目的。持续改善活动主要借助于准时化和自働化生产，两者之间即相互制约又相互促进。

6. "以人为本"的原则

"以人为本"的理念主要体现在"多技能工"制度上，强调人是创造价值的财富。

7. 树立"全员参与"的团队意识原则

任何汽车产品的生产，都不是一个人能够完成的，树立团队合作意识，全员的参与是必要的。

8. "责任化"的原则

"责任化"理念主要反映在"不合格品不转入后工序"原则的落实。确保生产"合格品"是生产活动的首要条件；任何要素也不能作为轻视质量的理由，否则就是本末倒置。

丰田强调合格产品是"制造"出来的，不是"检验"出来的；检验被认为是一种不创造价值的浪费，检验活动的最终目的是为了消除不合格，并非是挑选不合格。

四 消除生产现场的浪费

消除浪费

所谓浪费就是不产生任何附加价值的动作、方法、行为和计划。现场活动包括"有附加价值的"和"没有附加价值"的活动，那些不产生附加价值的活动应坚决予以消除。用不同的评判标准去判断一个动作、行为、方法或计划时，所得到的浪费程度是不同的。

排除不必要的流程就能提高效率。丰田将作业流程分为以下三类。

第一类：可以提高产品附加价值的作业，如生产作业中的安装零部件、夹紧、焊接；物流作业中的存放作业、提取作业、包装作业等。

第二类：虽然无附加价值，但在现有工作条件下是必要的程序，如生产作业中的提取零部件作业、分检作业等。

第三类：本来不必要的作业和流程，如生产作业中的无料等待、不必要的寻找等。

统计结果表明，在生产过程中只有15%的劳动是有效的。

在现场生产中存在七大无附加价值的浪费，并且在管理中针对七大浪费进行了改善，从而达到降低成本、获取最大利润的目的。

1. 库存的浪费

库存浪费是指过量库存占用库位，产生空间和保管成本以及长期积压产品损耗的浪费。

"库存是万恶之源"，这是丰田对浪费的见解与传统见解最不同的地方，也是丰田创造最大利益的原动力，所有的改善行动都直接或间接地和消除库存有关。

2. 制造过多（早）的浪费

传统生产方式认为制造过多与过早能够提高效率，减少故障停机造成的产能损失，平衡车间生产力。这是对获取产品利润的误解，因为真正利润的产生是从销售而来，而不是效率与产能。制造过多与过早而销售量并没增加，仅是增加了库存量。

制造过多或提早完成，在丰田被视为最大的浪费。丰田生产方式所强调的是准时化生产，也就是"在需要的时候，做出需要的数量的所需的产品"。

3. 等待的浪费

等待的浪费包括等待物料、前工序产品、设备维修、工具及其他辅助用具等。其主要表现为：停工待料、作业不平衡、安排作业不当、质量不合格等。它是一种最隐秘的浪费。

4. 搬运的浪费

搬运是一种无效的劳动，不能带来附加价值。搬运浪费是指由于存在不必要的搬运距离，或者由于暂时性放置导致的多次搬运等所产生的浪费。

5. 加工的浪费

加工的浪费指的是过度或过多加工的浪费，是一种最深层的浪费。过度加工浪费是指加工质量或精度超过了顾客的要求而造成的资源浪费，包括浪费了不必要的工时、能源，增加了设备损耗，占用了作业空间等。过多加工浪费是指在制造过程中，有一些加工程序是可以省略、合并、重排或简化的。

6. 动作的浪费

动作的浪费是指任何对产品不增值的人员或设备的动作、行为（即不必要的动作），这是一种最多的浪费。如果生产车间规划不合理、生产模式设计不周全、生产动作不规范统一等，就会产生动作的浪费。

7. 不合格品的浪费

不合格品的浪费是指因生产的产品不合格而导致的产品检验、返修或报废造成的浪费。其主要表现为工序生产无作业标准或有作业标准未按标准作业，管理不严密、松懈。不合格品的浪费包括内部损失和外部损失两方面。

查阅资料包，详细学习生产现场的七大浪费。

资料5-2

任务实施

在生产过程中对作业流程进行有效分类，讨论可以在汽车生产现场哪些环节中能有效识别和消除浪费，达到获取最大"利润"的目的。

归纳总结

本任务介绍了汽车生产管理中的各项原则等内容，以及如何消除生产现场的浪费。通过本任务的学习可以形成减少浪费的习惯，树立成本意识，掌握获取利润的原则和方法。

思考题

1. 汽车生产管理中遵循的原则是什么？
2. 浪费的概念是什么？
3. 作业流程分为哪几类？
4. 七大浪费有哪些？

◆ 任务二　准时化和看板管理认知 ◆

任务引出

丰田汽车创始人丰田喜一郎提出"降低成本，消除不必要的浪费"，从战略上构建了丰田的发展之路。他为了成就汽车梦想，不断钻研技术、琢磨管理，提出了准时化构想，同时提出了"拉动生产"的理念，促成了丰田生产方式的形成，找到了一条适合丰田的发展道路。

准时化的目的是彻底消除浪费。什么是准时化？实现准时化生产的前提是什么？实现准时化生产的方法有哪些？实现准时化生产的技术支持体系是什么？

任务描述

准时化的前提是拉动式、"一个流"生产，看板管理是实现准时化生产的重要工具。均衡化、同步化生产为实现准时化提供技术支持。

相关专业知识

一、准时化生产的概念

准时化

准时化（Just In Time，JIT）以拉动生产为基础，以均衡化生产为前提条件。

准时化生产的基本思想是："在需要的时候，按需要的量，生产出所需要的产品"。准时化生产的前提是"准时"生产，即在需要的时间和地点完成生产。它的核心是追求一种"零库存"的生产系统。通过对生产过程中人、设备、材料等要素的有效使用，消除各种无效劳动和浪费，消除一切只增加成本而不向产品中增加价值的过程。准时化生产有效运用多种方法和手段，确保这一目标的实现。

准时化生产强调"准时"和"按需要"生产，最终目标是利润最大化，基本目标是降低成本。准时化生产的具体生产目标有以下几点。

（1）废品率最低（零废品）　消除各种不合理因素，对加工过程中的每一道工序精益求精。

（2）库存量最低（零库存）　库存是生产计划不合理、过程不协调、操作不规范的表现。

（3）减少零件搬运量　零件搬运是非增值操作，减少零件和装配件运送量与搬运次数，可以节约装配时间，并减少这一过程中可能出现的问题。

（4）设备故障率低　低的设备故障率是生产线对新产品方案做出快速反应的保障。

（5）批量小　多品种、小批量生产安排可以对顾客需求做出快速反应。

（6）生产周期最短　短的生产周期与小批量相结合的系统，应变能力强，柔性好。

（7）准备时间最短（零准备时间）　准备时间长短与批量选择有关，如果准备时间趋于零，准备成本也趋于零，就有可能采用极小批量。

二 实现准时化生产的技术承载——拉动式生产

拉动式生产方式是由后工序的需求拉动的。它与传统的推动式生产方式（即由前工序的产出来推动后工序的模式）形成鲜明对比，如图5-3所示。

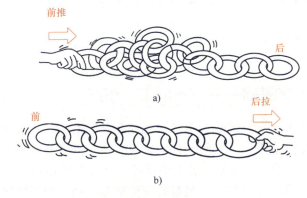

图 5-3　推动式生产与拉动式生产的区别
a）推动式生产　b）拉动式生产

1. 推动式生产方式

推动式生产方式就是各工序按生产计划进行生产。前工序无须为后工序负责，生产出产品后按照计划把产品送达后工序即可。总体的生产是一种从上道工序向下道工序"推动"的过程。

其生产安排就是计划部门根据市场需求，按产品构成清单对需求进行计算，得出每种产品的需要量和各生产阶段的生产前置时间，确定每个部件的投入、产出计划，按计划发出生产和订货的指令。在推动式生产方式下，生产控制就是要保证按生产计划的要求按时、按质、按量完成任务，每一工序的作业人员注重的是自己所在工序的生产效率，各个工序之间相互独立，在制品存货量较大。

推动生产方式的特点：

1）各个工序之间相互独立，在制品存货量较大。

2）为了分解每个零部件的精确生产时间，需要进行大量的计算。

3）如果出现异常状况，要对整个计划进行调整。

4）为了保证按时交货，必须保有较高水平的安全库存。

2. 拉动式生产方式

拉动式生产方式就是按顾客需求拉动生产计划安排。在生产过程中，每道工序都把后工序看作是顾客，工序完成计划的目标就是满足后工序的生产需求。

拉动式生产方式是以看板管理为手段，采用"取料制"，即本工序根据"市场"——后工序需要进行生产；同时，会根据本工序需要的在制品数量到前工序去取料，从而形成拉动式生产控制，绝不多生产一件产品。在拉动式生产过程中，把生产计划下达给最后的工序，指示什么时间、生产多少、什么类型的产品，这样由后工序依次向前工序领取所需求的零部件；用这种倒过来运送的管理方法一步一步逆着生产工序向上推进，一直上溯到原材料供应部门，从而满足"准时化"条件，管理工作量便可减到最低限度。拉动式生产实现的基础和前提条件是5S与目视化管理。

拉动式生产的特点：

1）生产计划（生产指令）只下达给最后一道工序——最后的成品数量与市场需求保持一致。

2）各工序只生产后工序所需的产品——避免了生产不必要的产品，避免和减少了在制品的库存量。

三、实现准时化生产的基础——"一个流"生产

"一个流"生产（One Piece Flow，OPF）是指生产过程中，作业人员一次只加工一个产品或部件，在理想的状态下，工位间的在制品为"零"或者在生产线内任何两道工序间的在制品数不超过下道工序的装夹数。各工序只有一个工件在流动，使工序从毛坯到成品的加工过程始终处于不停滞、不堆积、不超越的流动状态，是一种工序间在制品向"零"挑战的生产管理方式。通过追求"一个流"，使各种问题、浪费和矛盾明显化，迫使人们主动解决现场存在的各种问题，实现人尽其才、物尽其用、时尽其效。"一个流"生产是同步化生产的高级形式。

"一个流"是实现均衡化生产的前提，也是准时化生产的核心，是消除浪费的最好方法。

> 资料5-3　查阅资料包，学习"一个流"生产。

四、实现准时化生产的管理工具——看板管理

看板是实现准时化生产最重要的管理工具，是用来控制生产现场的生产计划工具。"看板"是一张卡片，最常用的是装在长方形塑胶套中的一枚纸卡。这种纸卡大致分为两类：一是"取货指令"或"搬运指令"；二是"生产指令"。它在丰田内部以及丰田和协作企业之间运用，起到传递情报和指令的作用。具体形式随不同的企业而有差别。看板上的信息通常包括零件号码、产品名称、制造编号、容器形式、容器容量、看板编号、移送地点和零件外观等。

1. 看板的形式

实际生产管理中使用的看板形式很多，如运送零件小车、工位器具或物料箱上的标签、指示部件吊运场所的标签、流水生产线上各种颜色的小球或信号灯等。

2. 看板的分类

看板根据其形式、需要和用途的不同，可以分为五类。

（1）三角形看板　三角形看板（图5-4）主要为5S管理服务。看板内容主要标示各种物品的名称，如成品区、在制品区、原材料区等，将看板统一放置在现场划分好的区域内的固定位置。

（2）设备看板　设备看板可粘贴于设备上，也可在不影响人流、物流及作业的情况下放置于设备周边合适的位置。设备看板的内容包括设备的基本情况、点检情况、点检部位示意图、主要故障处理程序、管理职责等内容。

（3）质量看板　质量看板的主要内容有生产现场每日、每周、每月的质量状况分析、质量趋势图、质量事故的件数及说明、作业人员的技能状况、部门方针等。

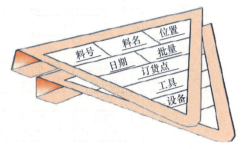

图5-4　三角形看板示例

（4）生产管理看板　生产管理看板的内容包括作业计划、计划的完成率、生产作业进度、设备运行与维护状况、车间的组织结构等。

（5）工序管理看板　工序管理看板主要指车间内在工序之间使用的看板，如在制品看板、领取看板以及临时看板等。

3. 看板使用的五大原则

为使看板系统有效运行，看板系统需要遵循的使用原则有后工序领取原则、生产均衡化原则、不合格品不交给后工序原则、看板的使用数目最少原则、看板适应需求变动原则。

4. 看板的作用

准时化生产中，看板的主要作用是生产以及运送的工作指令；防止过量生产和过量运送；进行"目视化管理"的工具；改善的工具。

5. 看板与准时化生产的关系

准时化生产的本质是一种生产管理技术，而看板只是一种管理工具。

查阅资料包，学习看板管理的拓展内容。

五　准时化生产的技术支持体系

丰田公司前总裁张富士夫提出：生产均衡化是生产控制或生产管理者的首要责任。实现生产均衡化是杜绝不均衡的基础，而去除不均衡是消除浪费与负荷过重的基础。准时化生产的技术支持体系如图5-5所示。

1. 生产均衡化（平准化）

汽车流水线生产一般有两种形式：单一品种流水线和多品种混合的流水线。从形式上看，前者是一种或很少几种产品长期大量生产，后者是多品种成批生产，即在一定时间内其产品品种是单一的。

（1）生产均衡化的含义　生产均衡化是在多品种生产条件下，科学地组织和管理可变流水线上多个品种产品投产顺序的一种最优化方法。这种方法能保证在制造多种产品时，在同一条流水线上做到产品产量、品种和工时都均衡。生产均衡化是看板管理和准时化生产的

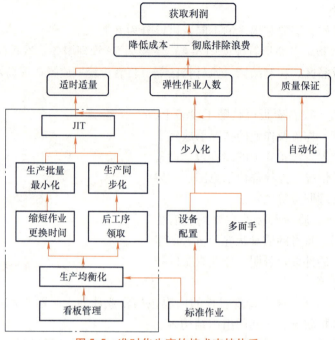

图 5-5 准时化生产的技术支持体系

重要基础,是拉动式生产的前提,它要求把生产过程中产品的数量的波动尽可能控制到最小。

(2) 生产均衡化的特征 流水线加工的对象不是一种,各加工对象在结构上和工艺上是相近的;属于多品种混流的流水生产方式,并且小批量,多批次;按最优化的投产顺序进行生产。

(3) 生产均衡化对生产计划安排的影响

1) 传统的生产计划安排。其通常是采用分段生产的方式,即集中生产完一种产品以后,再生产另外一种产品。例如,按照先后次序生产 A、B、C 这三种产品,见表 5-1。但是如果市场需求改变了,对 A 的需求并不急迫,而对 C 的需求却很紧急,这时候再去生产 C 已经来不及了。这样通常会导致 A 产品库存时间较长,而 C 产品却半个月无货供应市场,甚至导致失去市场。

表 5-1 传统生产计划安排

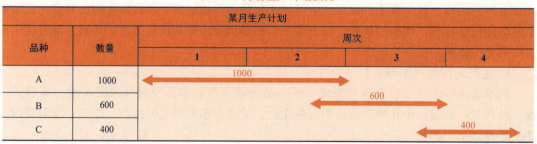

2) 生产均衡化改进后的生产计划安排。为了解决传统生产计划安排出现的问题,可以用生产均衡化来改进生产计划,见表 5-2。如果每月工作日 20 天,若减少批量,每天生产 A 产品 50 个、B 产品 30 个、C 产品 20 个,20 天重复 20 次,这样情况就会好得多。

表 5-2　均衡化生产计划安排

品种	数量	某月生产计划				
		周次			
		1	2	3	4
A	1000	← 50件/每天 →			
B	600	← 30件/每天 →			
C	400	← 20件/每天 →			

2. 订单决定生产数量

在准时化生产中，生产一个产品要花费多少时间，不是由机器设备或作业人员的作业速度决定的，而是由市场的订单数量来决定的。

如果市场一天的需要量是 100 个，工作时间是 480 分钟，那么就应该使生产线每隔 4.8 分钟生产出一个产品，而不是连续生产得越多越快越好。这也是准时化生产的要求。

3. 生产同步化

生产同步化就是要尽量使工序间在制品的库存接近于零。因此，前工序的加工一结束，就应该能够立即转到下一工序中去。生产同步化是实现准时化生产的一个基本原则。它是使装配和机加工的生产几乎同步进行，使产品实行单件生产、单件流动的一种方法。

查阅资料包，学习生产同步化拓展内容。

资料5-5

任务实施

分组讨论，学生分别对准时化生产的概念进行阐述，分析准时化生产在汽车生产管理中的具体作用。

归纳总结

准时化生产是丰田生产方式的两大支柱之一。准时化生产是"在需要的时候，按需要的量，生产出所需要的产品"，它的前提是"准时"生产，其目的是降低成本，最终实现利润最大化。要实现准时化生产就要采用拉动式生产和"一个流"的生产形式。看板管理是实现准时化生产的重要管理工具。生产均衡化和同步化为其提供了必要的技术支持。

思考题

1. 什么是准时化生产？
2. 准时化生产的生产目标是什么？
3. 拉动式生产的概念是什么？它与推动式大量生产的区别是什么？
4. 什么是"一个流"生产？
5. 什么是看板？看板的分类是什么？
6. 看板管理的原则是什么？
7. 看板与准时化生产的关系是什么？
8. 简述准时化生产的技术支持体系。

任务三　自働化与少人化管理认知

📖 任务引出

丰田佐吉是日本著名的"发明狂"。他在织布机上采用了独创的"自働化"技术，使一个工人可以同时照管 30~40 台织布机，将人创造价值的能力提高了 30 倍以上。自働化是丰田生产方式的两大支柱之一。什么是自働化？自働化与自动化的关系是怎样的？自働化的实施怎样进行？实现自働化的方法有哪些？

📝 任务描述

"自働化"，一种被赋予了"人的智能"的机器，带"自动停止装置"的设备。其目的就是提高产品质量，实现零缺陷制造和节省人工。

📚 相关专业知识

一　自働化的概念

1. 自働化的含义

自働化之所以带有人字旁，是指"带自动停止装置"的设备，是被赋予了"人的智能"的机器（图 5-6）。自动停止装置是指固定位置停止方式、质量保险装置、防错/防呆装置等。

自働化

图 5-6　自働化机械

自働化包含的机制：第一，使设备或生产线能够自动检测不合格品；第二，生产第一线的设备操作作业人员发现产品或设备的问题时，有权自行停止生产的管理机制。

2. 自働化与自动化的区别

自动化：早期的自动化，人们只需按动电钮，设备就会自动地运转起来，完成预定的工作。但是，这种自动化设备没有发现加工质量缺陷的能力，也不会在出现加工质量缺陷时停止工作。若设备发生异常，瞬间就会制造出几百个甚至上千个不合格品，造成浪费及成本增加。

自働化：给自动化的"动"字加上人字旁后，自働化将"人的智能"赋予设备，使不合格品的产出率降到最低,同时使工时降低、工作效率提高,从而达到降低人工成本和材料成本的目的;设备问题被明确化并能防止再发生,设备能自律地控制不正常的情况和具有人的判断力。它体现了"流出防止"的"三不"原则,体现了"质量来源于每道工序"的管理理念。

3. 手工作业线的自働化——固定位置停止(自动定位停止)

固定位置停止(图5-7)是装配线的停线方法之一。在手工作业生产线树立"机械出现异常马上停机"的观点,若出现异常,作业人员要就地停线,并通知监督管理者。

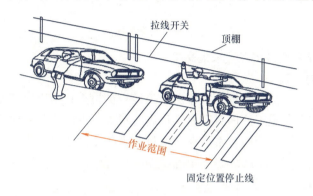

图5-7 固定位置停止

当在装配线上某一工位的作业发现异常(作业跟不上、有质量问题)时,马上按下固定位置停止开关(即呼叫开关),此时,指示灯声光报警,但装配线并不马上停止,而是运行到固定的位置(定位置)后才停止。班组长和流动工得到报警后,如果在在制品到达此位置前将异常消除,再次按动开关,生产线不停;如果未能及时解除,生产线将自动停止。定位置停止的意义是可以避免其他工位的作业人员因中断正常操作导致的产品质量问题。

二 自働化的实施

1. 人的动作与设备的动作分离

(1)自働化是一个人对一台设备的监视的解放 一个循环结束后设备自动停止,在设备工作期间,人可以从事其他的工作。

(2)实现人与设备动作分离的工具 实现人与设备动作分离的工具主要有防错装置、AB控制、安东(Andon,也译作"按灯")系统等,这些工具解放人对设备的监视,实现人与设备的动作分离。

1)防错装置。它是指为了发现不合格品、防止机械设备发生故障,当发生异常或发现异常时,能马上停线而成本较低但可靠性高的装置。采用这种装置,作业人员可以安心地、有节奏地操作,可以提高生产效率、降低成本。

2)AB控制。AB控制指为使工序间或工序内的标准在制品保持在一定范围内,根据两点(A点、B点)有无产品来判断和控制。

3)安东系统。安东系统(图5-8)用于产品质量不合格及作业异常等异常发生场合,是指导相关人员行动的信息窗口,是一眼就能判断出何处发现了异常的电子显示板。

图 5-8 安东系统

（3）通过防止异常的再次发生来提高生产效率

2. 质量在工序内制造

一般性的质量保证方法是在最终工序由专门检查员检查；丰田生产方式的理念是在工序内造就产品质量，即在各道工序内对产品质量进行检查，由防错装置保证质量，不仅可以防止不合格品的流出，还可以明确异常所在，通过改善防止问题再发生。

查阅资料包，学习质量在工序内制造拓展内容。

资料5-6

3. 异常管理

为了能够检测、控制、解决生产过程中的错误、突发、失控状况，而制定一系列措施、管理手段。例如，车间的自动报警装置，防错装置，作业人员异常目视板，QC 工程表，设备能力表的运用等。异常管理内容如图 5-9 所示。

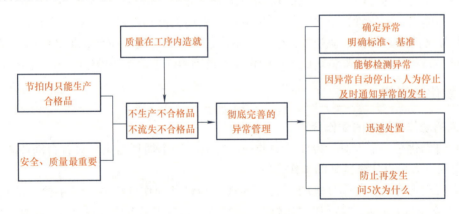

图 5-9 异常管理内容

三 从省少人化到少人化

自働化的目的之一是实现省人化，但要提高生产效率，实现柔性化作业，更需要少人化。

1. 省力化

省力化即设备的自动化，它可以降低劳动强度，实现省力化，但不能消除作业中的浪费，如引进高性能的机器，即使节省人的 90% 工作量，也只是使作业人员更轻松而已，剩余 10% 人的工作量同样还是需要一个人来完成。

2. 省人化

推行自働化，可以节省人数，直接降低成本，就是"省人化"，就是减少自动化剩下的10%的人工，可减少一个人。

3. 少人化

少人化是指在不降低生产效率的情况下，根据生产数量的变化变更作业现场的作业人数。虽然以"省人化"为目标做了"自働化"，但若减产的时候无法依照减产的比例来节省人数的话，这就是"定员制"的"自働化"。突破"定员制"，发挥智慧，建构出根据客户端产量的变化，不论几个人都能生产的生产线，即当客户需求只有70%时，生产线只需70%的人工也能够维持生产，即为少人化。

"少人化"推进的前提是，对于人员、设备、作业方式等有关生产环节均必须加以探究，培养多技能人才，才能完全符合生产少人化的基本思维与实际做法。

四　自働化的意义

1. 适应需求的变化

因为生产完所需要的产品后机器就停下来，而且生产的产品都是合格品，所以通过自働化可以消除过剩的库存，实现准时化生产和对需求变化的响应。

2. 以人为本，尊重人格

在以自働化为基础的质量管理中，如果生产工序中发生了异常现象，生产就停下来，避免了产生不合格品或过量生产的浪费，体现了对作业人员劳动的尊重。另外，生产线一停下来，就必须马上关注问题、查明真因并采取防止再发生的改善措施，因而增强了对人格的尊重。

五　准时化和自働化的关系

大野耐一曾用打棒球来比喻丰田生产方式的两大支柱——准时化和自働化之间的关系：准时化是发挥球队队员间相互配合的协作精神；自働化是提高每一个队员的个人技术。丰田生产的各个工序也是如此，要做到及时、密切的配合才能有条不紊地完成生产的全过程。

任务实施

分组讨论自働化在生产中带来的变化，列表分析自働化的利弊，进行对比。

归纳总结

本任务介绍了自働化的起源和概念，自働化是丰田生产方式的两大支柱之一。自働化是给机械赋予一种"人的智能"，当生产过程出现质量问题或不合格品时，机械自动停止。自働化就是要实现一人多机，保证质量在工序内制造，防止不合格品流到下一工序，并能对生产过程中的异常及时进行管理。实现自働化要进行目视化管理和推行少人化，其目的是提高生产效率，降低成本，实现利润最大化。

思考题

1. 什么是自働化？
2. 自働化与自动化的区别是什么？
3. 固定位置停止的含义是什么？

4. 实现自働化的手段有哪些?
5. 简述自働化的意义。
6. 简述准时化和自働化的关系。

任务四　标准化作业认知

任务引出

大国工匠陈建平,从一名普通电焊工人成长为一名焊接技能专家,焊口合格率均在99.7%以上。为减少焊工职业病,他成立焊接安全技术攻关小组,编制焊工标准化作业指导书,规范焊接动作,10多年来其所在企业没有发生一起硅肺病,并保持了7800多天的安全生产纪录。

实现标准化作业需要制定标准化作业文件。什么是标准化作业?实现标准化作业的要素有哪些?实现标准化作业需要哪些相关作业文件支持?

任务描述

标准化作业通过对作业方法、作业顺序的标准化,让作业人员不但以标准化方式完成目前的工作,而且能使现有的作业更稳定。实施标准化作业能够为以后的改善活动提供依据,有助于解决问题,进行更有效、持久的改善活动。

相关专业知识

一、标准化作业的概念

标准化作业

1. 标准化作业的含义

标准化作业(Standard Operating Procedure,SOP)是指在标准节拍内,将多个技能工所操作的多种不同机床的作业方法标准化。它是实现均衡化生产和"一个流"的又一重要前提。它是以人的动作为中心,将人、物、机器有效地组合,充分考虑现场管理中的质量、成本、生产物流的时机、安全等因素,要求全员必须遵守,严格实施并不断改善。

标准化作业随着作业的改善、机器的更改、生产线的调整、生产量的变化等作业条件的变化而变化。

2. 标准化作业的特性

标准化作业的前提是以人的动作为中心,进行反复的实施作业,其具有以下特性。

1)在作业中,能够反复进行的实施作业可以建立标准化作业。因为这是以人的动作作为研究对象,是根据人的四肢以及眼睛的动态来建立标准化作业的。

2)在机械设备以及生产线的运行中,不能有太多故障发生。若机械设备经常发生故障,就会产生长时间的停止运作,要实施反复的同样作业,就很困难。

3)标准化作业要求尽可能保证产品的质量,以减少作业过程中问题的发生(前工序带来的问题和本工序的问题)。例如,在装配作业中,如果总是因零件、车身出现问题而无法装配,就会造成装配时的作业内容和作业时间变化很大,如此一来,就无法实施标准化作业了。

3. 标准化作业和作业标准的区别

标准化作业是以人的动作为中心，强调的是人的动作。

作业标准是对作业人员的作业要求，是每个作业人员进行作业的基本行动准则，强调的是作业的过程和结果应满足作业标准的要求。它是根据工艺图样、安全规则、环境要求等制定的必要作业内容、使用什么工具和要达到的目标。

4. 标准化作业的目的

（1）标准化作业的根本目的　使用必要的、最小数量的作业人员进行生产——少人化；实现与准时化生产有关的各工序的同步化；把在制品的"标准手持量"限制在必要的最小数量——标准手持。

（2）标准化作业的直接目的　明确安全的、低成本的生产产品所必需的制造方法；标准化作业是改善的工具。

二　标准化作业的三要素

标准化作业的三要素是生产节拍（Takt Time，T·T）、标准化作业顺序和标准手持量（也称标准在制品存量、标准在库等）。

1. 生产节拍（T·T）

生产节拍是指生产一个产品所需要的时间，是指一个零件（或总成）的生产或装配作业按需要应该在多长时间内完成。它是实现准时化生产的基础。

$$生产节拍（T·T）= 每日的工作时间（定时）/每日需要生产的数量$$

从上式可知，由于每日的工作时间是固定的，生产节拍就由每日所需生产数量决定，而每日所需生产数量是由生产计划决定的。

传统的生产管理生产计划按照生产线具备的生产能力来安排，其生产节拍是固定不变的。

在准时化生产中，认为如果为了提高机器利用率而生产现在并不需要的产品，这些过剩产品所带来的损失更大。机器的利用率应以满足必要的生产量为基准，应使机器生产能力适应生产量的要求，准时化生产中的生产量由市场决定。生产计划是基于市场预测和订货情况而制订出来的，所以每天的生产数量不是一定的，而是变动的。生产节拍不是固定不变的，是随着生产量的变化而变化的。

2. 标准化作业顺序

标准化作业顺序是指作业人员能够最高效地生产合格品的生产作业顺序，是多个技能工在同时操作多台不同机床时所应遵循的作业顺序，即取材料、上机加工、加工结束后取下及再传给另一台机床的顺序，这种顺序在不同作业人员间共同遵循着。

作业顺序应该是没有多余动作、效率最高的作业顺序。只有深入生产现场仔细观察、认真分析作业人员的每一个动作，把手、足、眼的活动分解，使其做到动作最少、路线最短才能制定出好的作业顺序。只有所有的作业人员都能在标准节拍内完成自己的作业，同一个生产线才能达成生产能力的平衡。

3. 标准手持量

标准手持量是指按照标准化作业规定的作业顺序进行操作时，在一个工序内保持储备最低的在制品数量，它应包括仍在机器上加工的在制品（入料口和成品区的在库不属于标准手持)。也就是能够让标准化作业顺利进行的最少的中间在制品数量。

决定标准手持量的基本规则是从作业顺序和有无机器自动加工来考虑。

丰田生产方式不仅要做到使零部件及时到达各生产现场,而且要求严格设定标准手持量,尽量减少在制品存量,使之维持在最低水平。

三、标准化作业文件与编制

常用的标准化作业文件有工序能力表、标准作业组合票(表)、标准作业票(卡)、标准作业要领书等。标准化作业的制定顺序:确定标准节拍时间;观测时间(人的手动作业时间,机器加工时间);制定各工序能力表;制定标准作业组合票;确定标准手持量;制定标准作业票。其中,工序能力表、标准作业组合票、标准作业票是丰田生产方式最常用的作业文件,在丰田被称作"标准作业三件套"或"标准三票"。

1. 工序能力表——确定标准化作业的顺序

工序能力是指各工序加工零件的生产能力,即各工序(机器)进行生产时,考虑到手动作业时间、机器的加工时间、更换刀具的时间,单班所能加工的最大数量。

工序能力表(表5-3)是在各道工序加工零件时,记录各道工序的生产能力,记录手动作业时间、机床自动进给时间及换刀时间,并计算生产能力的一种表格。

表 5-3 工序能力表

科长		工长		工序能力表	零件号		形式		班组		姓名	
					零件名称	进气歧管	个数	920				
工序	工序名称		设备型号	基本时间/秒			刀具		加工能力/分钟		备注	
				手动作业时间	自动运送时间	完成时间	更换频次	更换时间/秒				
1	增压机安装端面切削		Mi-1764	3	25	28	100	60			3⊢——25——⊣	
2	增压孔开孔		DR-2424	3	21	24	1000	30			3⊢——21——⊣	
3	增压孔攻螺纹		TP-1101	3	11	14	1000	30			3⊢—11—⊣	
4	质量检查(1/1)(螺纹直径)			5		5						
	合计			14								

2. 标准作业组合票

标准作业组合票(表5-4)是决定作业程序所使用的一种工具,明确各工序的手工作业时间、步行时间及机械作业的经过时间,并研究在生产节拍内一个作业人员能负责多大范围最有效的作业。另外,还要记入自动进给时间(包括传送时间),看人和机器能不能进行更有效的组合。可以利用这张表来分析每一个作业人员的工作量以及对工作的熟练程度和技术水平等问题,以便作为如何加强改善的参考。

表 5-4 标准作业组合票

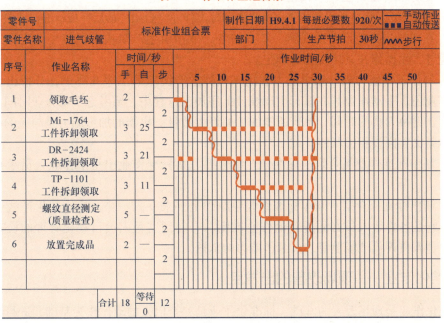

3. 标准作业票

标准作业票（图 5-10）是为了了解全体作业人员的作业状态，记录每一个人的作业范围，公布在生产线现场。将每个作业人员的作业范围明示出来，除标准作业三要素以外，还要记录质量确认、安全及注意事项等，有利于各项规定的贯彻执行，是管理者现场管理的工具之一，是监督者发现工位问题点和指导作业人员的依据。

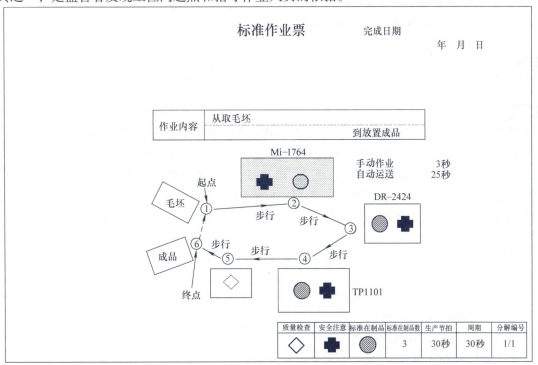

图 5-10 标准作业票

4. 制定标准作业的生产节拍程序

首先要到现场观测，然后制作工序能力表和标准作业组合票，最后完成标准作业票。

（1）在现场进行生产节拍观测　基本的生产节拍由生产量决定，但生产实际过程中的节拍要通过实际操作并具体观测后确定。

（2）制作工序能力表　工序能力表用来核算生产线瓶颈工序在哪里，分析出影响因素是机器作业还是手动作业。在核算生产线各工序加工过程中，要考虑手动作业时间、机器的加工时间、更换刀具的时间，单班所能加工的最大数量。机器的加工能力是与人的因素、刀具的换刀频次等因素相关联的。

（3）制作标准作业组合票　标准作业组合票考察标准作业中每个作业人员承担的作业范围。

（4）制作标准作业票　制作标准作业票原则上要求一人一张，悬挂在生产线旁最明显的地方。它是各作业人员必须遵守的作业准则，可起到监督人员目视化管理的检查表的作用，是管理人员评价现场监督人员工作能力的依据。

四　标准化作业——现场改善的出发点

标准化作业是现场改善的基础。标准化作业是完全以人的动作作为基础，进行合理的作业研究而得出来的。如果生产过程中每一次作业程序都不相同，或是作业动作有偏差，那么该项作业就没有标准化；如果一项工作流程没有标准化，即使不断进行改善作业，其改善效果也不容易维持。因此，在一个没有标准化作业的生产线上，即使进行改善也是没有意义的。

标准作业改善后，要以新的标准作业进行生产，并且要明确改善的地方。持续性的改善活动是改善标准作业的有效途径。

扫二维码观看标准化作业实训视频。

标准化作业实训

🍀 任务实施

分组讨论，根据实训要求制定一份标准化作业文件。

📖 归纳总结

标准化作业是指在标准节拍内将多个技能工所操作的多种不同机床的作业方法标准化。标准化作业的三要素是生产节拍、标准化作业顺序和标准手持量。标准化作业的制定顺序是：确定标准节拍时间，观测时间（人的手动作业时间，机器加工时间），制定各工序能力表、标准作业组合票，确定标准手持量，制定标准作业票等。标准化作业是现场改善的基础。

✋ 思考题

1. 标准化作业的含义是什么？
2. 标准化作业和作业标准的区别是什么？
3. 什么是标准作业三件套？
4. 简述制作标准化作业的程序。
5. 你还知道哪些标准作业文件？

任务五　5S 管理介绍

任务引出

5S 管理现在不仅应用于汽车制造企业，也广泛应用于各行各业的现场环境改善和员工思维方式的改变等方面。实施 5S 管理是企业寻求管理的提升与突破的基石，也是员工认识自我、超越自我，实现自身能力与职业素养提升的载体，已成为企业员工必备素养。5S 管理的具体含义是什么？企业实现 5S 管理有哪些重要意义？实现 5S 管理的方法有哪些？

任务描述

5S 管理是指作业场所的一系列净化活动，是为确保作业空间、安全、生产和质量控制的一种现场管理方法。通过贯彻 5S 管理，可以"高质量、低成本、迅速而且安全地供应顾客所希望的产品"。5S 管理是现场改善的基础，是指作业场所的一系列净化活动，在生产现场中对人员、机器、材料、方法等生产要素进行的有效管理，是一种现场管理办法。

相关专业知识

5S 是指整理（Seiri）、整顿（Seiton）、清扫（Seiso）、清洁（Seiketsu）、素养（Shitsuke）五个项目。

一、5S 管理的起源与发展

1955 年，日本为了确保作业空间和安全，提出"安全始于整理、整顿，终于整理、整顿"的宣传口号，当时只推行了 5S 的前两个 S。后因生产和质量控制的需要而逐步提出了后三个 S，即清扫、清洁、素养。到了 1986 年，日本的 5S 的著作逐渐问世，由此掀起了 5S 管理的热潮。5S 对于提升企业形象，安全生产，标准化的推进，创造令人心怡的工作场所等方面的巨大作用逐渐被各国管理界所认识。

中国企业在 5S 现场管理的基础上，结合国家的安全生产活动，在原来 5S 基础上增加了安全（Safety）要素，形成 6S。6S 里的安全，是指在前面的 5S 的每一个步骤、阶段，在考虑留下的物品、摆放的位置、清扫的方法、保持整洁的控制、文化的建立和发展的同时，都要有安全方面的考虑。

根据进一步发展的需要，在 6S 的基础上又增加了节约（Save）、习惯（Shiukanka）、效率（Speed）及坚持（Shikoku），形成了 6S、7S、8S、9S、10S 等。

二、5S 管理的概念

1. 整理（Seiri）——1S

（1）定义　把需要的东西和不需要的东西明确地分开，把不需要的东西扔掉，现场只保留必需的物品。

"5S"管理

（2）整理的目的　改善和增加作业面积；现场无杂物，行道通畅，提高工作效率；减少磕碰的机会，保障安全，提高质量；消除管理上的混放、混料等差错事故；有利于减少库存量，节约资金；改变作风，提高工作情绪。

（3）整理的意义　对生产现场的物品摆放和停滞的物品进行分类，区分什么是现场需要的，什么是现场不需要的；对于现场不需要的物品，要坚决清理出生产现场。

2. 整顿（Seiton）——2S

（1）定义　把需要的物品按需要时便于使用的原则，依规定定位、定方法摆放整齐有序，做好标识，以便谁都清楚明白，便于管理。

（2）整顿的目的　不浪费时间寻找物品，提高工作效率和产品质量，保障生产安全。

（3）整顿的意义　把需要的物品加以定量、定位。通过前一步整理后，对生产现场需要留下的物品进行科学合理的布置和摆放，以方便取用。例如，仓储物品的先入者先出，如图5-11所示。

3. 清扫（Seiso）——3S

（1）定义　清除现场内的"脏污"、清除作业区域的物料垃圾。

（2）清扫的目的　清除"脏污"，保持现场干净、明亮。

（3）清扫的意义　去除工作场所的污垢，使问题的发生根源很容易被发现，是实施自主保养的第一步。

4. 清洁（Seiketsu）——4S

（1）定义　将整理、整顿、清扫实施的做法制度化、规范化，维持其成果。

（2）清洁的目的　认真维护并坚持整理、整顿、清扫的效果，使其保持最佳状态。

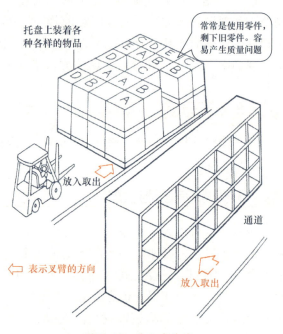

图5-11　先入者先出

（3）清洁的意义　通过对整理、整顿、清扫活动的坚持与深入，从而消除潜在的危险源，创造一个良好的工作环境，使职工能愉快地工作。

5. 素养（Shitsuke）——5S

（1）定义　素养是指作业人员按章操作、依规行事，养成良好的作业习惯，从而使每个员工都成为有教养的人。

（2）素养的目的　提升员工的素质，培养对任何工作都认真负责的员工。

（3）素养的意义　努力提高员工的自身修养，养成严格遵守规章制度的习惯和作风。素养是5S活动的核心。

三 5S 管理的现场实施

1. 5S 管理的必要性

5S 管理是现场管理的基础，实施 5S 管理的效果立竿见影，可以通过在短期内获得显著效果来增强企业员工的信心。

2. 5S 管理现场实施的方法

（1）定点照相法 定点照相就是对同一地点、面对同一方向、进行持续性的照相，其目的是把现场不合理现象，包括作业、机器、流程与工作方法予以定点拍摄，并且进行连续性改善的一种手法，如图 5-12 所示。

图 5-12　定点摄像法

（2）红牌（红标签） 将红色牌子或者标签贴在平常生产活动中的非必需品上，可以一目了然地看出什么东西是必需品、什么东西是多余的，即将生产现场中非必需的物品，贴上红色标签，使之醒目，这是改善的基础起点。因为红色引人注目，所以现场生产中一般红色代表有问题。红牌是印制了特定表格的红色卡片，用在生产领域的非必需品或者发现的企业中存在的各类问题上，从而督促对这些非必需品或问题进行处理。红牌如图 5-13 所示。

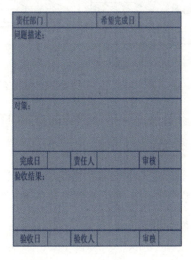

图 5-13　红牌

红牌应包含的内容：

1）红牌的基本信息。如哪天挂的红牌，谁挂的红牌，红牌是挂在哪个物品上，这个物品在哪个地方。

2）挂红牌物品的分类。一个生产区域有各种各样的物品，所以给物品挂上红牌，容易归类处置。

3）挂红牌的原因。物品被认定为非必需品的理由确定后，后续的处理方法才能准确地落实。例如，对于不合格品是扔掉还是返修？

4）挂红牌物品的处理方法。当上面的内容填写完之后，填写该物品的正确的处理方法，如将物品放回平常应放置的区域、丢掉、放到储藏室等。

（3）目视化管理　通过目视化管理能一眼就知道何处有什么东西、有多少数量，如图5-14所示。同时，可以将现场管理的内容、流程以及订货、交货日程等制作成看板，使作业易于了解。

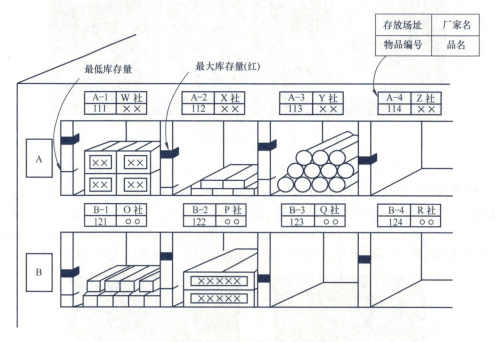

图5-14　物品存放目视化管理

查阅资料包，学习5S管理的拓展内容。

资料5-7

任务实施

在我国，目前越来越多的企业将5S管理作为作业环境的改善和规范化管理手段。以小组为单位，按操作步骤，进行实训场地的5S作业管理，找出做得不到位的地方，小组成员互评表现。

归纳总结

本任务介绍了5S管理的概念、实施意义以及5S管理现场实施的方法。通过学习5S管理，不但可以达到净化环境、降低成本等目的，还可以提高自身素养。

思考题

1. 5S 的定义是什么？
2. 现场实施 5S 的意义是什么？
3. 5S 管理现场实施的方法有哪些？

◆ 任务六 目视化管理认知 ◆

任务引出

在现场管理中适当利用视觉化的工具，将会使各种管理状态、管理方法直观明了，有利于产生良好的生理和心理效应，可以提高现场生产的安全性和生产效率，增强企业员工的幸福感和自信心。

什么是目视化管理？目视化管理的目的和意义是什么？目视化管理的基本要求和内容有哪些？实现目视化管理的方法有哪些？

任务描述

在日常活动中，人们是通过五感（视觉、嗅觉、听觉、触觉、味觉）来感知事物的。根据统计，人通过五感感知事物的比例是：视觉约占 85%、听觉占 11%，嗅觉、触觉和味觉只占 3%～4%。所以，适当利用视觉化的工具将会使工作更安全、更方便。

在生产现场管理中，强调各种管理状态、管理方法清楚明了，达到"一目了然"，从而容易明白、易于遵守，让员工自主性地理解、接受、执行各项工作。

相关专业知识

一 目视化管理的概念

1. 什么是目视化管理

目视化管理是指利用形象、直观、色彩适宜的各种视觉感知信息揭示管理状况和作业方法，来组织现场生产活动，让作业人员一看就明白，是提高生产效率的一种管理方法，也是一种利用视觉来进行管理的科学方法。

人通过视觉采集信息，利用大脑对其进行简单判断（并非逻辑思考）而直接产生"对"或"错"的结论，最大的优点是直接、快捷，目视化管理就是"用眼睛看得懂而非大脑想"的管理方法。

目视化管理

2. 目视化管理的特点

（1）视觉化 以视觉信号显示为基本手段，大家都看得见，如标示、标识、颜色等。

（2）透明化 尽可能地使管理者的要求和意图让大家看得见，借以推动自主管理及自主控制；将需要看到的地方显露出来。

（3）公开化 现场作业人员可以通过目视方式，将自己的建议、成果、感想展示出来，相互交流。

（4）界限化 标明正常与异常的定量管理界限，使之"一目了然"。

3. 目视化管理的基本要求

（1）统一　目视化管理要实行标准化，各种标准、色彩、符号都应统一制作、统一管理。

（2）简约　目视内容要简明扼要，各种视觉显示信号应简明易懂、一目了然，能被快速理解，即使刚入职新员工也能一看便明白。

（3）鲜明　目视指示必须鲜明，容易引起注意。各种视觉显示信号要清晰，位置放置适宜，现场作业人员以最佳作业姿势作业时都能看得清。

（4）严格　目视化内容要求规范、直接，现场所有作业人员都必须严格遵守和执行，有错必纠、有功必赏，赏罚分明。

（5）实用　要具有实际使用价值，讲究实效。目视化内容、放置场所等都必须具有实用性。

4. 目视化管理的目的和意义

目视化管理的目的是把工厂中潜在的问题暴露出来，让管理者和作业人员一看就知道异常情况的所在。

目视化管理的意义就是创建"透明的"的工作场所，使任何人都可以判断出正常与否，使问题表面化。只有这样，所有的管理活动才可以得到真正的落实、改善和提高。

5. 目视化管理的作用

目视化管理在生产现场管理中显示着巨大的作用：目视化管理以后的区域整齐、规范，令人赏心悦目；能让基层保全人员和作业人员较容易地发现异常；目视化管理是一切现场管理、改善活动的基础。

二　目视化管理的内容

1. 规章制度与工作标准的公开化

为了维护统一的组织和严格的纪律，实现文明、安全生产，凡是与现场作业人员密切相关的规章制度、标准等，都需要公布于众；与岗位作业人员直接有关的，应分别展示在岗位上，如安全制度、标准化作业文件等，并要始终保持完整、正确和洁净。

2. 生产任务与完成情况的图表化

现场是协作劳动的场所，因此，凡是需要员工共同完成的任务都应公布于众，利用图表让员工看出计划完成中出现的问题和发展的趋势，以求按质、按量、按期地完成各项任务。

3. 与定置管理相结合，实现视觉显示资讯的标准化

为了消除物品混放和误置，必须实行定置管理。运用清晰的、标准化的标志线、标志牌和标志色等将不同区域、通道或辅助工具（如料架、工具箱等）的位置区域固定，不得任意更改。

4. 生产作业控制手段的形象直观与使用方便化

为了有效地进行生产作业控制，使每个生产环节，每道工序都能严格按质、按量、按期进行生产，杜绝过量生产，要采用与现场工作状况相适应的信号，以便在后工序发生故障或由于其他原因停止生产，而不需要前工序供应在制品时，作业人员看到信号后能及时停止投入（如安东系统）。

5. 物品的码放和运送的数量标准化

物品码放和运送实行标准化，可以充分发挥目视化管理的长处。例如，各类工位器具（物料小车，运送的箱、盒、盘等），应按要求设计并按标准数量盛装，这样，操作、搬运和检验人员点数时既方便又准确。

6. 现场人员着装的统一化与实行挂牌制度

现场人员的着装不仅起劳动保护的作用，在机械化生产条件下，也是正规化、标准化的内容之一。挂牌制度包括单位挂牌和个人佩戴标志。个人佩戴标志有胸章、胸标、臂章等。

7. 颜色的标准化管理

颜色是现场管理中常用的一种视觉信号，目视化管理要求科学、合理、巧妙地运用色彩，用红、黄、蓝、绿、白等几种颜色来管理，让作业人员自然、直觉地和标示灯相结合，达到每一个人对问题都有相同的认识和解释。颜色的管理要实现统一的标准化管理，颜色的含义尽量参考国家、行业标准或企业标准。例如，在涉及安全的区域采用国家标准《安全色》（GB 2893—2008）规定的相关颜色进行标示。

三 目视化管理的工具

目视化管理常用的工具有红牌、看板、信号灯、操作流程图、区域线、生产管理板等。

1. 红牌（红标签）

红牌就是5S管理中整理的红牌作战中的红色牌子或者红标签。

2. 看板

看板管理是准时化生产的重要管理工具，也是目视化管理的重要工具之一。看板上明确标示作业信息，如取什么货、取多少、什么时间、到什么地点取货和怎样搬运等情况。各工序的作业人员只要一看到看板，其生产数量、时间、方法、顺序及搬运时间、搬运对象等就会完全清楚。看板在任何时候都必须与实物一起移动，因而它能够控制过量制造、指明生产顺序及简化现场管理程序。

3. 信号灯

在生产现场，管理人员需要随时了解作业人员或机器是否在正常作业，当工序内发生异常时，信号灯（图5-15）亮，通知管理人员。

图5-15 信号灯

4. 操作流程图

操作流程图是描述工序重点和作业顺序的简明指示书，也称为步骤图，用于指导生产作业。特别是工序比较复杂的车间，在看板管理上一定要有个操作流程图，如一个车间，原材料进来后，第一个流程可能是签收，第二个工序可能是点料，第三个工序可能是转换等。

5. 反面教材（极限样件）

反面教材（极限样件）一般由现场实物结合柏拉图来表示，目的是让现场的作业人员了解不合格的现象及后果。反面教材通常放在现场的显著位置，让人一看就明白，它是不能够正常使用的，或是由违规操作导致的。

6. 提醒板

提醒板是通过一些自主管理的方法来最大限度地减少遗漏或遗忘，如有的车间内的进、出口处设立目视化管理板，上面显示今天有多少产品、要在何时、送到何处，或者什么产品、一定要在何时生产完毕。

7. 区域线

区域线（图5-16）就是将物品放置的场所或通道等区域画出的彩色线条。画区域线是定置管理的方法之一，主要用于整理与整顿。

8. 警示线

警示线就是在仓库或其他物品放置处，用来表示最大或最小库存量的彩色线条。

9. 告示板

告示板是一种及时管理的道具，也就是公告，如会议通知告示。

图5-16 区域线示例

10. 电子生产管理板

电子生产管理板是揭示生产线的生产状况、进度的表示板，记入生产实绩、设备开动率、异常原因（停线、故障）等。通过生产管理板很容易查找出影响生产的问题点，是改善活动的着眼点。电子生产管理板有时和安东系统组合或安装在一起，如图5-17所示。

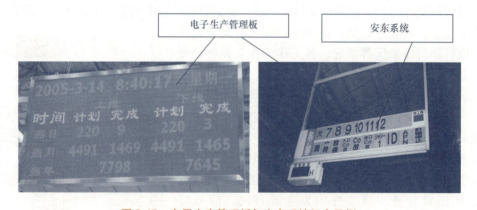

图5-17 电子生产管理板与安东系统组合示例

11. 目视化管理工具的应用实例

部分目视化管理工具的应用实例见表5-5。

表5-5 部分目视化管理工具的应用实例

应用实例	实现的方法	产生的作用
区域画线	用油漆在地面上刷出线条；用彩色胶带贴于地面上形成线条	划分通道和工作场所，保持通道畅通；对工作区域画线，确定各区域功能；防止物品随意移动或搬动后不能归位

(续)

应用实例	实现的方法	产生的作用
物品的形迹管理	在物品放置处画上该物品的形状；标出物品名称、使用者或借出者；必要时进行台账管理	明示物品放置的位置和数量；物品取走后的状况一目了然；防止需要时找不到工具的现象发生
安全库存量与最大库存量	明示应该放置何种物品；明示最大库存量和安全库存量；明示物品数量不足时如何对策	防止过量采购；防止断货，以免影响生产
仪表指针异常标示	在仪表指针的正常范围标示成绿色，异常范围标示成红色	使仪表的指针是否处于正常一目了然
5S管理的实施情况确认表	设置现场5S责任区；设计表格内容	明确职责，明示该区域的5S责任人；明确要求，明示日常实施内容和要求；监督日常5S的实施情况

任务实施

了解目视化管理的相关内容，调研本地汽车企业是否采用了目视化管理的方法。

归纳总结

本任务介绍了目视化管理，目视化管理能够使现场生产活动"一目了然"。目视化管理是一种利用视觉进行管理的科学方法。目视化管理是"用眼睛看得懂而非大脑想"的管理方法，特点是直接、快捷。目视化管理通过把管理内容视觉化、透明化、公开化、界限化，使现场中潜在的问题暴露出来。其常用的工具有红牌、看板、信号灯、操作流程图、区域线、生产管理板等。

思考题

1. 什么是目视化管理？
2. 目视化管理的特点是什么？
3. 目视化管理的目的和意义是什么？
4. 目视化管理的基本要求有哪些？
5. 目视化管理的基本内容有哪些？
6. 目视化管理的工具有哪些？
7. 你知道哪些目视化管理的实际应用？

任务七 现场改善管理与QC小组活动认知

任务引出

改善是另一种意义上的创新。大国工匠黄金娟，成功研制出了世界上首条电能表自动化检定流水线，实现了电能计量自动化检定从无到有的突破：检定可靠性达100%，效率提升58倍。黄金娟说过："创新不全是高大上的事情，我们普通职工也可以创新，创新的平台就是我们自己所实践的岗位，就是解决实际工作当中的难题、问题。同时，作为技术工人，我们不仅在技术上要创新，还需要在标准化建设中创新。"

什么是现场改善？现场改善的原则是什么？如何有效地推进现场改善？实现现场改善的方法有哪些？

任务描述

改善在日语中的意思是"连续不断的改进、完善"。现场改善就是指"对企业不同领域或工作位置上所做的持续不断的改进和完善"。现场改善是提高质量、降低成本、保证按期交货、提高生产效率的根本手段，是生产系统不断完善的根本保证。

相关专业知识

一 现场改善的概念

现场改善管理

通常人们所指的现场是指制造产品或提供服务的地方，即创造价值的工作场所。

现场的五大要素：人员（Man）、设备（Machine）、材料（Material）、作业方法（Method）和作业环境（Environment）。

现场改善与欧美管理方式的最大不同之处在于：它不需要复杂的技术、繁琐的程序和昂贵的设备，只要通过全面质量管理、准时化生产、目视化管理等，就能消除浪费，提高产品质量和利润。

二 现场改善的起源

第二次世界大战后，日本引进了美国的"工业内部培训"——督导人员训练（Training Within Industries，TWI）和管理技能培训（Management Training，MT）。通过这两项培训技术的引进，结合全面质量管理（TQM）、准时化生产（JIT）等，逐渐形成了完整的现场改善体系。

现场改善强调人在过程中的作用，强调"以人为本，全员参与"的改善，员工受到了尊重，产生自主、自发的改善的意愿，才能充分运用自己的智慧自主、自发地进行持续不断的改善。

现场改善还强调以过程为主，只有通过对过程的改善才能得到更好的结果。如果原计划的结果没有完成，那么肯定是某个过程出了问题，这时就要找出产生问题的过程并予以纠正。导入现场改善的过程本身也需要用以过程为主的思考方式，如戴明环（PDCA循环）、质量、成本、交货期（QCD）、全面质量管理（TQM）、全员生产性维修（TPM）以及准时化生产（JIT）。

三 现场改善中的两个主线

现场管理的两个主线问题：一是维持；二是改善。

维持：所有定常的业务工作（包括细节的日常工作），用标准、流程的形式把它确定下来，并依此来执行和实施。维持的特点是以前做过的已经标准化的作业的保持，即SDCA模式（标准化——实施——检查——改进）。

改善：在维持的基础上，对标准、流程进行改进，使之更有利于质量、成本、交货期和效果向更好的方向改变。改善的特点是以前没有做过的，目前着手要做的作业改善，即 PDCA 模式（计划——实施——检查——改进）；完成后使之标准化、流程化再次进入 SDCA 模式，变成日常工作，进行维持。

（1）环境维持　即坚持进行 5S 管理。5S 是现场改善的基础，整理、整顿是改善的第一步。经过整理、整顿，物品实现标准化定置管理，可以使异常和浪费明显化，找到改善的着眼点。

（2）消除浪费　消除生产现场潜在的七大浪费是改善的主要目的。

（3）标准化　找到潜在的浪费现象、异常现象，制定改进措施，进行标准化，是实现改善的最终目标。

四 如何推进现场改善

1. 现场改善的前提和对象

（1）改善的前提　制定明确的作业标准和把握现状，即找出问题点。

（2）改善的着眼点　现场改善首先必须树立问题意识，丰田所谓的问题是指理想状态（目标状态）与现状的差距。丰田认为没有工作是不存在问题的。要从工作的真正目的出发，带着强烈的问题意识，主动地发现问题。改善的着眼点是准时化、自働化、标准化作业。

1）准时化是按照物品和信息进行流程图写实，发现物品和信息的停滞问题；进行没有停滞的改善。改善的根本：一是减少在制品存量的改善；二是防止前工序停滞的改善。

2）自働化是人和机械的工作分离，即发生异常时机器可以自动停止。改善的根本：一是区分人和机械的工作，观察人的作业和机器的作业是否做到了有效结合；二是使异常明显化，能时刻发现异常，也就是使生产异常管理目视化，并能防止异常再次发生。

3）标准化作业是动态的，是需要不断改善的。无论人还是机器的能力没有界限，能够比现状更有效率地进行生产，要进行持续不断的改善。改善的根本：一是作业改善；二是设备改善。标准化作业改善包括作业标准的重新制定、作业方法的改变、重新分配作业量、标明物品的配置及放置场所、作业动作本身的改善等。设备的改善包括对设备的改进改良、引进新装置、使设备自动化的改善，但设备的改善通常会带来成本的增加，还有失败的风险。

所以，在进行改善时，首先要考虑的是标准化作业的改善，其次才是设备的改善。

2. 标准化作业改善的推进方法

下面以标准化作业的改善为例介绍如何推进现场改善。标准化作业的改善分四个步骤，如图 5-18 所示。

图 5-18　标准化作业改善的步骤

（1）原标准化作业分解

1）实际记录当前的作业方法，列出所有作业内容明细（分解到作业过程的每一个动作）。

2）区分作业内容的类别，如搬运作业、手工作业、机器作业等。

3）找出作业中的状态、条件和问题点。

（2）分析查找原标准化作业的问题点　针对原标准化作业中的问题点进行分析，查找问题的真正原因。常用方法有5M1E分析法、5W2H分析法、动作分析法，并对作业安全性、环境适宜性等进行分析。

1）应用5M1E分析法，即从现场管理中的六大要素进行分析。5M1E的具体含义如下：

① 人（Man）——作业人员对质量的认识、良好的工作习惯、必要的技能等。

② 机器（Machine）——机器设备、工夹具等有无损坏、缺陷或计划外的停机。

③ 材料（Material）——材料的成分、性能，材料有无缺陷或短缺。

④ 方法（Method）——加工工艺、标准化作业，维护以及管理方法。

⑤ 量（Measurement）——测量时采取的方法标准、正确。

⑥ 环境（Environment）——工作场所的温度、湿度、照明和清洁条件等。

2）5W2H分析法又称七何分析法，针对存在的问题，通过七个设问，从而找到解决问题的线索。5W2H含义及设问方法如下：

① 什么（What）——目的、对象是什么？做什么工作？

② 为什么（Why）——为什么要这么做？这是必要的吗？原因是什么？

③ 何时（When）——什么时机最适宜？何时完成？

④ 何处（Where）——在什么地方做？从哪里入手？

⑤ 谁（Who）——谁负责？由谁做最合适？

⑥ 怎么做（How）——怎么做更好？如何提高效率？如何实施？方法怎样？

⑦ 多少（How much）——做到什么程度？数量、质量如何？耗费多少？

3）动作分析法，就是利用动作分析进行现场作业改善，它是提高动作效率，促进生产力的一种有效技术。动作分析在作业程序决定以后，寻找并消除人体各种动作的浪费，以寻求省力、省时、安全和经济的动作。对动作进行有效性分析，见表5-6。

表5-6　动作有效性分析

序号	动作	序号	动作
1	双手的动作应同时并对称	6	应有适当的照明设备，工作台及坐椅式样和高度使作业人员保持良好的姿势
2	人体的动作应尽量少而简单，但能得到满意结果	7	尽量解除手的工作，而以夹具或足踏工具代替手
3	尽可能利用物体的功能，曲线运动较方向突变的直线运动为佳，弹道式运动较受控制的运动轻快；动作尽可能有轻松的节奏	8	可能时，将两种或两种以上工具合并为一种
4	工具、物料应置于固定场所及作业人员前面近处，并依最佳的工作顺序排列	9	手指分别工作时，各指的负荷应按其本能予以分配
5	零件、物料应尽量利用其质量送至作业人员近前	10	工具及物料应尽可能预放在工作位置（事前定位）

4)作业安全性、环境适宜性分析。作业安全性分析主要分析作业中是否存在安全隐患,是否正确使用了安全标识、设置了安全设施等;环境适宜性分析主要分析整理、整顿是否有效进行,5S 是否得到实施,不合格品放置是否合理等。

(3)针对问题点制定对策　通过分析去除不必要的项目,以更好的顺序安排作业,对必要项目简单化,使作业更安全、适宜。

(4)对策实施、评价后,制定新的标准化作业　让相关作业人员理解并认同新对策,对新对策标准化。

查阅资料包,学习分析标准化作业中问题点的方法的拓展内容。

资料5-8

五　现场改善的作用

进行现场改善的作用有以下几个方面。

(1)降低成本　这里的降低成本包括两个方面的内容,一是从事一项改善本身的投入要少;二是从事的改善项目不管是从质量、交期还是效率方面着手,节约成本是改善的最终目的。

(2)优化管理　管理活动是否能更加快速、更加有效地进行,离不开对作业内容和方法的不断改进和优化。

(3)形成改善文化　通过全员的持续改善活动,将改善和创新思维渗透到企业的每一个角落,形成企业的改善文化。

现场改善的作用和手段工具

六　现场改善的手段和工具

现场改善的手段和工具有全面质量管理 QC 小组活动、看板、PDCA 戴明环等。

查阅资料包,学习现场改善手段和工具的拓展内容。

资料5-9

任务实施

通过全面质量管理、准时化生产、目视化管理等知识的运用,对某生产车间提出现场改善意见,制定改进措施。

归纳总结

本任务介绍了现场改善的概念,它是一套完整的有关改善现场的管理体系。本任务对现场改善的原则、如何推进以及现场改善的常用手段和工具进行了阐述。通过本任务的学习,树立改善意识,提高解决问题的能力。

思考题

1. 现场改善的含义是什么?
2. 现场改善的着眼点是什么?
3. 简述标准化作业改善的步骤。
4. 现场改善的手段和工具有哪些?
5. 现场改善的作用是什么?

任务八　全员生产维修认知

任务引出

全员生产维修体制是日本前设备管理协会于 1970 年正式提出的适合日本国情的维修体制。其主要特点是全效率、全系统、全员，通过改善人和设备的素质来改善企业的素质，从而最大限度地提高设备的综合效率，使员工树立"自己的设备由自己管"的理念，促成每个员工都掌握自主维修的技能。

建立设备完善的设备维护、维修系统是保证正常生产的前提。什么是全员生产维修？全员生产维修如何评价？

任务描述

全员生产维修是通过开展全员维护与维修的活动，建立设备保全系统，追求企业生产效率极限的维修活动。全员生产维修通过全员参与设备维护与维修，可以大大提升设备的总效率，从而提高劳动生产效率，其重点在于全员参与。

相关专业知识

全员生产维修（Total Productive Maintenance，TPM）通过对作业人员进行所操作设备的工作原理、构造、机能的培训以及点检工作的反复进行，提高作业人员早期发现设备故障以及事故隐患的能力，来追求设备零故障的目标，最大限度地提高可动率和稼动率。

实践证明，实施全员生产维修可以将设备的总效率提升 50%～90%。

一　全员生产维修的概念

全员生产维修是以达到最高的设备综合效率为目标，确立以设备整个使用寿命周期为对象的生产维修全系统，涉及设备的计划、使用、维修等所有部门，从管理层到第一线作业人员全员参加，依靠开展小组自主活动来推行的生产维修。全员生产维修是消除停机浪费最有力的措施。

全员生产维修强调人的重要性，是一种全员参与的生产维修方式，其要点就是生产维修及全员参与。

二　设备维修发展历程

（1）事后维修　这是最早期的维修方式，即出了故障再修，不坏不修。

（2）预防维修　这是以检查为基础的维修，利用状态监测和故障诊断技术对设备进行预测，有针对性地对故障隐患加以排除，从而避免和减少停机损失，分定期维修和预知维修两种方式。

（3）改善维修　改善维修是不断地利用先进的工艺方法和技术，改正设备的某些缺陷和先天不足，提高设备的先进性、可靠性及维修性，提高设备的利用率。

（4）维修预防　维修预防实际就是可维修性设计，提倡在设计阶段就认真考虑设备的可靠性和维修性问题，从根本上防止故障和事故的发生，减少和避免维修。

（5）生产维修　生产维修是一种以生产为中心，为生产服务的一种维修体制。它包含了以上四种维修方式的具体内容，同时在修理中对设备进行改善维修，设备选型或自行开发设备时则关注设备的维修性（即维修预防）。

（6）全员生产维修　维修思想的延伸，与原来的生产维修相比，突出一个"全"字，即全效率、全系统和全员参加。

三　维修思想的新理念——全员生产维修

1. 追求"零"的精神

敢于追求故障率为零、环境污染为零、安全事故为零等，虽然明知实际上做不到，但还是会朝着这个目标去努力。

2. 维修工作重点的转移

事后修理是最消极、最浪费的修理方式。维修思想的延伸必须把工作重点转移到预防性维修上来，通过全员参与预防性的点检与修理，把隐患消除在萌芽中，同时最大限度地降低事实故障。

3. 全员生产维修的目标

全员生产维修的目标即停机为零、废品为零、事故为零、速度损失为零。要达到这一目标，就要消除设备的损失，如故障损失、器具调整损失、检查停机损失、速度下降损失等。通过开展全员生产维修，事先预防，做到零故障、零灾害、零不合格，使生产效率最大化的同时，达到最小的消耗。

四　全员生产维修的八大支柱

全员生产维修的八大支柱如图5-19所示。

1. 个别改善——促进生产效率化

个别改善主要是对重复故障，瓶颈环节，损失大、故障率高的设备进行的有针对性的消除故障（损失）、提升设备效率的活动。

2. 自主保全——以作业人员为中心

自主保全是以作业人员为主，对设备、装置依据标准凭着个人的五感（听、触、嗅、看、味）来进行检查，并且对润滑、紧固等保全技术加以适当的教育训练，使其能对常见的小故障做简单的修理。如当作业人员进行自主保全活动发现自己不能解决的问题时，通过"设备问题票"的方法通知维修人员。"设备问题票"见表5-7。

表5-7　设备问题票——样表

序号	存在问题	提出人	提出时间	解决人	解决时间	确认人	确认时间

3. 计划保全（专业保全）——以维修部门为主

计划保全是由维修部门的专业维修人员执行的保全活动。

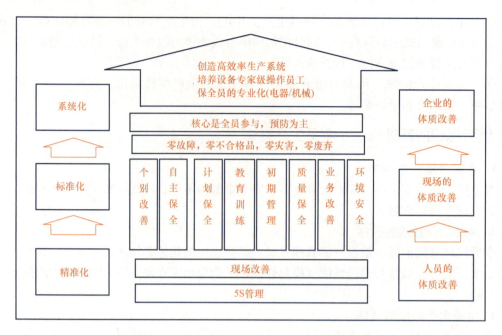

图 5-19　全员生产维修（TPM）的八大支柱

4. 教育训练——提升运转/保全技能

技能教育训练能够营造学习和人员培养的氛围，创造人才辈出的局面，是 TPM 展开的重要基础之一。

5. 初期管理（前期管理、初期改善）**——导入新产品/新设备**

初期管理即在新设备的计划或设计阶段，要进行充分论证，完成设备可靠性、可维修性、可操作性、安全性等的设计。

6. 质量保全——构筑质量保全体制

质量保全是指由保全人员为消除由于设备精度、设备结构、加工条件所引起的零部件或整车的质量不合格所采取的维修、改善。

7. 业务改善——间接管理部门效率化

间接部门是指不直接参与生产活动的部门，其效率改善活动可以参考生产部门的改善活动进行。

8. 环境安全——安全、卫生和环境管理

环境安全管理可以创造良好的工作和运行环境。

资料5-10　　查阅资料包，学习全员生产维修的内容与方法的拓展内容。

五 全员生产维修的评价指标

资料5-11　全员生产维修的评价指标有设备的可动率、点检执行率、设备问题票执行率、故障时间等。
　　　　查阅资料包，学习全员生产评价指标的拓展内容。

任务实施

针对实训中使用的车辆及设备，实施全员效率维修，找出可以提升效率的方法，列表分析。

归纳总结

本任务介绍了全员生产维修的概念和发展历程。全员生产维修的八大支柱是个别改善、自主保全、计划保全、教育训练、初期管理、质量保全、业务改善和环境安全。全员生产维修的评价指标有设备的可动率、点检执行率、设备问题票执行率、故障时间等。实现全员生产维修，可以创造高效率的生产系统。通过本任务的学习，可了解全员生产维修的特点，提升处理设备相关问题的能力。

思考题

1. 简述设备维修的发展历程。
2. 全员生产维修（TPM）的目标是什么？
3. 简述全员生产维修（TPM）的八大支柱。
4. 全员生产维修（TPM）的评价指标有哪些？

任务九　人才育成认知

任务引出

中国工程物理研究院的高级技师陈行行是一名技工学校的毕业生，一直以来把能够成为一名优秀的技术工人当成人生理想。为了实现理想，在技工学校读书时，陈行行先后学习了电工、焊工、钳工、制图、数控车、数控铣、加工中心、模具设计八个工种，并考取了这八个工种的职业资格证书。他说"我的理想就是做新时代复合型高技能人才，为我们国家的发展贡献自己的力量。"

20世纪80年代初，"以人为本"是风靡西方的企业管理文化，称为"人本管理"，其着眼点是满足员工的合理需求，从而进一步调动员工的积极性。"人才育成"的概念是什么？人才育成的方法有哪些？技能训练道场在人才育成中的作用是什么？

任务描述

企业是由人、财、物三个要素构成的，企业要实现可持续发展需要建立完善的育人体系。人才育成相对于一般的人才培养，更关注于培养的结果，是以结果为导向目标，要"育"就得"成"。

相关专业知识

一　丰田人才育成的概念

一个人的所有才能中，只有10%（或更少）是天赋，有90%以上是能够通过努力学习与不断练习而获得的。丰田生产方式中的人才育成是指企业为了使其员工获取相应的价值观、行为规范意识以及相关知识和技能，为提高员工绩效、提升员工忠诚度而做出的有计划的、有系统的学习、培训。人才育成不同于一般意义的人才培养：人才培养注重培养的过程，培养后不一定成才，没有对结果的要求；而人才育成注重的是结果，要"育"就得

"成",有对结果的评估。

二 丰田人才育成理念的起源

丰田的人才育成理念是丰田的几代管理者在各种经营环境下建立起来的育人体系。丰田通过自下而上的决策、培养作业人员成为多技能工,给每个员工创造机会均等的工作环境等,把员工看成是公司的成员而不是雇员,使其具有归属感。丰田通过教育,培养有知识、有能力、有干劲、有敬业精神的人,来消除汽车生产经营过程中的各种难以预料的不利因素的影响,从而实现准时化生产,实现生产系统的柔性,以不变应万变。

丰田前社长石田退三认为"造就人才"是最重要的一条,因此提出了"造人运动",建立培训制度。丰田前社长丰田英二倡导的创意改善提案活动,也是为了通过不断地开发员工的个人改善和创新能力,改善公司的经营。

三 丰田人才育成的方法

通常,人才育成的培训形态大致可分为三类:在岗培训、离岗培训和员工自修。

1. 在岗培训(On the Job Traning,OJT)

在岗培训也称在职培训,这种方法是指在工作现场内,由班组长或技能娴熟的员工通过日常作业,对普通员工或新员工进行有计划的指导。指导的内容包括员工在工作中所需要的知识、技能、工作方法等。它的特点是在具体工作中,双方一边示范讲解一边实践学习。

2. 离岗培训(Off the Job Traning,OFF – JT)

离岗培训也称集中培训或脱产培训,就是接受培训的员工脱离工作,集中在一定时间内,利用外部或内部的培训设施进行培训。也有专门针对升级员工进行的升级教育,甚至会安排员工去其他企业观摩学习。但是这种培训方式需要脱离工作岗位,不易于实时进行。

3. 员工自修(Self Development,SD)

员工自修也称自我开发,即员工自学在工作中所需要的知识、专业技术等。从企业的角度,要给员工积极创造学习的条件和环境,如设立员工阅览室、构建查阅资料的基础设施、定期开展读书交流会等。

4. 员工激励机制

在丰田,实行的是职能工资制,一个员工能力的高低重要的评价要素就是能胜任岗位的数量。胜任岗位多,当某岗位缺人时,可以补足;胜任岗位越多,工作复杂程度就越高,工作能力越强,自然就应该得到较高待遇。多技能工培养是丰田现场作业人员的主要培训方式。多技能工培养的方法之一是岗位轮换。

四 丰田人才育成的法宝——创意改善提案活动

创意改善提案通过员工为解决问题悉心钻研、提出方案、实施改善、实现目标、得到奖励、自我成长,使员工能力得到开发和活用,养成经常考虑问题的习惯,树立发现问题的意识。创意改善提案根据提案的评价效果设立相应的奖励制度,建立员工激励机制。

五 丰田人才育成的重要载体——技能训练道场

技能训练道场是企业内部培训和技能训练的基地(图 5-20),道场培训是一种全新的人才培养方式。

技能训练道场设置了各种技能培训设施，模拟实际生产现场，提供从基础理论到实际操作全方位的专业培训，为企业培育了无数能够发现问题、解决问题，拥有高水平、多技能的员工。

任务实施

分组调研当地汽车相关企业的人才育成措施，对比分析其优势和劣势。

图 5-20　技能训练道场

归纳总结

本任务介绍了人才育成的概念和起源。人才育成的培训形态大致可分为三类：在岗培训、离岗培训和员工自修。改善提案活动和技能训练道场是人才育成的主要途径。通过本任务的学习，可以养成思考的习惯，树立发现问题、解决问题的意识。

思考题

1. 丰田人才育成的方法有哪些？
2. 你对岗位轮换的理解是什么？
3. 简述学习丰田生产方式的收获与感想。

模块评价

评分项目	评分标准	自我评价			教师评价		
		优秀 25 分	良好 15 分	一般 10 分	优秀 25 分	良好 15 分	一般 10 分
知识能力	1. 掌握自働化、准时化的含义与作用 2. 掌握 5S 管理的实施方法 3. 掌握目视化管理的实施方法 4. 掌握标准作业文件的制作流程 5. 掌握 PDCA 改善分析方法						
实践能力	1. 会进行现场 5S 管理 2. 会进行现场目视化管理 3. 会制定标准作业文件 4. 在标准作业基础上，能够进行 PDCA 改善分析、差错预防的方案制订						
职业素养	1. 培养爱岗敬业、认真负责的工作态度 2. 养成规范操作意识，具有社会责任感 3. 能践行工匠精神，发挥创新能力						
工作规范	1. 做好工具、设备清点 2. 做好现场 5S，维护现场安全、整洁 3. 做好物品回收与环保处理 4. 检查完善工作单						
总评	满分 100 分						

模块六 Chapter 6 质量管理

学习目标

素养目标：

培养和增强质量意识。

知识目标：

1. 能够掌握质量的定义、理解与质量相关的概念。
2. 能够掌握质量管理的定义、理解与质量管理相关的概念。
3. 了解质量管理体系的内容。
4. 掌握生产技术准备过程质量管理、基本生产过程质量管理和辅助生产过程质量管理的相关知识。
5. 掌握质量管理常用的七种工具的定义和用途。
6. 掌握质量检验的定义、标准和职能。
7. 掌握质量改进活动的方法和步骤。

能力目标：

1. 能够制作质量管理7种工具的图表，进行质量分析。
2. 能够对汽车零部件进行质量检验。
3. 能够对整车进行质量检验工作。
4. 能够对汽车产品进行质量改进工作。

◆ 任务一 质量管理基础认知 ◆

任务引出

质量管理是指为了实现质量目标而进行的所有管理性质的活动。这些管理性质的活动具体是什么呢？

任务描述

本任务介绍质量基础知识、质量管理基础知识、全面质量管理和标准介绍。

相关专业知识

一 质量基础知识

（一）质量的定义

质量是质量管理中最基本的概念，有些场合把质量称为品质。根据国际标准化组织在 ISO 9000：2015《质量管理体系 基础和术语》中的定义：质量是一组固有特性满足要求的程度。它可以用"好、差"来修饰。

（二）质量概念的发展

随着经济的发展和社会的进步，人们对质量的需求不断提高，质量的概念也随着不断发展。具有代表性的质量概念主要有：符合性质量、适用性质量和广义质量。

1. 符合性质量的概念

它以"符合"现行标准的程度作为衡量依据。符合标准就是合格的产品质量。

2. 适用性质量的概念

它以适合顾客需要的程度作为衡量依据，从使用角度定义产品质量，即"产品在使用时能成功地满足顾客需要的程度。"

3. 广义质量的概念

质量的含义是十分广泛的，既反映了要符合标准的要求，也反映了要满足顾客的需要，综合了符合性和适用性的含义。

（三）质量的特点

1. 质量具有经济性

物有所值就是表明质量具有经济性的特征。

2. 质量具有广义性

在质量管理体系涉及的范畴里，质量不仅是指产品质量或服务质量，也可以是过程和体系的质量。

3. 质量具有时效性

由于顾客和其他相关方对组织和产品、过程和体系的需求和期望是不断变化的，如原来被认为是质量好的产品会因为顾客需求的提高而不再受到顾客的欢迎，因此，应不断调整对质量的要求。

4. 质量具有相对性

顾客和其他相关方可能对同一产品的功能提出不同的需求，也可能对同一产品的不同功能提出不同的需求，需求不同，质量要求就不同，只有满足需求的产品才会被认为是好产品。

（四）与质量相关的概念

（1）组织　它是指"职责、权限和相互关系得到安排的一组人员及设施"，如公司、集团、商行、社团、研究机构或上述组织的部分或组合。

（2）过程　它是指"一组将输入转化为输出的相互关联或相互作用的活动"。过程由输入、实施活动和输出三个环节组成。

（3）产品　它是指"过程的结果"。产品有四种通用的类别：服务（如商贸、运输）、软件（如计算机程序、字典）、硬件（如发动机机械零件、电视机）和流程性材料（如润滑油）。

许多产品由不同类别的产品构成，服务、软件、硬件或流程性材料的区分取决于其主导成分。例如，汽车是由硬件（如齿轮）、流程性材料（如燃料、冷却液、电流）、软件（如发动机控制软件、汽车说明书、驾驶人手册）和服务（如销售人员所做的操作说明）组成的。

（4）顾客　它是指接受产品的组织或个人，如消费者、委托人、最终使用者、零售商、受益者和采购方。顾客可以是组织内部的或外部的。

（5）体系　体系是指相互关联或相互作用的一组要素。

（6）质量特性　质量特性是指产品、过程或体系与要求有关的固有特性。

质量概念的关键是满足要求的程度，这些要求必须转化为有指标的特性，作为评价、检验和考核的依据。由于顾客的需求是多种多样的，所以反映产品质量的特性也是多种多样的。它包括性能、适用性、可信性（可靠性、维修性、维修保障性）、安全性、环保性、经济性和美学性。质量特性有的是能够定量的，有的是不能够定量的，只有定性。实际工作中，在测量时，通常把不定量的特性转换成可以定量的代用质量特性。

二　质量管理基础知识

（一）质量管理的定义

质量管理是指为了实现质量目标而进行的所有管理性质的活动。在质量方面的指挥和控制活动，通常包括制定质量方针和质量目标以及质量策划、质量控制、质量保证和质量改进。

（二）与质量管理相关的概念

1. 质量方针和质量目标

质量方针是由组织的最高管理者正式发布的该组织总的质量宗旨和方向。质量方针是企业经营总方针的组成部分，是企业管理者对质量的指导思想和承诺。质量方针一般包括产品设计质量、同供应厂商关系、质量活动的要求、售后服务、制造质量、经济效益和质量检验的要求、关于质量管理的教育培训等。

质量目标是组织在质量方面追求的目的，是质量方针的具体体现。

2. 质量策划

质量策划是质量管理的一部分，致力于制定质量目标并规定必要的运行过程和相关资源以实现质量目标。

3. 质量控制

为达到质量要求所采取的作业技术和活动称为质量控制。质量控制是为了通过监视质量形成过程，消除质量环上所有阶段引起不合格或不满意效果的因素，以达到质量要求，获取经济效益，而采用的各种质量作业技术和活动。

4. 质量保证

质量保证指为使人们确信某一产品、过程或服务的质量所必需的全部有计划、有组织的活动。

5. 质量改进

质量改进为向本组织及其顾客提供增值效益，在整个组织范围内所采取的提高活动和过程的效果与效率的措施。质量改进是消除系统性的问题，对现有的质量水平在控制的基础上加以提高，使质量达到一个新水平、新高度。

三 全面质量管理

（一）全面质量管理的概念

全面质量管理（Total Quality Management，TQM）是指企业开展以质量为中心、全员参与为基础的一种管理途径。

20世纪50年代以来，随着生产力的迅速发展和科学技术的日新月异，工业生产技术手段越来越现代化，工业产品更新换代越来越频繁，人们对产品的质量从注重产品的一般性能发展为注重产品的耐用性、可靠性、安全性、维修性和经济性等。在这种情况下，美国通用电器公司的费根鲍姆和质量管理学家朱兰博士先后提出了全面质量管理的概念。

全面质量管理

（二）全面质量管理的基本思想

1. 关注顾客

全面质量管理是一种由顾客的需要和期望驱动的管理哲学。全面质量管理要求必须把以顾客为中心的思想贯穿到企业业务流程的管理中，不但要生产物美价廉的产品，而且要为顾客做好服务工作，最终让顾客放心满意。

2. 坚持不断改进

企业持续不断地改进产品或服务的质量和可靠性，确保企业获取对手难以模仿的竞争优势。

3. 用事实和数据说话

全面质量管理是一种科学的管理方式，除了要进行定性的分析以外，还要进行定量的分析，从而避免主观性和盲目性。

4. 以人为本

在构成质量的要素之中，人是最活跃、最重要的要素。全面质量管理是人有目的的活动，要做好全面质量管理，必须发挥人的主观能动性，调动人的积极性，加强质量管理。

（三）全面质量管理的八大原则

1. 以顾客为中心

全面质量管理以顾客为中心，不断通过 PDCA 循环进行持续的质量改进来满足顾客的需求。

2. 领导的作用

一个企业从决策层、经理层到员工层，都必须参与到质量管理的活动中来，其中，最为重要的是企业的决策层必须对质量管理给予足够的重视。

3. 全员参与

全员参与是全面质量管理思想的核心。

4. 过程方法

必须将全面质量管理所涉及的相关资源和活动都作为一个过程来进行管理。PDCA 循环实际上是用来研究一个过程的,因此必须将注意力集中到产品生产和质量管理的全过程。

5. 系统管理

当进行一项质量改进活动的时候,首先需要制定、识别和确定目标,理解并统一管理一个有相互关联的过程所组成的体系。需要组织所有部门都参与到系统管理活动中来,才能最大限度地满足顾客的需求。

6. 持续改进

持续改进是全面质量管理的核心思想,统计技术和计算机技术的应用正是为了更好地做好持续改进工作。

7. 以事实为基础

有效的决策是建立在对数据和信息进行合乎逻辑和直观的分析的基础上的,全面质量管理必须以事实为依据。

8. 互利的供方关系

组织和供方之间保持互利关系,可增进两个组织创造价值的能力,从而为双方的进一步合作提供基础,谋取更大的共同利益。因此,全面质量管理实际上已经渗透到供应商的管理之中。

(四) 全面质量管理推行的步骤

1. 开展质量教育培训工作

全面质量管理始于教育,要提高企业的管理水平,首先要提高人的素质。因此,必须把质量教育培训工作作为推行全面质量管理的首要前提。质量教育培训包括两个方面的工作,一是进行质量意识和质量管理方面的教育,目的是让员工具备质量管理的基本思想和方法;二是要针对员工的岗位开展技术培训,目的是提高员工的岗位技能。只有这两个方面的驾御工作做到位,才能真正发挥全面质量管理的作用。

2. 建立质量责任制

建立质量责任制,设立专门质量管理机构。从上级开始,逐步向下实施。

3. 标准化

标准是员工共同遵守的准则和依据,既是技术活动和管理活动的依据,也是衡量产品和工作质量的尺度。标准化是全面质量管理的基础,要保证质量向上,就要贯彻执行现有的标准并不断提高现有的标准,才能使质量工作持续改进。

4. 计量管理

全面质量管理是用数据说话的管理,而在生产活动中,判断产品合格与否大多数是依靠数据,而数据大多数是通过测量得到的,因此,计量管理工作是开展全面质量管理的一项重要工作。

5. 质量信息管理

质量信息是反映产品质量和企业各个环节工作质量的基本数据、原始资料和各种情报资料。质量信息对于决策、考核和确保质量工作正常开展有重要的作用。这就要求要建立完善的质量信息管理制度。

（五）全面质量管理的基本内容

全面质量管理的基本内容包括设计过程、制造过程、辅助过程和使用过程的质量管理，具体如图 6-1 所示。

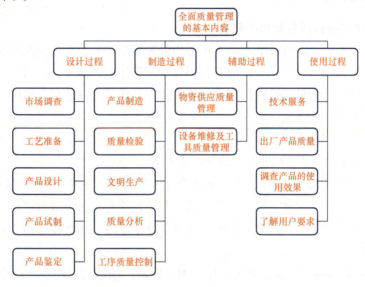

图 6-1　全面质量管理的基本内容

查阅资料包，了解 ISO9000 族标准的相关内容，完成任务实施部分。

资料6-1

任务实施

分组收集 IATF16949 标准的相关知识并制成课件，课上展示各组的成果。通过收集资料拓展有关汽车行业标准的知识，锻炼自学能力。

归纳总结

本任务介绍了质量基础知识、质量管理基础知识和全面质量管理的相关内容。

思考题

1. 如何理解质量的含义？
2. 如何理解质量管理的含义？
3. 简述质量管理包含的内容。
4. 什么是全面质量管理？
5. 全面质量管理的基本思想是什么？

◆ 任务二　生产过程质量管理认知 ◆

任务引出

生产过程是产品及其质量的保证和实现过程，如何对这一过程的质量进行管理呢？

任务描述

本任务介绍设计试制过程质量管理、基本生产过程质量管理和辅助生产过程质量管理。

相关专业知识

一 设计试制过程质量管理

（一）设计试制过程质量管理的任务

提高产品质量既要不断改进老产品，也要积极发展新产品，必须把两者结合起来。设计试制过程质量管理的这两方面任务，前者主要保证所设计的产品质量，后者主要保证新产品投产后加工过程的生产效果。设计过程首先要保证产品质量的高水平，同时要尽量适应制造工艺性和提高加工工效的要求。

（二）设计试制方案审核

1）重视调查研究、提出先进合理的新产品方案。

2）进行设计审核和工艺验证。为了保证设计工作质量实现预期质量目标，在设计的每一阶段，包括工作图设计以及工艺设计等阶段，都要组织有关人员进行评议和审查，力求使设计的产品达到可靠、耐用、高效、美观、经济、便于维修、易操作、易于制造，尽量收到良好的质量效果。

3）做好新产品试制、试验、鉴定工作。为了保证产品结构、性能先进合理，符合设计要求，并具有良好的工艺性，任何研制的新产品或重大改进的老产品，在完成产品设计后，都需要通过试制、试验和鉴定，才能正式投产。

4）加强产品设计的经济分析。在保证产品质量的前提下，应当尽量降低质量费用，提高经济效果，这就要求做好产品设计的经济分析工作。它是产品设计工作的一项极为重要的内容。

在保证满足用户需要质量的前提下，在产品设计中要避免采用与产品使用寿命不相称的高价特殊材料；对无关紧要的部位，不提出过分的公差规定；在一般使用要求下，不采用高效能、高精密的零部件；防止追求不必要的新奇结构。

（三）设计试制质量保证

1. 保证技术文件的质量

技术文件（包括设计图样、工艺规程、技术资料等）是设计试制过程的成果。它是制造过程生产技术活动的依据，也是质量管理的依据。这就要求技术文件本身要有质量保证。

2. 严格标准化审查工作

加强标准化工作是提高产品设计质量的一个重要因素，产品设计应当符合标准化、通用化、系列化的要求，即产品质量要符合标准规定；产品要成系列发展，用较少的品种规格满足广泛的需要；同类产品的主要零部件（特别是易损件）要做到最大限度的通用互换。

3. 严格遵守设计试制过程的工作程序

新产品的设计试制过程一般程序是调查研究→产品设计→样品试制试验和有关的工艺准备→新产品鉴定→定型→小批量生产和有关工艺准备工作。

二 基本生产过程质量管理

基本生产过程是指直接为完成企业的产品所进行的生产活动。

（一）严格执行工艺规程

1）严格贯彻执行工艺，不断提高产品质量。

2）组织有秩序生产。

生产不讲究文明、缺乏良好的生产秩序和整洁的工作场所，往往是造成质量隐患的重要原因。

（二）全面坚持技术检验

1. 技术检验的重要性

1）挑出不合格品。

2）收集和积累反映质量问题的数据资料，为质量改进提供信息。

2. 做好技术检验工作的方法

1）要设置专职检验点（工序检验）。检验点应设置在以下工序：

①质量容易波动或对成品质量影响较大的工序；②检验手段或检验技术比较复杂，而靠自检、互检无法保证质量的工序；③末道工序。

2）实行自检、互检、专检相结合的"三检制"。

3）合理选择检验方式（检验方式分类见表6-1）。

表6-1 检验方式分类

分类标准	检验方式	特征
按工作过程的次序	预先检验	加工或装配车间在加工或装配开始之前，对进入车间的原材料、半成品、零部件等进行的检验
	中间检验	产品加工或装配过程中，完成每道工序或数道工序后的检验
	最后检验	车间完成本单位全部加工或装配程序后，对半成品的检验及对产品的完工检验
按检验地点	固定检验	在固定的检验地点进行的检验
	流动检验	在产品加工或装配地点进行的检验
按检验数量	普遍检验（全数检验）	对检查对象进行逐件检验
	抽样检验	在检验对象中按照一定的百分比抽检
	免检	免除检验
按检验的预防性	首件检验	对改变生产条件或改变加工对象后生产出的头几件产品进行的检验
	统计检验	运用数理统计和概率论原理进行的检验

（三）强化不合格品管理

1. 掌握质量动态

为了充分发挥制造过程质量管理的预防作用，必须系统地、经常地掌握企业、车间、班组在一定时间内质量的现状及发展动态。

2. 不合格品管理过程

1）根据不合格品的不同情况分别处理。

2）定期召开不合格品分析会议。

3）做好不合格品的统计分析工作。

4）建立不合格品技术档案。

3. 工序的质量控制

（1）建立管理点　把在一定时期内、一定条件下，需要特别加强监督和控制的重点工序（或重点部位），明确列为质量管理的重点对象，并使用各种必须的手段、方法和工具，对其加强管理。

在生产过程中，应设立管理点的工序有：

①关键工序、关键部位，即关系产品主要性能、使用安全的重点工序；②工艺本身有特殊要求，对下道工序加工或装配有重大影响的加工项目；③质量不稳定，出现不合格品较多的加工部位和项目；④用户通过质量试用、试验反馈回来的不良项目。

（2）运用控制图　控制图是进行工序质量控制的一种最重要而有效的科学工具，具体内容在本模块任务三中讲解。

三 辅助生产过程质量管理

1. 物资供应质量管理

物资供应包括原材料、辅助材料、外购件、外协件等，这些物资的很大一部分直接构成产品的实体，直接影响产品质量。因此物资供应质量管理的首要任务，就是保证所供应的物资符合规定的质量标准。

为了保证供应物资的质量，物资进入厂库要按质量标准检查和验收；同时，要加强运输和仓库管理，定期检查仓库储存物资的维护状况，防止在运输和储存中损坏或变质，或造成物资的型号规格差错等质量事故。

2. 工具购置质量管理

这里所说的工具包括各种外购的标准工具和自制的工艺装备（如刀具、夹具、量具、模具、模型以及其他工具）。

各种标准工具一般都是外购的，外购工具的质量管理和物资供应的质量管理是一样的。其中量具质量直接影响制造、设计过程的质量检验工作、鉴定工作，必须有一套科学的定期检定制度并认真贯彻执行，需要设置专门的管理机构负责管理。

生产中所需要的大量的非标准工具和各种工艺装备，一般由工具车间制造。这些自制的工具、工艺装备要检验合格后入库，一般采取借用的办法，建立工装工卡，不使用时经过质量检验和鉴定后退库，凡属损坏和达不到质量要求的，要修理或报废。大量消耗的刃具，要规定刃磨制度和采取集中刃磨的办法，以保证质量。

3. 设备维护维修质量管理

设备是现代化生产的物质技术基础。设备对于保证企业的正常生产，争取最好的经济效果具有十分重要的意义。因此，对产品的质量控制重点放在对设备的质量控制上，是科学质量管理的一个关键环节。

整个设备的管理过程，从广义上说，都具有质量管理的内容和设备的质量保证问题。就生产制造设备使用过程而言，与设备质量关系最密切的是设备维修工作的组织管理状况。它包括加强设备投入使用前的检验、各次中间维修检验，以及日常维护和精度校准等项工作内容。

为了加强设备的维护维修工作，保持设备的良好状态，根据质量管理要求，除了首先要依靠生产工人正确使用和认真维护保养外,还要充分发挥专职维修人员的质量保证作用,保证修复的设备符合规定的质量标准。

任务实施

经过调研后进行产品(如汽车模型)设计,然后进行产品试制,要进行检验保证质量。试制完成后,根据制定的工艺文件进行批量生产,同时进行质量管理工作。发现问题进行改进,通过这个过程来掌握生产过程质量管理活动。

归纳总结

本任务从三个方面介绍了生产过程的质量管理。在设计试制过程质量管理中,介绍了设计试制过程质量管理的任务、设计试制方案审核和设计试制质量保证;在基本生产过程质量管理中,介绍了严格执行工艺规程、全面坚持技术检验、强化不合格品管理;在辅助生产过程质量管理中,介绍了物资供应、工具购置和设备维护维修的质量管理。

思考题

1. 如何保证设计试制过程的产品质量?
2. 简述新产品设计试制的一般流程。
3. 如何做好技术检验工作?
4. 简述辅助生产过程包括哪些内容。

任务三 质量管理常用工具介绍

任务引出

在质量管理中,常用到一些质量管理工具,那么如何利用这些工具对产品及过程进行质量控制呢?

任务描述

本任务介绍"QC"七手法,即核查表、排列图、层别法、散布图、因果图、直方图、控制图。

相关专业知识

一 核查表

1. 核查表的定义

核查表是以简单的数据、用容易理解的方式制成的图形或表格,用以确认事实、收集资料、积累数据,或把事先规定的项目罗列在表格上,以便对事件进行一一检查确认。必要时对结果加以统计整理,作为进一步分析或核对检查之用。核查表又称为调查表、核对表、统计分析表。

2. 核查表的作用

核查表是用来系统地收集资料(数字与非数字)、确认事实,并对资料进行粗略整理和分析的图表。

3. 核查表的分类

核查表分为记录用检查表和检查用检查表。

4. 核查表的制定步骤

（1）记录用检查表（不合格品分项检查表，见表6-2）

表6-2 不合格品分项检查表

零件名称（代号）	A-05	检查日期	2019年4月3日
工　　序	最终检查	加工单位	1车间1工段
检查总数	1585	生产批号	19-3-1
检查方式	全数检查	检查者	张三
不合格种类	检查记录		小计
表面缺陷	正正正正正正正一		36
裂纹	正正正正正正		30
加工不良	正一		6
形状不良	正正正		15
其他	正正一		11
总计			98

1）定出要收集的数据和数据分类。

2）设计检查表格式——包括调查者、时间、地点和检查方式。

3）对收集和记录的部分资料进行预检，看表格是否合理。

4）根据检查表要求收集和记录数据。

（2）检查用检查表　例表见表6-3，罗列需要检查确认的项目，做出检查表对事情的确认有帮助，无论谁做，都可以预防出现问题。

表6-3 外出旅游需带物品检查表

序号	需准备的物品	确认	其他
1	牙膏、牙刷、梳子	○	
2	毛巾、香皂、剃须刀	○	
3	换洗衣服	○	
4	相机、胶卷	○	
5	身份证、车票	○	
6	拖鞋、球鞋	○	
7	水壶、食品	○	
8	药品	○	
9	现金	○	

5. 制作检查表注意事项

1）根据调查目的，对调查的项目进行合理分类及分层，例如按照材料、人员、设备、方法等进行分类。

2）要做到简单易懂，一目了然。

3）使记录的项目没有遗漏，并且标明调查目的、人、时间等。

4）应做出合计、平均、比例等计算栏，以使记录或检查容易计算。

二 排列图

1. 排列图的定义

排列图又称为主次因素分析图，是用来找出影响产品质量主要因素的一种有效工具。美国质量管理学家朱兰博士把它应用于质量管理中，成为常用质量管理工具。

2. 排列图的作用

1）排列图是降低不良品的依据。
2）找出问题点，决定改善项目。
3）可以确认改善效果。

3. 排列图的绘制步骤

（1）确定所要调查的问题
1）确定所要调查的问题是哪一类问题，如不合格项目、事故等。
2）确定问题调查的时间范围，如自11月1日至11月30日。
3）将数据分类，如按不合格类型分为断裂、擦伤、污染、弯曲、裂纹、砂眼等。

（2）收集数据，形成统计表　某电子厂收集8月组装线的不良品，抽样2800件，总不良数为103件，其不良统计表，见表6-4。

表6-4　8月份不良统计表

序号	不良项目	不良数	不良数占总数的百分比
1	脱漆	53	35.8%
2	灯不亮	10	6.8%
3	脏污	5	3.4%
4	功率小	12	8.1%
5	耐压不良	36	24.3%
6	色差	7	4.7%
7	变形	22	15%
8	其他	3	1.9%
合计		148	100%

（3）整理数据　按照从大到小的顺序排列数据，形成统计分析表，见表6-5。

表6-5　统计分析表

序号	不良项目	不良数	占不良总数的百分比	累计百分比
1	脱漆	53	35.8%	35.8%
2	耐压不良	36	24.3%	60.1%
3	变形	22	15%	75.1%
4	功率小	12	8.1%	83.2%
5	灯不亮	10	6.8%	90%
6	色差	7	4.7%	94.7%
7	脏污	5	3.4%	98.1%
8	其他	3	1.9%	100%
合计		148	100%	

（4）画排列图的纵坐标、横坐标 左侧纵坐标表示不良数，最高刻度是不良总数；右侧纵坐标表示累计不良率，最高刻度是100%；横坐标是不良项目，按照不良的数量从左至右依次排列，其他项放在最后。坐标图如图6-2所示。

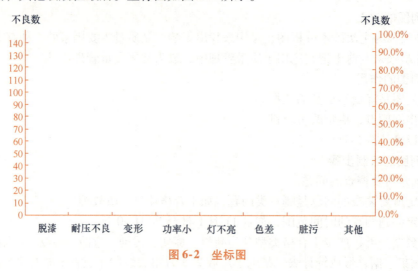

图6-2 坐标图

（5）绘制排列图 将各个不良项目所对应的数据用条形图表示出来。将累计百分比以点的形式描绘出来，并连直线。排列图如图6-3所示。

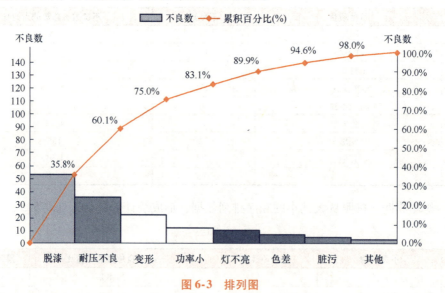

图6-3 排列图

4. 排列图的分析

排列图进行分析的要素包括主要因素、次要因素和一般因素。主要因素是指累计百分比在80%以内的因素，次要因素是指累计百分比在80%～90%的因素，一般因素是指累计百分比在90%～100%的因素。由上图可知：问题的主要因素是脱漆、耐压不良和变形。

5. 绘制排列图的注意事项

1）排列图的横轴是按项目分类，依大小顺序由高而低排列，其他项排在最后一项。

2）条形图宽度要一致。
3）纵轴（左）最高点为总不良数，且所表示的间距应一致。
4）次数少的项目太多时，可考虑将后几项归纳成其他项。通常，项目数量包括其他项在内，以不超过 8 项为原则。
5）适用于计数值数据。

三 层别法

1. 层别法的定义

层别法就是把构成集团的许多东西按照某种特性分成几个小集团，以便找出各集团之间、集团内各类别要素之间层次关系的方法。如针对部门别、人别、工作方法别、设备别、地点别等所搜集的数据，按照它们共同特征加以分类、统计。

2. 层别法的方法

层别法的数据分层方法见表 6-6。

表 6-6 数据分层方法

分类	项目
按时间	月、周、每天、白天、夜晚、星期、上午、下午
按作业者	班次、新、老、熟练度、年龄
按方法、条件	温度、压力、湿度、速度、作业方法、作业顺序、测定方法
按机械装置	型号、位置、新、旧、形式、构造、夹具

3. 层别法的实施步骤

1）确定研究主题，明确分层的目的，明确分层要解决的问题，以此来决定用什么作为对象值，如企业各班组的绩效、不同产品的报废数量等。
2）制作表格并收集数据。
3）将收集的数据进行层别。最好用图的形式表示出来，使数据一目了然。
4）解析数据，比较分析，找出问题点。

4. 层别法的举例

面漆检查操作者流出不良件数核查表见表 6-7。

表 6-7 面漆检查操作者流出不良件数核查表

星期几		星期一		星期二		星期三		星期四		星期五	
姓名		张三	李四	张三	李四	张三	李四	张三	李四	张三	李四
工位		左	右	左	右	右	左	左	右	右	左
缺陷	印痕	2	1			3	1	2	2	3	1
	颗粒	2	6	4	4	2	4	1	6	1	5
	合计	4	7	4	4	5	5	3	8	4	6

分层结果如图 6-4 所示。

5. 层别法注意事项

1）应尽量简便地进行分层。

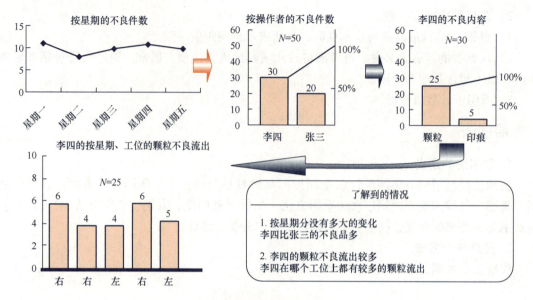

图 6-4　分层结果

2）应避免分层模糊，使数据重复或遗漏。

3）不宜简单地按单一因素分层，常常要考虑多个因素的不同影响效果。

四　散布图

1. 散布图的定义

散布图是一种研究成对出现的、两组相关数据之间关系的图示技术。

2. 常见散布图的类型

（1）正相关　当一个变量增大时，另一个变量也增大，根据程度不同，可分为强、弱正相关，如图 6-5、图 6-6 所示。

（2）负相关　当一个变量增大时，另一个变量减小，根据程度不同，可分为强、弱负相关，如图 6-7、图 6-8 所示。

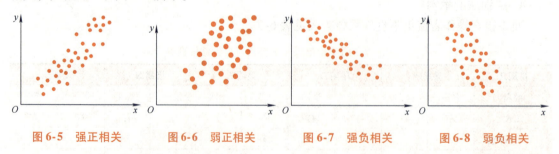

图 6-5　强正相关　　　图 6-6　弱正相关　　　图 6-7　强负相关　　　图 6-8　弱负相关

（3）不相关　一个变量发生变化，另一个变量并不随之改变，如图 6-9 所示。

（4）曲线相关　当一个变量开始增大时，另一个变量也随之增大，但达到某一值后，开始减小；或者当一个变量开始增大时，另一个变量随之减少，但达到某一值后，开始增大，如图 6-10 所示。

3. 散布图的绘制步骤

（1）收集成对数据（x, y） 收集成对数据一般在30组以上。

（2）确定坐标并标明刻度 横坐标 x 轴为自变量（原因或因素），纵坐标 y 轴为因变量（结果或特性），且两轴的长度大体相等。

（3）描点，形成散布图 当两组数据相同（即数据点重合）时，可围绕数据点画同心圆表示，或在离第一个点最近处画上第二个点表示。

（4）图形分析 根据点云的形状，确定相关关系的性质和程度。

对散布图的分析判断方法有两种。

1）对照典型图形分析法。将绘制的散布图与6种典型图相对比，从而确定其相关关系和程度。

2）简单象限法。如图6-11所示，在图上画一条与 y 轴平行的P线，使P线左、右两侧的点数相等或大致相等；在图上画一条与 x 轴平行的Q线，使Q线上、下两侧的点数相等或大致相等。P、Q两线把图形分成四个象限，计算各象限区域内的点数，线上的点不计。

计算对角象限内的点数之和，即 $n_I + n_{III}$，$n_{II} + n_{IV}$。当 $n_I + n_{III} > n_{II} + n_{IV}$ 时，为正相关；当 $n_I + n_{III} < n_{II} + n_{IV}$ 时，为负相关；当 $n_I + n_{III} = n_{II} + n_{IV}$ 时，为不相关。

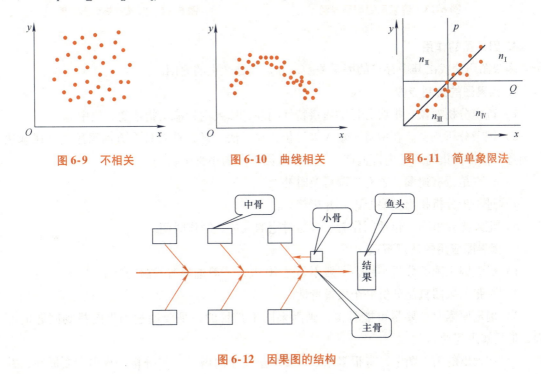

图6-9 不相关   图6-10 曲线相关   图6-11 简单象限法

图6-12 因果图的结构

五 因果图

1. 因果图的定义

因果图又称为特性要因图、鱼刺图、石川图，主要用于分析质量特性与影响质量特性的可能原因之间的因果关系。

2. 因果图的结构

如图 6-12 所示,因果图以质量问题出现的结果作为特性、以产生的原因作为因素,在它们之间分层次地用箭头联系起来,基本格式由特性、原因、枝干组成。

3. 因果图的种类

(1) 追求原因型因果图　用来寻找问题产生的原因,例如,生产效率为什么低?不良率为什么增大?画这种类型的因果图时,需要把结果写在右侧,如图 6-13 所示。

(2) 追求对策型因果图　用来寻找问题点如何防止的对策。例如,如何提高生产率?如何防止不良的发生?画这种类型的因果图时,要把结果写在左侧,如图 6-14 所示。

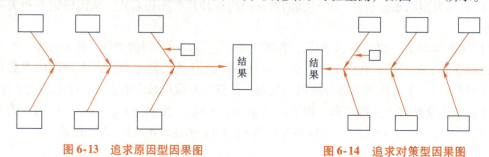

图 6-13　追求原因型因果图　　　　图 6-14　追求对策型因果图

4. 因果图的作用

因果图用来找出其中存在的因果关系,分析问题产生的原因。

5. 因果图的绘制步骤

1) 确定分析对象。把要分析的质量特性问题,填入主骨箭头指示的方块中。

2) 记录分析意见。在中骨上填入人、机、料、法、环,针对各个方面采用头脑风暴法收集意见,将收集的意见进行整理,分别填入因果图的小骨中。

3) 检查是否有遗漏,若有遗漏可及时补上。

4) 进一步分析找出主要原因,并标记。

5) 记入必要事项,包括制作者、参与讨论的成员、制作时间。

6. 因果图应用的注意事项

1) 成立因果图的分析小组,一般不超过 10 人,一般选择有经验的员工。

2) 一张因果图只能分析一个质量特性。

3) 确定原因时,要尽可能具体,画因果图不是目的,是要通过因果图找到问题的原因,最后解决问题。

4) 在画出的因果图中,有很多原因,要对这些原因做进一步分析,找出主要原因,并在因果图上标记出来。

5) 画出因果图确定主原因以后,要采取措施实施改善,再配合排列图来检查改善效果。

6) 因果图在分析的时候是从大原因、中原因到小原因逐步进行,但在实施对策的时候是针对小原因制定的。

7. 因果图举例

某汽车配件厂齿轮尺寸变异因果图如图 6-15 所示。

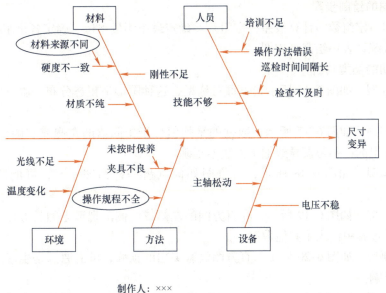

图 6-15　某汽车配件厂齿轮尺寸变异因果图

因果图分析：

1）从材料方面分析，供应商有五家，各家质量有差异。

2）从方法方面分析，目前大部分工序无操作指导书，有操作指导书的工序内容与实际工作不完全吻合。

针对以上两点，建议组成专案小组，制订改善计划，落实责任人，并在规定的时间内完成，由专案小组负责人验证效果。

六　直方图

1. 直方图的定义

直方图又称为柱状图、质量分布图。它是从总体中随机抽取样本，将从样本中经过测定或收集来的数据加以整理，描绘质量分布情况，反映质量分散程度，进而判断和预测生产过程质量以及不合格品率的工具。

2. 直方图的作用

通过制作直方图，可以研究产品质量的分布状况，据此判断生产过程是否正常。

3. 直方图的基础知识

（1）计量值数据与记数值数据　计量值数据是可以连续取值的数据，通常是使用量具、仪器进行测量得到的，如长度等。记数值数据不能连续取值，只能是以个数计算的数据，这类数据不能通过量具、仪器进行测量，但是可以数出来，如不合格品数量。直方图处理的数据必须是计量值数据。

（2）极差（R）　极差是指一组数据中最大值与最小值之差：$R = x_{max} - x_{min}$。

4. 直方图的绘制步骤

收集数据→定组数→计算极差→定组距→确定最小测量单位→确定各组组界→计算组中点→制作频数统计表→绘制直方图。

5. 直方图的类型判断

（1）标准型　如图6-16所示，也称对称型，这种图形呈正态分布，服从统计规律，表明过程正常。

（2）偏态型　如图6-17所示，数据的平均值位于中间值的左侧或右侧，形状不对称。原因可能是加工的一些习惯导致加工方法不正确。

（3）缺齿型　如图6-18所示，直方图如同锯齿一样凸凹不平，可能原因是数据不正确。

（4）孤岛型　如图6-19所示，在直方图的左侧或右侧出现孤立的长方形，原因可能是在收集数据的过程中混入了其他数据。

（5）平顶型　如图6-20所示，直方图没有突出的顶峰，可能原因是生产过程中有缓慢的变化因素影响。

（6）双峰型　如图6-21所示，直方图有两个顶峰，可能的原因是收集到的数据是不同的操作者、不同的设备生产的两批产品混在一起。

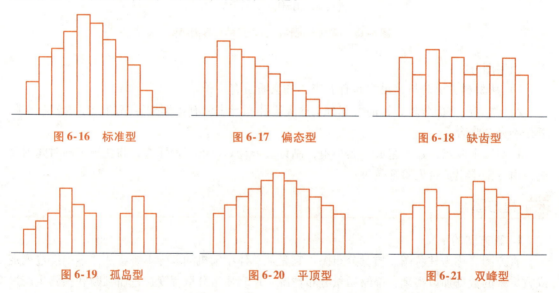

图6-16　标准型　　　　图6-17　偏态型　　　　图6-18　缺齿型

图6-19　孤岛型　　　　图6-20　平顶型　　　　图6-21　双峰型

6. 与规格界限相比

当直方图处于稳定状态时，还需要对规格界限做进一步的判断，目的是用来判断工序满足公差的程度。图中T_U：上限，T_L：下限，T_M：平均值。

（1）理想型（图6-22）　直方图的分布在公差范围内，并且直方图的分布中心与公差中心基本重合，而且两边有些余量，说明出现不合格品的概率很小。

（2）偏心型（图6-23）　直方图的分布在公差范围内，但是直方图的分布中心与公差中心有较大的偏移，说明如果工序稍有变化，就会出现不合格品。

（3）无富裕型（图6-24）　直方图分布在公差范围内，两边均没有余量，说明工序能力低，应立即采取措施。

（4）瘦型（图6-25） 直方图的分布在公差范围内，但两边有较大的余量，虽然不会出现不合格品，但是不经济。

（5）胖型（图6-26） 直方图的分布超出公差界限，说明加工精度不够，在目前的条件下出现不合格的数量较大。

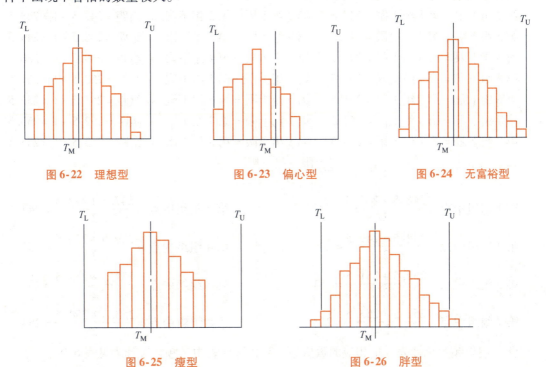

图6-22 理想型　　　　　图6-23 偏心型　　　　　图6-24 无富裕型

图6-25 瘦型　　　　　图6-26 胖型

7. 直方图案例

（1）收集数据　某一饮料装填规格为（250±5）mL，今抽检50瓶，数据见表6-8。

表6-8　某一饮料装填规格　　　　　　　　　　　　　　　单位：mL

具体数值									
251	250	248	247	250	252	247	252	249	250
248	247	250	249	251	254	251	250	248	252
249	252	251	250	248	251	248	249	250	250
251	251	250	251	249	250	249	250	251	251
250	249	251	253	250	249	249	253	249	249

（2）定组数　可根据收集数据的个数，选择经验值来确定。

数据为50~100个，适当的组数为6~10组；数据为100~250个，适当的组数为7~12组；数据为250以上，适当的组数为10~20组。本例中选择组数为8组。

（3）计算极差　最大值为254，最小值为247，极差为7。

（4）定组距　组距 = $\dfrac{极差}{组数} = \dfrac{7}{8} \approx 1$

（5）确定最小测量单位　整数的最小测量单位是1；小数点一位时，最小测量单位是

0.1；小数点两位时，最小测量单位是0.01，依次类推。本例选择最小测量单位为1。

（6）确定各组组界

第1组下限 = 最小值 − （最小测定单位/2） = 247 − 0.5 = 246.5

第1组上限 = 第1组下限 + 组距 = 246.5 + 1 = 247.5

第2组下限 = 第1组上限 = 247.5　　　第2组上限 = 第2组下限 + 组距 = 247.5 + 1 = 248.5

第3组下限 = 第2组上限 = 248.5　　　第3组上限 = 第3组下限 + 组距 = 248.5 + 1 = 249.5

第4组下限 = 第3组上限 = 249.5　　　第4组上限 = 第4组下限 + 组距 = 249.5 + 1 = 250.5

第5组下限 = 第4组上限 = 250.5　　　第5组上限 = 第5组下限 + 组距 = 250.5 + 1 = 251.5

第6组下限 = 第5组上限 = 251.5　　　第6组上限 = 第6组下限 + 组距 = 251.5 + 1 = 252.5

第7组下限 = 第6组上限 = 252.5　　　第7组上限 = 第7组下限 + 组距 = 252.5 + 1 = 253.5

第8组下限 = 第7组上限 = 253.5　　　第8组上限 = 第8组下限 + 组距 = 253.5 + 1 = 254.5

（7）计算组中点　　组中点 = $\dfrac{组上限 + 组下限}{2}$

第1组组中点 = $\dfrac{246.5 + 247.5}{2}$ = 247　　　第2组组中点 = $\dfrac{247.5 + 248.5}{2}$ = 248

第3组组中点 = $\dfrac{248.5 + 249.5}{2}$ = 249　　　第4组组中点 = $\dfrac{249.5 + 250.5}{2}$ = 250

第5组组中点 = $\dfrac{250.5 + 251.5}{2}$ = 251　　　第6组组中点 = $\dfrac{251.5 + 252.5}{2}$ = 252

第7组组中点 = $\dfrac{252.5 + 253.5}{2}$ = 253　　　第8组组中点 = $\dfrac{253.5 + 254.5}{2}$ = 254

（8）制作频数统计表　　把相应的数值添入频数统计表中。频数统计表见表6-9。

表6-9　频数统计表

组别	组界	组中点	频数
1	246.5 − 247.5	247	3
2	247.5 − 248.5	248	5
3	248.5 − 249.5	249	11
4	249.5 − 250.5	250	13
5	250.5 − 251.5	251	11
6	251.5 − 252.5	252	4
7	252.5 − 253.5	253	2
8	253.5 − 254.5	254	1
合计			50

（9）绘制直方图　　直方图如图6-27所示。

直方图分析：此图属于理想、标准型直方图，产品合格率很高。

七、控制图

1. 控制图的定义

控制图又称为管制图、管理图，是用来分析和判断工序是否处于稳定状态并带有一定控制界限的图形。它主要用来预报生产过程中质量状况是否发生异常波动。

2. 控制图的基础知识

控制图是随机抽取生产中的实际数据，用点描绘出来，根据控制图的判断原理进行判断来确定工序的状态。

（1）稳定与合格　稳定是指产品质量没有发生异常波动，或者质量的分布没有发生变化。控制图是用来判断稳定的一种方法。合格是指产品符合标准。

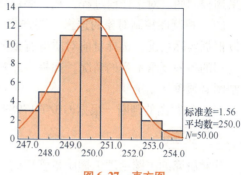

图 6-27　直方图

（2）偶然波动与异常波动　偶然波动也称为正常波动，例如原材料的微小差异、机床的轻微震动都会导致偶然波动，但偶然波动对产品质量的影响比较小，一般来说不需要进行控制。异常波动也称为系统波动，是由某种特定原因引起的，如混入了不同规格的原材料、刀具的过度磨损都会导致异常波动，异常波动对产品质量影响大，是生产中主要关注的对象。控制图就是寻找异常波动的一种方法。

3. 控制图的种类

（1）分析用控制图　一道工序开始应用控制图时，几乎不存在稳定状态，如果用这种不稳定状态下的参数来建立控制图，将导致错误的结论。因此，需要根据收集到的数据绘制分析用控制图，并以此来判断工序是否稳定。如果发现不稳定，要寻找原因，并消除异常，再重新绘制分析用控制图，直到把过程调整为稳定为止。分析用控制图是一个从未知到已知的过程，需要反复进行多次。

（2）控制用控制图　控制用控制图是根据历史数据或者工序稳定状态下的控制界限，由操作人员现场随机抽取数据，以点的形式填入控制用控制图中并进行判断。应用控制用控制图阶段是工序的参数处于已知阶段。

（3）计量值控制图和记数值控制图　计量值控制图分为平均值与极差控制图，中位数与极差控制图，平均值与标准差控制图，个别值与移动极差控制图。记数值控制图分为不良数控制图、不良率控制图、缺点数控制图和单位缺点数控制图。

4. 控制图的图例

控制图的图例如图 6-28 所示。

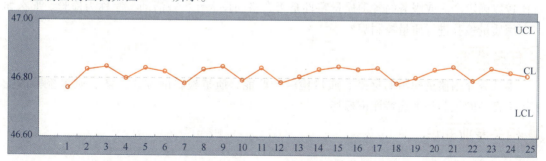

图 6-28　控制图的图例

5. 控制图应用的注意事项

（1）控制图应用的场合　控制图只适用于重复过程，对于一次或少数几次的过程，不应采用控制图。对于任何过程,凡是要对质量进行控制的场合都可以使用控制图。

(2) 控制图控制对象的选择　要选择对过程的影响程度较大的指标做为控制对象,也可以根据实际情况,选择目前对质量有重要影响的因素作为控制对象。一张控制图只适用于该过程的各种要素不变的情况,如果人、机、料、法、环、测中的任何一个方面发生变化,控制图必须重新制定。

(3) 控制图的判断　根据 GB/T 17989.2—2020 的判断原则进行判断。

任务实施

针对研究的主题合理选择质量管理的各个工具,然后收集和整理数据,根据各管理工具的绘制步骤绘制图表,对图表进行分析,找出问题的主要因素、质量问题的原因、判断生产过程是否正常、工序是否稳定等,为质量问题的最终解决提供有力的帮助。

归纳总结

本任务介绍了"QC 七手法"(即核查表、排列图、层别法、散布图、因果图、直方图、控制图)的定义、作用、手法的应用、应用注意事项及应用案例。

思考题

1. 质量管理常用工具有哪些?
2. 简述"QC 七手法"中各工具的作用。
3. 简述排列图的绘制步骤。
4. 简述因果图的绘制步骤。
5. 简述直方图的绘制步骤。

◆ 任务四　质量检验与奥迪特评审概述 ◆

任务引出

质量检验就是对产品(含原材料、半成品、成品等)或服务的一个或多个质量特性,通过某种方法(技术、手段)进行观察、测量、检查、试验或度量,并将结果与判定标准进行比较以确定产品或服务的各项质量特性是否合格的技术性检查活动,简称为检验。那么如何利用质量检验进行质量控制呢?

任务描述

本任务介绍质量检验的标准、质量检验的职能、质量检验的方式方法、质量检验的控制、不良品的控制和奥迪特评审概述。

相关专业知识

一　质量检验的标准

机械行业质量检验的标准有产品图样、工艺文件、法律法规、合同和技术协议书、合格证明文件、样品等。

1. 产品图样

机械产品图样一般包括图样、验收技术条件。技术工艺部门根据图样、验收技术条件编制检验验收规范或检验工艺规程，有些检验部门依据产品图样、检验验收规范编制检验作业指导书或检验工艺（卡片）规程。

2. 工艺文件

工艺文件包括工艺路线、产品制造工艺规程，有些工艺规程中包括了检验的内容、交验或抽验方案等；技术状态更改状况，如技术通知、改图申请通知单等。

3. 法律法规

与产品质量有关的法律较少，常用的有《中华人民共和国产品质量法》，大量的是与产品质量有关的法规，也就是规章制度和标准。标准包括国家标准、行业标准、地方标准、企业标准、国际标准等。标准按照其性质分为技术标准、管理标准和工作标准。

4. 合同和技术协议书

在订货合同和技术协议书中检验依据要十分明确，而且可操纵性要强。特别是 GB/T 19001—2016 标准，强调了对外包的控制要求，在外包的合同和技术协议中应明确过程监控和验收的要求。

5. 合格证明文件

如果作为采购检验，就应查验供方的合格证明文件，并按技术标准要求选样、送样，查看理化分析、性能试验报告。

6. 样品

样品是能够代表商品质量的少量实物。样品一般展示产品的物理特性、化学组成、力学性能、外观造型、结构特征、色彩、尺寸大小和形状等。

二 质量检验的职能

1. 鉴别的职能

根据技术标准、产品图样、作业（工艺）规程或订货合同的规定，采用相应的检测方法观察、试验、测量产品的质量特性，判定产品质量是否符合规定的要求，这是质量检验的鉴别功能。鉴别主要由专职检验人员完成。

2. 把关的职能

必须通过严格的质量检验，剔除不合格品并予以"隔离"。

3. 预防的职能

（1）通过控制图的使用起预防作用。

（2）通过过程（工序）作业的首检与巡检起预防作用。

（3）广义的预防作用。实际上对原材料和外购件的进货检验，对中间产品转序或入库前的检验，既起把关作用，又起预防作用。前过程（工序）的把关对后过程（工序）就是预防。

4. 报告的职能

为了使相关的管理部门及时掌握产品实现过程中的质量状况，评价和分析质量控制的有效性，把检验获取的数据和信息，经汇总、整理、分析后写成报告，为质量控制、质量改进、质量考核以及管理层进行质量决策提供重要信息和依据。质量报告的主要内容包括：

1）原材料、外购件、外协件进货验收的质量情况和合格率。

2）过程检验、成品检验的合格率、返修率、报废率，以及相应的废品损失金额。

3）按产品组成部分（如零部件）或作业单位划分统计的合格率、返修率、报废率及相应废品损失金额。

4）产品报废原因的分析。

5）重大质量问题的调查、分析和处理意见。

6）提高产品质量的建议。

5. 监督的职能

质量检验部门担负着企业内部质量监督的职能，包括产品质量的监督、对专职和兼职质量检验人员工作质量的监督、对工艺技术执行情况的技术监督。监督的职能一般通过设置专职的巡检人员完成。

三　质量检验的方式和方法

1. 质量检验的方式

质量检验的方式是对不同的检验对象，在不同的条件和要求下所采取的不同的检验方法。对于机械产品，质量检验方式可进行如下划分。

（1）按照生产流程划分　分为进货检验、过程检验和最终检验。

1）进货检验。对进厂的外购物品进行的检验。

2）过程检验。为判定半成品或产品能否由上道工序流转入下道工序进行的检验，又称为中间检验。

3）最终检验。产品制造、返修或调试后进行的检验。

（2）按照检验目的划分　分为生产检验、验收检验、监督检验、复查检验和仲裁检验。

1）生产检验。对半成品、装配、产品等整个生产过程的检验。

2）验收检验。需方为了得到质量合格的物品，对入厂物品质量进行的检验。验收检查存在多种形式，如原材料、外协件、外购件的进厂检验，半成品入库前的检验，产品出厂前检验。

3）监督检验。为了检定生产过程是否处于稳定的状态进行的检验，也称为过程检查。生产过程中的巡回检验、使用控制图式的定时检验都属于这类检验。

4）复查检验。对检验员检验过的产品进行随机抽查检验或全数检验。

5）仲裁检验。当检验员与生产工人或供需双方对产品质量发生争议时，由第三方进行的检验。

（3）按照检验地点划分　分为固定检验、巡回检验、派出检验和就地检验。

1）固定检验（集中检验）。在固定地点设置检验站（点、组）、由专职检验员进行的检验。这种检验站可以是车间公共的检验站，各工段、小组或工作地上的产品加工后，都依次送到检验站进行检验，也可以设在流动或自动线的工序之间或线的终端。这种检验站属于专门的，并构成生产线的有机组成部分，只固定某种专门的检验。

2）巡回检验（流动检验）。检验员在生产过程中按照规定进行的流动性的来回检验。

3）派出检验。将检验员派到供方或使用方对产品质量进行的检验。

4）就地检验（现场检验）。在生产线上设置检验点、由检验员就地对产品质量进行的检验。

（4）按照检验人员划分　分为自我检验、互相检验、专职检验和兼职检验。

1）自我检验（自检）。生产工人对自己生产出来的产品质量进行的检验。

2）互相检验（互检）。工序之间生产工人对产品质量互相进行检验。

3）专职检验（专检）。由专职检验员对产品质量进行的检验。

4）兼职检验（兼检）。既是生产工人又是检验员的人员对产品质量进行的检验。

(5) 按照检验数量划分　分为全数检验、抽样检验和免检。

1）全数检验。对一批产品的每一个产品的质量逐一进行检验。

2）抽样检验。根据事先制订的抽样方案，从一批产品中随机抽取一部分作为样品，以这部分样品的检验结果，对整批产品质量合格与否做出判定的检验。

3）免检。免除检验。

(6) 按照检验后果性质划分　分为非破坏性检验和破坏性检验。

1）非破坏性检验。在检验过程中，被检验产品不受到破坏的检验。如机械零件的尺寸检验属于非破坏性检验。随着无损检测技术的发展，非破坏性检验的范围在扩大。

2）破坏性检验。在检验过程中，被检验产品受到破坏的检验。如产品的使用寿命试验、强度试验都属于破坏性检验。

2. 质量检验的方法

质量检验的方法包括检验时所采用的检验原理、检验程序、检验手段和检验条件，有以下几种：

(1) 理化检验　理化检验是使用某种测量工具或仪器设备对产品的物理量及化学组分等进行的检验。

(2) 生物学检验　生物学检验是利用生物学特性对产品是否具有某种质量特性进行的检验。

(3) 感官检验　感官检验是靠人的感觉器官来对产品的质量进行评价和判断的。如对产品的形状、颜色、味道、气味、伤痕、老化程度等，通常是依靠人的视觉、听觉、触觉和嗅觉等感觉器官进行检查的，并判断质量的好坏或是否合格。

(4) 试验性使用效果检验　试验性使用效果检验是指对产品进行实际使用效果的检验。

四　质量检验的控制

(一) 质量检验计划的编制

1. 质量检验计划的概念

质量检验和试验计划简称质量检验计划，是对检验涉及的活动、过程和资源做出的规范化的书面（文件）规定，用以指导检验活动正确、有序、协调地进行。

2. 编制质量检验计划的目的

为了保证产品质量，企业在生产活动的各个阶段，都必须由分散在各个生产单位的检验人员进行检验和试验。为此，就需要编制检验计划来指导检验人员工作。

3. 质量检验计划的作用

1）按照产品加工及物流的流程，充分利用企业现有资源，统筹安排检验站、点的设置，可以节约质量成本中的鉴别费用，降低产品成本。

2）根据产品和工艺要求合理地选择检验、试验项目和方式方法，合理配备和使用人员、设备、仪器仪表和量具、检具，有利于调动每个检验和试验人员的积极性，提高检验和试验的工作质量和效率。

3）对产品不合格按严重性分级并实施管理，能够充分保证检验职能的有效性，在保证产品质量的前提下降低产品制造成本。

4)使检验和试验工作逐步实现规范化、科学化和标准化,使产品质量能够更好地处于受控状态。

4. 质量检验计划的内容

1)编制质量检验流程图,确定适合生产特点的检验程序。

2)合理设置检验站、点。

3)编制主要零部件的质量特性分析表,制定产品不合格严重性分级原则并编制分级表。

4)对关键的和重要的零部件编制检验规程(检验指导书、细则和检验卡片)。

5)编制检验手册。

6)选择适宜的检验方式、方法。

7)编制测量工具、仪器设备明细表,提出补充仪器设备和测量工具的计划。

8)确定检验人员的组织形式、培训计划和资格认定方式,明确检验人员的岗位工作任务和职责等。

5. 编制质量检验计划的原则

1)充分体现检验的目的 一是防止产生和及时发现不合格品,二是保证检验通过的产品全部合格。

2)对检验活动起指导作用 质量检验计划必须对检验项目、检验方式和手段等具体内容有清楚、准确、简明的叙述和规定,而且能使检验活动相关人员有同样的理解。

3)关键质量应优先保证 关键质量是指关键的零部件、关键的质量特性。

4)进货检验应在采购合同的附件中做出说明 对外部供应商的产品质量检验,应在合同的附件或质量检验计划中详细说明,并经双方共同评审确认。

5)综合考虑检验成本 在保证产品质量的前提下,尽可能降低检验费用。

(二)检验场地设置

1. 检验场地的要求

(1)检验场地的一般要求

1)地点需符合生产作业流程的要求,尽量接近生产场地,使生产管理、零件调运和周转更方便。

2)规划面积大小和布置场地平面时,要考虑测试设备、用具、工具箱、图样柜、台案等设施的合理布置,特别是要使产品或零件在检验场地存放、搬运时合理、方便。

3)要能保障人身安全。

4)在方便生产服务的条件下,要尽可能与生产设备隔开。

5)要具有合理的和足够的照明设施,光的颜色要同所要检验的物品协调,光的方向和光的散射等都要符合要求,要特别注意避免有强烈的阳光照射。

(2)检验场地的特殊要求

1)由于产品精度提高、微型化、使用超纯材料以及对环境的要求,在检验时应保持对环境的精确控制。

2)环境的温度、湿度和振动要符合测试条件的要求,可采用空调装置来保持场地的恒温。

3)要避免噪声、气味和其他外来因素干扰,尤其是涉及感官检验时。

2. 进货检验点设置

进货检验点通常是与原材料库、外购配件库建在一起。

1）原材料检验工作一般是在原材料堆放的现场进行，要求场地面积较小，只要能满足检验设备存放和检验人员所需的办公地点即可。

2）对外协、外购件的检验，要求要有较大的场地，以便能把进货分为待检品、拒检品、拒收品、有问题待处理的货品，做到分开存放。

3. 工序检验点设置

工序检验点通常设在车间传送带一侧，或是设在工序流程的终端，同半成品库连在一起。

4. 成品检验点设置

成品检验点一般与装配车间建在一起，由于要进行成品性能测试，需配有必要的试验仪器和检测装置，以及气、水、电源等设施。

5. 试验室设置

试验室都是在建厂时安排建立的。试验室可根据行业、产品要进行的各种专业技术测试而设置，如理化试验室、产品性能及使用寿命和可靠性试验室。

6. 储藏室或储藏柜设置

在检验场地备有储藏室或储藏柜的主要作用如下：

1）隔离废品。

2）保存供作比较的标准样品和供作质量事故分析用的产品或零件样品。

3）储存供检验用的辅料用品及辅助用品。

（三）检测设备配备

检测设备一般都是利用物理量制造的各类量具、量规、仪器仪表。这些检测设备按照生产中的作用可以分为以下两类。

1. 标准量仪

标准量仪通常在企业作为量值标准来用，如长度用的块规、压力用的标准压力表等。

2. 生产用量仪

生产用量仪指生产工人、检验员在日常生产中用的微分量具、万能量具、专用量具和仪器等。

（四）进货检验

1. 进货检验的目的

进货检验的目的是通过进货检验，确保外购和外协的产品符合规定要求，防止不合格的产品进入工序进行加工或装配，及减少购货引起的经济损失。

2. 进货检验的要求

1）按合同或协议明确的交货产品的质量保证内容进行检验。

2）按企业形成的文件的检验和试验程序，以及进货检验和试验规程进行检验和办理入库手续。

3）外购产品、外协产品应是经企业评定合格的供方产品，其他情况进货应经过审批并通知相关部门。

4）按文件化程序、质量计划、质量检验和试验计划执行。

5）合格放行，不合格追回等处置。

3. 进货检验的内容

（1）首件（批）样品进货检验

1）对首件（批）进货样品，按程序文件、检验规程及该产品的规格要求或特殊要求，进行全面检验或全数或某项质量特性的试验；详细记录检测和试验数据，以便分析首件（批）样品的符合性质量及缺陷，并预测今后可能发生的缺陷，及时与供方沟通并进行改进或提高。

2）要求供方在首件（批）送检与成批交货有一定的时间间隔，这样可使供方有时间去纠正质量缺陷，不影响正式交货。

（2）成批进货检验　现代化企业对外购、外协件按其对产品质量的影响程度分为A、B、C三类，实施A、B、C管理法。A类是关键件，必检；B类是重要件，抽检；C类是一般件，对产品型号规格、合格标志等进行验证。通过A、B、C分类检验，可使检验工作分清主次，集中主要力量检测关键件和重要件，确保进货质量。

（五）过程检验

1. 过程检验的目的

过程检验的目的是预防产生大批的不合格品和防止不良品进入下道工序。

2. 过程检验的作用

1）可以实施对不合格品的控制　对检查出的不合格品，做出标示、记录、隔离、评价和处置，并通知有关部门，作为纠正或纠正措施的依据。

2）通过过程检验实现产品标示　在有产品标志和可追溯性要求的场合，通过过程检验可实现生产过程中每个或每批产品都有唯一性的标志。

3. 过程检验的要求

1）依据质量计划和文件要求进行检验。

2）设置质量控制点进行过程检验。以关键部位或对产品质量有较大影响及发现不合格项目较多的工序设置质量控制点，对过程进行控制，使产品质量稳定，以及为质量改进提供数据。

3）一般不得将未完成过程检验的产品转入下一个过程。

4. 过程检验的内容

（1）首件检验　首件检验是对加工的第一件产品进行的检验；或在生产开始时（上班或换班）或工序因素调整（调整工装、设备、工艺）后前几件产品进行的检验。首件检验的目的是及早发现质量缺陷，防止产品成批超差、返修、报废，以便查明原因，采取改进措施。

（2）巡回检验　巡回检验是检验员在生产现场，按一定的时间间隔对有关过程（工序）进行流动检验。巡回检验员在过程检验中的检验项目和主要职责如下。

1）巡回检验的重点是关键工序，检验员应熟悉和掌握所负责检验范围内工序控制点的质量要求及检验方法，并对加工后的产品进行检测或观察其是否符合工艺文件、检验规程等规定的要求，发现质量缺陷时应及时处理。

2）按照过程检验规程要求对关键工序的零部件进行抽样检验或全检，并做好检验后合格品、不合格品、废品的存放处理工作。

3）做好巡回检验记录，提出检验报告。

（3）完工检验　完工检验是对一批加工完的产品进行全面的检验。其目的是发现和剔除不合格品，使合格品继续转入下道工序或进入半成品库。

5. 过程检验的方式

工序产品检验的检验方式有较大差异和灵活性，可依据生产实际情况和产品特性而定。

（1）质检员全检　适用于关键工序转序时，多品种小批量、有致命缺陷项目的工序产品。

（2）质检员抽检　适用于工序产品在一般工序转序时，大批量、单件价值低、无致命缺陷的工序产品。

（3）员工自检　操作员对自己加工的产品先实行自检，检验合格后才可发出至下道工序。

（4）员工互检　下道工序操作人员对上道工序操作人员的产品进行检验，可以不接收上道工序的不良品，相互监督，有利于调动积极性，但也会引起包庇、争执等造成质量异常现象。

（六）最终检验

最终检验也称为成品检验或出厂检验，是完工后的产品入库前或发到用户手中之前进行的一次全面检验。这是最关键的检验。

1. 最终检验的目的与作用

1）最终检验的目的是防止不合格品出厂和流入到用户手中，损害用户利益和本企业的信誉。

2）最终检验的作用是全面考核产品质量是否符合规范和技术文件，并为最终产品符合规定要求提供证据，因而最终检验是质量控制的重点。

2. 最终检验的要求

1）依据企业文件进行检验。

2）按规定要求检验做出结论。

3）审批认可。只有在规定的各项检验、试验都全部完成，有关检验结果符合要求，数据、文件都得到审批认可后，产品才能发货。

3. 最终检验的内容

（1）总装成品检验　总装成品检验是依据产品图样、装配工艺规程及检验规程对最终产品（成品）进行的检验。总装成品检验的内容一般如下：

1）成品的性能。它包括正常功能、特殊功能和效率三个方面。正常功能是指产品应具有的功能，如载货汽车的载重量和速度、模块电源输出的电压幅度等；特殊功能是指产品正常功能以外的功能，一般指增加附件后所具有的功能，如某型号半导体晶体管带散热器时的输出额定功率为5W，不带散热器时的输出额定功率为1W；效率是指产品在规定时间和规定条件下的生产能力，或产品的输出功率与输入功率的比值。

2）成品的精度。它包括几何精度和工作精度。几何精度检验是指对最终产品中的那些主要零部件的几何精度进行检验，其中包括零部件尺寸、形状、位置和相互间的运动精度；工作精度检验是通过对规定试件或工件进行加工，然后进行检验，判定是否满足规定要求。

3）结构。结构检验指对产品的装卸、可维修性、空间位置和抵御环境能力等项的检验。

4）操作。它主要要求操作简便、轻巧灵活等。

5）外观。它主要要求造型美观大方，色彩适宜和光洁，出现瑕疵应符合规定要求等。

6）安全性。安全性是指在使用过程中保证安全的程度，如检验某产品超温下的报警、隔离装置是否能达到闭锁和隔离的要求等。

7）环保。环保检验主要是检验成品的噪声和排放的有害物质对环境的污染是否符合有关标准，如对噪声的检测和对粉尘浓度的检验。

（2）型式试验　型式试验是根据产品技术标准或设计文件要求，或产品试验大纲要求，对产品的各项质量指标进行的全面试验和检验。通过型式试验，评定产品技术性能是否达到设计功能的要求，并对产品的可靠性、维修性、安全性、外观等进行数据分析和综合评价。

型式试验一般对产品施加的环境、应力条件比较恶劣，常有低温、高温、潮湿、电源电压变换，满功率负载、机械振动、温度冲击等项目的试验。因此，新产品研制、设计定型均应按产品技术标准所列的试验项目做全项目的试验，而出厂时只是选择其中若干项试验，甚至不做试验，以产品的要求和用户要求而定。

（七）成品入库检验、成品包装检验及成品出厂检验

1. 成品入库检验

成品入库存在两种状态：一种是产品在完成成品包装作业后，经检验入库；另一种是成品在完工后进行油封、油漆处理并经检验入库。检验人员应做到以下几点：

1）按检验和试验程序及检验规程的要求进行检验。

2）核对和检查油封、油漆的质量是否满足文件规定的要求，判定是否合格。

3）核对和检验包装的产品，主要检查包装材料、包装箱的结构和包装的质量是否满足文件规定要求，判定是否合格。

2. 成品包装检验

包装质量是指由于包装的原因，对产品质量造成影响和损坏的程度。包装质量可分为包装设计质量、包装制造质量和包装使用质量。

（1）按文件要求检验　按文件要求检验即按检验和试验程序及检验规程的要求进行检验，主要检验以下内容：

1）包装材料是否合格。

2）包装箱是否牢靠，是否按包装设计文件制造并符合规定要求。

3）包装前是否按文件要求进行油封、油漆、润滑及外观的检验。

4）成品合格证书（或标志）的编号与包装箱的编号是否相符。

5）包装箱上用户名称、地址、邮编及防雨、置放的标志是否正确。

（2）按产品装箱清单检验

1）产品说明书。

2）产品合格证书。

3）等级品质证书。

4）附件、备件工具等进行全面清点核对，做到物卡相符，然后将主机、附件和随行文件放入指定的包装内，按包装工艺文件要求固定在包装箱内。

检验人员确认全部检查完成后，应在合格证书或产品装箱清单上签章，产品才可出厂或入库。

3. 成品出厂检验

成品出厂前必须进行出厂检验，才能达到产品出厂零缺陷、客户满意零投诉的目标。检验项目包括以下几项：

1）成品包装检验，如包装是否牢固、是否符合运输要求等。

2）成品标示检验，如商标批号是否正确。

3）成品外观检验，如外观是否被损、开裂、划伤等。

4)成品功能性检验。

成品出厂检验合格则放行,若不合格应及时返工或返修,直至检验合格。

五 不良品的控制

(一)不良品产生的原因

不良品产生的原因主要集中在产品设计、工序管制状态、采购等环节。一般来说,不良品的产生与以下方面有关。

1. 产品开发、设计

1)产品设计的制作方法不明确。
2)图样绘制不清晰,标码不准确。
3)产品设计尺寸与生产用零配件、装配公差不一致。
4)对废弃图样的管理不力,造成生产中误用废旧图样。

2. 机器与设备管理

1)机器设计与安装不当。
2)机器设备长时间无校验。
3)刀具、模具、工具质量不良。
4)量具、检测设备精度不够。
5)温度、湿度及其他环境条件对设备的影响。
6)设备加工能力不足。
7)机器设备的维修、维护不当。

3. 材料与配件控制

1)使用未经检验的材料或配件。
2)错误地使用材料或配件。
3)材料或配件的质量变异。
4)使用让步接受的材料或配件。
5)使用替代材料,而事先未精确验证。

4. 生产作业控制

1)片面追求产量,忽视质量。
2)操作员未经培训就上岗。
3)未制定生产作业指导书。
4)对生产工序的控制不力。
5)员工缺乏自主的质量管理意识。

5. 质量检验与控制

1)未制订产品质量计划。
2)试验设备超过校准期限。
3)质量规程、方法、应对措施不完善。
4)没有形成有效的质量控制体系。
5)高层管理者的质量意识不够。
6)质量标准不准确或不完善。

（二）不良品控制措施

1. 明确检验员的职责

1）质量检验员按产品图样和加工工艺文件的规定检验产品，正确判定产品是否合格。

2）对不良品做出识别标记，并填写产品拒收单及注明拒收原因。

2. 明确不良品的隔离方法

对不良品要有明显的标记，存放在工厂指定的隔离区，以避免与合格品混淆或被误用，并要有相应的隔离记录。

3. 明确不良品评审部门的责任和权限

不良品不一定都是废品，对不合格程度较轻或报废后造成经济损失较大的不良品，应从技术性方面加以考证，以决定是否可以在不影响产品适用性或客户同意的情况下进行合理利用，进行返工、返修等补救措施。

4. 明确不良品处置部门的责任和权限

根据不良品的评审与批准意见，明确不良品的处理方式及承办部门的责任与权限。相关部门应按处置决定对不良品实施搬运、储存、保管及后续加工，并由专人加以督办。

5. 明确不良品记录办法

为便于对不良品的分析与追溯，分清处理责任，对不良品的状况应予以记录，状况记录涉及时间、地点、批次、产品编号、缺陷描述、所用设备等。做好记录后，应及时向职能部门通报，并纳入质量档案管理，以备考证。

（三）不良品标示

1. 不良品标示的管理要求

1）为了确保不良品在生产过程中不被误用，工厂所有的外购货品、在制品、半成品、成品以及待处理的不良品均应有质量识别标志。

2）凡经过检验合格的产品，在货品的外包装上应有合格标志或合格证明文件。

3）不良品应有不合格标志并隔离管制。

4）质量状态不明的产品应有待验标志。

5）未经检验、试验或未经批准的不良品不得进入下道工序。

2. 标志的形式

标志的形式可以分为核准的印章、标签、检验记录、试验报告等。

3. 不合格标志物分类

（1）标志牌　标志牌是由木板或金属片做成的小方牌，按货品属性或处理类型将相应的标志牌悬挂在货物的外包装上加以标示。根据企业标志需求，可分为"合格"牌、"不合格"牌、"待处理"牌、"退货"牌、"返工"牌、"返修"牌、"报废"牌等。标志牌主要适用于大型货物或成批产品的标示。

（2）标签或卡片　标签或卡片通常也称为"箱头纸"。在使用时将货物判定类型标注在上面，并注明货物的品名、规格、颜色、材质、来源、工单编号、日期、数量等内容；在标示质量状态时，质量检验员按物品的质量检验结果在标签或卡片的"质量"栏盖相应的质量检验标志印章。标签或卡片主要适用于装箱产品或堆码管制的产品或材料、配件。一张标签或卡片只能标注同类货物。

4. 色标

色标的形状一般为一张正方形的有色粘贴纸，它可直接粘贴在货物表面规定的位置，也可粘贴在产品的外包装或标签纸上，其颜色一般有绿色、黄色、红色三种。其中，绿色代表受检产品合格；黄色代表受检产品质量暂时无法确定；红色代表受检产品不合格。

（四）不良品隔离

1. 规划不良品区域

1）在各生产现场的每台机器的每个工位旁边，均应配有专用的不良品箱或袋，用来收集生产中产生的不良品。

2）在各生产现场的每台机器的每个工位旁边，要划出一个专用区域用来摆放不良品箱或袋，该区域即为不良品暂放区。

3）在各生产现场和楼层要规划出一定面积的不良品摆放区，用来摆放从生产线上收集来的不良品。

4）所有的不良品摆放区均要用有色油漆进行画线和文字注明，区域面积的大小视该单位产生不良品的数量而定。

2. 不良品区域适用规定

1）在任何不良品区内只能摆放本部门产生的不良品。

2）在不良品区内不得摆放合格的产品或物料、配件。

3. 不良品区的货品管制规定

1）在没有拿到质量部门的书面处理通知前，任何部门或个人不得擅自处理或运用不良品。

2）不良品的处理必须由质量部门监督进行。

4. 不良品记录规定

现场质量检验人员将当天产生的不良品数量如实记录在当天的巡检报表上，同时对当天送往不良品区的不良品进行分类，详细地填写在不良品隔离管制统计表上，并经生产部门主管签认后交质量部存查。

（五）不良品评审

1. 对不良品提出处置申请

存在不良品的部门，必须于当天就不良品的处理提出申请，并在注明不良品产生原因后，把不良品交质保部复查与评审。

2. 对不良品的初审

1）质保部按不良品隔离管制表，核查申请处理的品别、数量是否齐全，原因是否正确。如有误，则退后申请部门修正；如无误，则安排质量检验组长以上级别的人员到场初审。

2）初审结束后，初审员填制不良品评审报告，交品质主管复审及判别。

3. 最终评审

质量主管在按物品不合格程度、初审员初评判定意见和申请部门的处理建议进行综合分析后，决定最终的评审方式及判定结果。

（六）不良品处置

1. 条件收货

在不良品经局部修正后可以接受或直接使用，且不会影响产品的最终性能时，在质量上可视为属于允收品范围，对此类产品的接受，也称为让步接受或偏差接受。

2. 拣用

若来货基本合格，但其中存在一定数量的不良品，在入库或使用前，由工厂安排人力将不良品剔除掉，称之为来货拣用。

3. 返工、返修

返工、返修是指对不良品进行重新加工和修理，使产品质量达到规定要求。

4. 退货

退货是指因来货质量不合格，经质量检验员鉴定后，将来货退回发货部门的行为。

5. 报废

质量部在做出报废决定前应考虑：

1）若进行报废，是否造成较大的经济损失。

2）是整体报废还是部分报废；产品的组件是否可以拆卸下来供其他产品使用。

3）进行批量报废时，应注意在报废批中是否能拣出部门允收品。

6. 不良品统计与分析

开展不良品统计与分析的目的：

1）对车间、班组和个人进行绩效考核。

2）为了掌握产品加工的质量情况，找出产生不良品的原因和责任者，发现不良品产生和变化的规律，以便抓住关键问题，采取有效措施降低不良品数量。

六 奥迪特评审概述

资料6-2

查阅资料包，学习奥迪特评审的相关内容。

任务实施

根据教师提供的圆珠笔，研究其结构组成；讨论研究、制作圆珠笔的装配标准操作卡。根据各自的标准操作卡进行装配（注意过程质量检验）；质检员对各组装配后的圆珠笔进行质量检验（最终检验），挑出不合格品。对不合格品的不合格现象进行分类（如笔握装反了、笔握漏装、按动罩漏装、弹簧漏装、某件错装等缺陷），制作不合格品统计分析表。最后检查完成效果，总结问题，提高学生质量意识和发现质量问题的能力。

归纳总结

本任务介绍了质量检验的标准、质量检验的职能、质量检验的方式和方法、质量检验的控制、不良品的控制和奥迪特评审六部分内容。机械行业质量检验的标准有产品图样、工艺文件、法律法规、合同和技术协议书、合格证明文件、样品等；质量检验具有鉴别、把关、预防、报告和监督职能；质量检验的方式可按照生产流程、检验目的、检验地点、检验人员、检验数量及检验后果性质划分；质量检验方法有理化、生物学、感官和试验性使用效果检验；质量检验的控制涉及质量检验计划的编制、检验场地设置、检验设备配置、进货检验、过程检验、最终检验以及成品入库检验、成品包装检验和成品出厂检验等方面；不良品的控制要考虑不良品产生的原因、控制措施、标示、隔离、评审和处置。

思考题

1. 什么是质量检验？
2. 机械行业质量检验的标准有哪些？

3. 质量检验的职能有哪些?
4. 简述质量检验计划的作用。
5. 过程检验的方式有哪些?
6. 分析产生不良品的原因。
7. 如何处置生产中产生的不良品?

◆ 任务五　质量改进与 PDCA 循环 ◆

任务引出

张全民是一名操作工,高级技师,第十一届全国人大代表,"全国劳动模范","全国五一劳动奖章"、中华技能大奖获得者。他掌握高超的车工技术,大胆进行技术革新,对数控加工工艺、刀具、程序以及数车专用滚压工具进行开发,大幅度提高加工效率,合格率达到 99.9%。

我们知道技术改进及工艺改进可以提高加工效率与工件质量,那么你知道改进活动所采用的方法及改进活动的一般流程吗?

任务描述

本任务介绍 PDCA 循环、头脑风暴法、5W2H 工作改善手法、5M1E 分析法、"5 个为什么"问题解析法、QC 小组活动和合理化建议。

相关专业知识

一　PDCA 循环

PDCA 循环是质量管理业务标准化的一种方式,也是全面质量管理的基本活动方法,是目前各种质量管理体系(ISO9000、QS9000、VDA6)持续改进中通用的工具。

1. PDCA 循环的四个阶段

PDCA 的四个阶段不断循环地进行下去,故称为 PDCA 循环,又称为戴明环。PDCA 循环的基本工作内容如下。

P(Plan),计划阶段——适应顾客的要求,以社会经济效益为目标,通过市场研究,制定技术经济指标,研制、设计质量目标,确定达到这些目标的具体措施和方法。

D(Do),执行阶段——按照已制订的计划和设计内容,扎扎实实地去做,以实现设计质量。

C(Check),检查阶段——对照计划和设计内容,检查执行的情况和效果,及时发现计划和设计过程中的问题,总结经验。

A(Action),处理阶段——把成功的经验加以肯定,变成标准(把失败的教训加以总结,避免下次再犯),巩固成绩、克服缺点、吸取教训,以利再战,而没有解决的问题则转入下一个循环。

PDCA 循环如图 6-29 所示。

2. PDCA 循环的特点

PDCA 循环是全面质量管理工作的思想方法和科学程序,它在循环运转过程中具有如下特点。

1)大环套小环,小环保大环,互相促进,推动大循环,如图 6-30 所示。整个企业构成一个大的质量管理循环,而各部门、各级管理层又有各自的 PDCA 小循环,依次有更小的 PDCA 循环,直至落实到个人。大、小循环转动不已,从而形成一个大环套小环的综合循环体系。

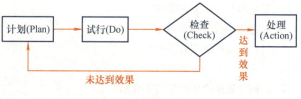

图 6-29　PDCA 循环

2)PDCA 循环是爬楼梯上升式的循环,每转动一周,质量就提高一步,如图 6-31 所示。PDCA 的四个阶段周而复始不停地转动,而每一次转动都有新的内容与目标。每循环一次,就意味着前进一步。

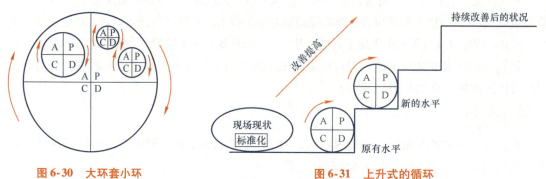

图 6-30　大环套小环　　　　　　图 6-31　上升式的循环

3)PDCA 循环是综合性的循环。全面质量管理的四个阶段是相对的,它们之间不是截然分开,而是紧密衔接、交叉存在的。在实际管理工作中,各方面管理的计划、执行、检查、处理同时交错进行的情况是常有的。因此,全面质量管理过程实际上是一个纵横交错、综合循环发展的过程。

4)推动 PDCA 循环的关键是"处理"阶段。"处理"是 PDCA 循环中的最后一个阶段,就是总结经验、肯定成绩、纠正错误、以利再战。因此,推动 PDCA 循环,一定要始终如一地抓好总结处理这个阶段。

3. PDCA 循环的步骤

质量改进的步骤本身是一个 PDCA 循环,可分为若干步骤完成,习惯的说法是"四阶段、八步骤",如图 6-32 所示。

1)分析现状,发现问题。
2)分析问题中的各种影响因素。
3)分析影响问题的主要原因。
4)针对主要原因,采取解决的措施(5W1H)。

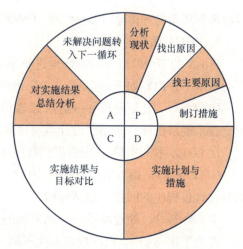

图 6-32　PDCA 循环步骤

Why——为什么要制定这个措施? What——达到什么目标? Where——在何处执行? Who——由谁负责完成? When——什么时间完成? How——怎样执行?

5)执行,按措施计划的要求去做。

6）检查，把执行结果与要求达到的目标进行对比。
7）标准化，把成功的经验总结出来，制定相应的标准。
8）把没有解决或新出现的问题转入下一个 PDCA 循环中去解决。

二 头脑风暴法

1. 头脑风暴法的定义

头脑风暴法又称智力激励法、BS 法，是一种通过小型会议的组织形式，让所有参加者在自由愉快、畅所欲言的气氛中，自由交换想法或点子，并以此激发与会者创意及灵感，使各种设想在相互碰撞中激起脑海的创造性"风暴"。

2. 头脑风暴法的基本原则

（1）自由畅谈　参加者不应该受任何条条框框限制，放松思想，让思维自由驰骋，无拘无束地思考问题并畅所欲言。

（2）延迟评判、禁止批评　头脑风暴必须坚持当场不对任何设想做出评价的原则。禁止批评是头脑风暴法应该遵循的一个重要原则。参加头脑风暴会议的每个人都不得对别人的设想提出批评意见，因为批评对创造性思维会产生抑制作用。

（3）追求数量　头脑风暴会议的目标是获得尽可能多的设想，追求数量是它的首要任务。在某种意义上，设想的质量和数量密切相关，产生的设想越多，其中的创造性设想就可能越多。

（4）改善组合　即从别人的创意中得到启发而想出更好的创意。

3. 头脑风暴法的要求

在实施头脑风暴时，应该注意以下八点要求：

1）首先应有主题。
2）不能同时有两个以上的主题混在一起，主题应单一。
3）问题太大时，要细分成几个小问题。
4）创造力强，分析力也要强，要有幽默感。
5）头脑风暴要在 45~60min 内完成。
6）构思要写在白板上，字体清晰，让所有人都看得到，以启发其他人的联想。
7）在头脑风暴后，对创意进行评价（会后评价）。
8）评价创意时，做分类处理。可分为：可以立即实施的构思，必须较长时间加以研究或调查的构思，缺少实用性的构思。

4. 头脑风暴法的实施流程

头脑风暴法力图通过一定的讨论程序与规则来保证创造性讨论的有效性，因此，讨论程序构成了头脑风暴法能否有效实施的关键因素。从程序来说，组织头脑风暴法关键在于准备阶段、头脑风暴阶段和评价选择阶段三个阶段，如图 6-33 所示。

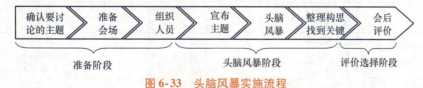

图 6-33　头脑风暴实施流程

（1）准备阶段

1）选定讨论的主题。一个好的头脑风暴法一般从对问题的准确阐明开始。因此，必须在会前确定一个目标，使与会者明确通过这次会议需要解决什么问题，同时不要限制可能的解决方案的范围。

2）选定参加者。一般以 8~12 人为宜，要推定一名主持人，一名记录员（秘书）。

3）确定会议时间和场所。

4）准备好海报纸（大白纸）、记录笔等记录工具。

5）布置场所。将海报纸（大白纸）贴于白板上；座位的安排以"凹"字形为佳。

6）会议主持人应掌握头脑风暴法的一切细节问题，彻底了解头脑风暴法的基本原则、8 点要求等。

(2) 头脑风暴阶段

1）介绍基本原则、8 点要求并介绍主题。

2）头脑风暴、整理构思。主持人引导组员提出各种构思，记录人在看板记录所有构思，鼓励组员自由提出构思。

3）结束会议　到各个组员都无法再提出构思时，立即结束会议。

(3) 评价选择阶段

1）会后以鉴别的眼光讨论所有列出的构思。

2）可以让另一组人来评价。

3）将会议记录整理分类后展示给参加者。

4）从效果和可行性两个方面评价各构思。

5）选择最合适的构思，尽可能采用会议中激发出来的构思。

三 5W2H 工作改善手法

5W2H 包括做什么（What）、为何做（Why）、何时做（When）、何处做（Where）、何人做（Who）、如何做（How）和需要多少（How much）。

1. 5W2H 的作用

1）可以准确界定、清晰表述问题，提高工作效率。

2）有效掌控事件的本质，完全地抓住事件的主骨架，对事件本质进行思考。

3）简单、方便，易于理解和使用，富有启发意义。

4）有助于思路的条理化，杜绝盲目性。

5）有助于全面思考问题，从而避免在流程设计中遗漏项目。

2. 5W2H 的使用方法

5W2H 的使用方法见表 6-10。

表 6-10　5W2H 的使用方法

考察点	第一次提问	第二次提问	第三次提问
目的	做什么（What）	是否必要	有无其他更合适的对象
原因	为何做（Why）	为什么要这样做	是否不需要做
时间	何时做（When）	为何需要此时做	有无其他更适合的时间
地点	何处做（Where）	为何需要此处做	有无其他更适合的地点
人员	何人做（Who）	为何需要此人做	有无其他更适合的人
方法	如何做（How）	为何需要这样做	有无其他更适合的方法与工具
资源	需要多少（How much）	为何需要这么多	是否不需要这么多资源

3. 5W2H 典型案例

某公司召开 3 月质量例会，见表 6-11。

表 6-11　某公司召开 3 月质量例会

项目	内容
Why	汇报 3 月的质量状况，布置下一阶段质量改进工作
What	开 3 月质量例会
Where	公司会议室
When	4 月 25 日下午 14：00－17：00
Who	公司及各单位领导参加，质量部主持（具体名单见通知）
How	质量部汇报 3 月质量运行情况，各单位提出需要解决的问题，总经理提出要求
How much	会上只汇报两周内的重大质量问题和急需解决的质量问题

四　5M1E 分析法

造成产品质量波动的原因主要有 6 个因素（5M1E），即人员（Man）、机器（Machine）、材料（Material）、方法（Method）、环境（Environment）和测量（Measurement）。

（一）5M1E 各因素分析及控制措施

1. 操作人员因素

凡是操作人员起主导作用的工序所产生的缺陷，一般可以由操作人员控制。造成操作误差的主要原因有质量意识差；操作时粗心大意；不遵守操作规程；操作技能低、技术不熟练，以及由于工作简单重复而产生厌烦情绪等。操作人员因素主要控制措施如下：

1）加强"质量第一、用户第一、下道工序是用户"的质量意识教育，建立健全质量责任制。
2）编写明确详细的操作流程，加强工序专业培训，颁发操作合格证。
3）加强检验工作，适当增加检验的频次。
4）通过工种间的人员调整、工作经验丰富化等方法，消除操作人员的厌烦情绪。
5）广泛开展 QC 质量活动，促进自我提高和自我改进能力。
6）培养自主管理。

2. 机器设备因素

机器设备因素主要控制措施如下：

1）加强机器设备维护，定期检测机器设备的关键精度和性能项目，并建立机器设备关键部位日点检制度，对工序质量控制点的机器设备进行重点控制。
2）采用首件检验，核实定位或定量装置的调整量。
3）尽可能利用定位数据的自动显示和自动记录装置，尽量减少对工人调整工作可靠性的依赖。

3. 材料因素

材料因素主要控制措施：

1）在原材料采购合同中明确规定质量要求。
2）加强原材料的进厂检验和厂内自制零部件的工序和成品检验。
3）合理选择供应商（包括外协厂）。
4）搞好协作厂间的协作关系，督促、帮助供应商做好质量控制和质量保证工作。

4. 工艺方法因素

工艺方法包括工艺流程的安排、工艺之间的衔接、工序加工手段的选择（加工环境条件的选择、工艺装备配置的选择、工艺参数的选择）和工序加工的指导文件的编制（如工艺卡、操作规程、作业指导书、工序质量分析表等）。工艺方法对工序质量的影响主要来自两个方面：一是指定的加工方法，选择的工艺参数和工艺装备等的正确性和合理性，二是贯彻、执行工艺方法的严肃性。工艺方法的防误和主要控制措施：

1）保证定位装置的准确性，严格首件检验，并保证定位中心准确，防止加工特性值数据分布中心偏离规格中心。

2）加强技术业务培训，使操作人员熟悉定位装置的安装和调整方法，尽可能配置显示定位数据的装置。

3）加强定型刀具或刃具的刃磨和管理，实行强制更换制度。

4）积极推行控制图管理，以便及时采取措施调整。

5）严肃工艺纪律，对贯彻执行操作规程进行检查和监督。

6）加强工具、工装和计量器具管理，切实做好工装模具的周期检查和计量器具的周期校准工作。

5. 测量因素

测量因素主要控制措施：

1）确定测量任务及所要求的准确度，选择使用过的、具有所需准确度和精密度能力的测试设备。

2）定期对所有测量和试验设备进行确认、校准和调整。

3）规定必要的校准规程。其内容包括设备类型、编号、地点、校验周期、校验方法、验收方法、验收标准，以及发生问题时应采取的措施。

4）保存校准记录。

5）发现测量和试验设备未处于校准状态时，立即评定以前的测量和试验结果的有效性，并记入有关文件。

6. 环境因素

环境因素指生产现场的温度、湿度、噪声干扰、振动、照明、室内净化和现场污染程度等。在确保产品对环境条件的特殊要求外，还要做好现场的整理、整顿和清扫工作，文明生产，为持久地生产优质产品创造条件。

五、"5个为什么"问题解析法

问"5个为什么"也被称作为什么—为什么分析，它是一种诊断性技术，被用来识别和说明因果关系链。不断提问为什么前一个事件会发生，直到回答"没有好的理由"或直到一个新的故障模式被发现时才停止提问。

问"5个为什么"的要点就是多问几次为什么？通过反复的提问，使解决问题的人避开主观或自负的假设和逻辑陷阱，从结果着手，沿着因果关系链条找出原有问题的根本原因。

表6-12是在面对一台反复维修仍有故障的机器时，采用"5W"方法寻找故障根本原因的具体实施步骤示例。

表6-12 "5W"方法实施步骤

序号	问	Why	答
1	"为什么机器停了？"	1W	"因为超负荷，熔丝断了。"
2	"为什么超负荷呢？"	2W	"因为轴承部分的润滑不够。"
3	"为什么润滑不够？"	3W	"因为润滑泵吸不上油来。"
4	"为什么吸不上油来呢？"	4W	"因为油泵轴磨损，松动了。"
5	"为什么磨损了呢？"	5W	"因为没有安装过滤器，混进了铁屑。"

六 QC 小组活动

（一）QC 小组的概念

QC（Quality Control）小组是在生产或工作岗位上从事各种劳动的员工，围绕企业的经营、战略、方针、目标和现场存在的问题，以改进质量、降低消耗、提高人的素质和经济效益为目的而组织起来，运用质量管理的理论和方法开展活动的小组。

（二）QC 小组的活动流程

1. 选定主题

确定需要解决的问题。选定主题是指找出必须解决的问题，从大家所讨论的众多问题之中选出一个要着手解决的问题。选定主题时要注意题目宜小不宜大，题目的名称应一目了然。

从列举出的数个问题中，根据影响度、紧急度、扩大倾向等进行评价并打出评价分数。影响度是指本工序对上、下道工序的影响情况，紧急度是指重大不合格、不合格损失大幅度超过了基准的程度，扩大倾向指最近急剧增加的程度。例如，涂装生产线问题点的评价方法（◎ = 3 分，○ = 2 分，△ = 1 分），见表 6-13。

表 6-13 涂装生产线问题点的评价方法

问题	评价项目			
	影响度	紧急度	扩大倾向	评分
车身表面缩孔	△	△	○	4
面漆涂完纤维颗粒	◎	○	△	6
面漆涂完颗粒	◎	◎	○	8
车身内表面流挂	△	△	△	3

经过评价后，可以确定目前要解决的问题是"面漆涂完颗粒"，可以将该题目确定为 QC 小组要解决的问题。

2. 把握现状，目标设定

要收集现场中的数据，从各个方面进行分析。要考虑现场的实际作业情况，必须要抓住事实，用事实说话。

设定目标的过程中要考虑五个方面。第一，目标是明确的，就是要用具体的语言清楚地说明要达成的行为标准；第二，目标要有一组明确的数据来测量，即制定量化的标准；第三，目标要由 QC 小组成员共同制定；第四，目标要在现实条件下可行、可操作，既不能太低，也不能太高，只要小组成员通过努力能够达成即可；第五，目标要有达成的时间要求。

3. 制订活动计划

计划是确保小组活动有组织、有步骤进行的关键，目的是确保小组活动的展开和推进。制订计划可采用 5W2H 分析法，把以上信息进行归纳整理后编制小组活动计划表，见表 6-14。

表 6-14 QC 小组活动计划表

做什么	谁做	什么时间做			何地	怎么做	资源
		4月	5月	6月			
选定主题	全体	→			会议室	检查表、图表	××车间
调查现状	张明、刘微		→		现场	考察作业	××车间
设定目标	全体			→	会议室、现场	使用数据、图表共同确定	××车间

QC 小组活动

4. 要因分析

确定要因之前要进行原因分析，即分析导致结果出现的原因，可以按照 5M1E 的方法进行。在此基础上确定主要原因。

5. 制订对策方案和实施

在制定对策时，要集中活动小组全员的智慧，找出对策。从若干对策中，以效果、难易程度、经济性等为标准进行判断，选出最佳方案。实施对策就是按照对策表中的内容具体地实施、完善。

6. 进行效果确认

将实际效果和目标进行比较，对改善效果进行判断。如果达成效果不满意，就要进一步进行要因分析或对策研讨。

7. 标准化和管理定型

效果检查完以后要制定巩固措施，将成功的经验和工艺制度化、标准化，把修改的技术、工艺、文件列到标准里，并且写出标准号来，以便长时间的巩固做下去。

最后要进行回顾和总结，一方面要找出本次活动的遗留问题，另一方面要对进行的活动进行反省，总结经验，并在此基础之上明确后续的课题。

七 合理化建议

1. 合理化建议的定义

合理化建议是指员工针对工作中影响生产、质量、效率、成本、安全等的问题，提出可行的改善建议，并主动积极地进行改善活动，以改变作业环境、减轻劳动强度、提高生产效率、提升产品质量、降低制造成本，提升企业的竞争力。

2. 合理化建议的注意事项

1）要注意提案的客观性及具体性，即要求提案人把现状真实地反映出来，以事实和数据说话。

2）要注意把握问题原因的准确性，即要求提案人把问题发生的主要原因找出来。

3）要注意解决问题的可行性，即要求提案人针对问题发生的主要原因，提出具体的改善对策，也就是提出解决问题的具体方法，对只提问题不提解决办法的提案视为无效提案。

4）要注意改善的绩效性。这种绩效不一定是以金钱去衡量，它是一个综合性指标，它的判定标准是促使公司向越来越好的方向发展。

3. 合理化建议的原则

1）自查。对自己或者自己所在团队的工作中的不足进行调查分析，找出可加以改善的问题点。

2）自立。针对问题点，自己提出改善建议及有效可行的改善方案。

3）自改。根据自己提出的改善方案，亲自去进行工作改进或自己协助专业人员进行改善。

任务实施

依据生产中出现的各种质量问题，选出主要问题进行解决。按照 PDCA 循环 8 步骤完成主要质量问题的改进活动；检查评定效果。通过质量改进活动提高分析质量问题和解决质量问题的能力。

📚 归纳总结

本任务详细介绍了 PDCA 循环、头脑风暴法、5W2H 工作改善手法、5M1E 分析法、"5个为什么"问题解析法、QC 小组活动和合理化建议等质量改进方法及应用案例。

💡 思考题

1. 解释 PDCA 的含义。
2. 解释 5W2H 的含义。
3. 解释 5M1E 的含义。
4. 简述 QC 小组活动开展的步骤。
5. 什么是合理化建议?

📋 模块评价

评分项目	评分标准	自我评价			教师评价		
		优秀 25分	良好 15分	一般 10分	优秀 25分	良好 15分	一般 10分
知识能力	1. 掌握质量的定义、理解与质量相关的概念 2. 掌握质量管理的定义,理解与质量管理相关的概念 3. 了解质量管理体系内容 4. 掌握生产技术准备过程质量管理、基本生产过程质量管理和辅助生产过程质量管理的相关知识 5. 掌握质量管理常用7种工具的定义、用途 6. 掌握质量检验的定义、标准、职能 7. 掌握质量改进活动的方法和步骤						
实践能力	1. 能够制作质量管理7种工具的图表,并进行质量分析 2. 能够对汽车零部件进行质量检验 3. 能够对整车进行质量检验 4. 能够对汽车产品进行质量改进						
职业素养	具备良好的质量意识						
工作规范	1. 制造管理工具的图表要按照制作步骤进行 2. 要对照零部件图纸进行零部件质量检验工作 3. 要按照整车质量检验卡进行整车质量检验工作 4. 要按照质量改进步骤进行质量改进工作 5. 检查完善工作单						
总评	满分100分						

人机工程学

学习目标

素养目标：
养成劳动精神，培养创造精神。

知识目标：
1. 掌握人机工程学的定义和人体运动学基础知识。
2. 掌握人机工程学的含义。
3. 掌握人机工程学的简单应用知识。

能力目标：
1. 能够利用人机工程学知识对人的动作的合理性进行判定。
2. 能够利用人机工程学知识对工具设计的合理性进行判定。

任务一　人机工程学基础认知

任务引出

圈椅起源于唐代，圈椅最明显的特征是圈背连着扶手，从高到低一顺而下；坐靠时可使人的臂膀都倚着圈形的扶手，感到十分舒适，颇受人们喜爱。其造型圆婉优美，体态丰满劲健，是我们民族独具特色的椅子样式之一。圈椅设计考虑到了人的舒适性，体现了人机工程学知识。

任务描述

本任务介绍人机工程学的含义和人体运动学基础知识。

相关专业知识

一　人机工程学的定义

人机工程学起源于欧洲，形成和发展于美国，研究人在生产或操作过程中合理地、适度地劳动和用力的规律问题。

人机工程学的定义：把人—机—环境系统作为研究的基本对象，运用生理学、心理学和其他有关学科知识，根据人和机器的条件和特点，合理分配人和机器承担的操作职能，并使之相互适应，从而为人创造出舒适和安全的工作环境，使工效达到最优的一门综合性学科。

二、人机工程学的具体含义

1. 人—机—环境的具体含义

人——操作者或使用者。

机——泛指人操作或使用的物，可以是机器，也可以是用具、工具或设施、设备等。

环境——人、机所处的周围环境，如作业场所和空间、物理化学环境和社会环境等。

人—机—环境系统——由共处于同一时间和空间的人与其使用的机以及它们所处的环境所构成的系统，简称人—机系统。

2. 人—机—环境之间的关系

相互依存，相互作用，相互制约。

3. 人机工程学的任务

使机器的设计和环境条件的设计适应于人，以保证人的操作简便省力、迅速准确、安全舒适，人的心情愉快，充分发挥人、机效能，使整个系统获得最佳经济效益和社会效益。

三、人体运动学基础知识

1. 肌肉运动

运动系统的运动都需要通过肌肉收缩而牵动骨骼绕关节运动，肌肉是人体运动能量的提供者，人的活动能力是靠肌肉进行的。

2. 肌肉的施力

肌肉的施力有两种方式，见表7-1。

表7-1 肌肉施力方式

肌肉施力方式	定义	施力方式主要区别
动态肌肉施力	肌肉运动时收缩和舒张交替进行	血液随肌肉收缩和舒张进入和压出肌肉，新陈代谢顺畅，肌肉不容易疲劳
静态肌肉施力	持续保持收缩状态的肌肉运动	收缩肌肉压迫血管，阻止血液进入肌肉，新陈代谢不能顺利进行，肌肉容易疲劳

与动态施力相比，肌肉静态施力会造成消耗加大、肌肉酸痛、心率加快和恢复期延长等现象，造成这种现象的原因主要是肌肉缺氧，导致肌肉内积累大量乳酸。

日常工作中，肌肉施力方式的识别见表7-2。

表7-2 肌肉施力方式的识别

工作	图例	施力方式识别
普通铣床操作		腰部肌肉处于静态施力，容易疲劳，甚至患腰椎病

(续)

工 作	图 例	施力方式识别
普通钻床操作		腰部、手臂、肩膀肌肉都处于静态施力，手臂和肩膀施力大，容易疲劳和酸痛

减少静态肌肉施力的方法包括：①避免不自然的身体姿势；②避免长时间抬手作业；③合理设计作业面高度，减少手臂静态肌肉施力；④尽可能双手交替作业。

事实上，日常作业都是既有静态肌肉施力，也有动态肌肉施力，很难具体划分彼此界限，也很难避免静态肌肉施力，但通过学习肌肉施力的概念，可以减少静态肌肉施力，减少肌肉疲劳。

3. 骨和关节运动

在肌肉收缩牵引力作用下，骨绕关节转动，使人体产生各种运动和操纵姿势，这称为人体运动。人体运动是人机工程学的主要内容之一。

（1）人体运动时间和精度　手的运动速度与运动习惯有关，一般与手的运动习惯一致的运动，其速度较快，准确较高。

由于人体结构的特点，人的运动在某些方向上速度更快，分析归纳如下：

1）在水平方向的前后运动比左右方向运动快。
2）手在垂直面的运动速度比在水平面的运动速度快，准确度也比水平面运动的高。
3）"从上往下"比"从下往上"的运动速度快。
4）手朝向身体的运动比离开身体的运动快，但后者准确度高。
5）顺时针方向的操作动作比逆时针方向的操作动作快。
6）单手在外侧60°左右的直线动作和双手在外侧30°左右同时的直线动作速度都最快，效果最好，如图7-1所示。
7）从精度和速度来看，单手操作较双手操作为佳。

这样的研究发现对于工作区域的设计有很大意义，比如设计装配线上物品的放置等。

（2）手的力量　人的大部分工作都是由手来完成的，因此手的力量在工作中起着尤为重要的作用，其与手的力量和运动方向、肘关节的角度等密切相关。研究表明，当肘关节为60°~120°时，手臂产生的内收力最大，如图7-2所示。

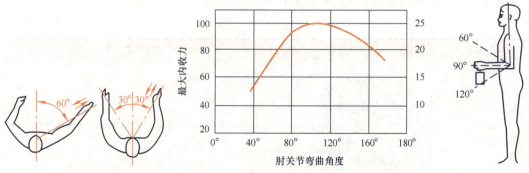

图7-1　手动作的最佳方向　　图7-2　最大内收力与肘关节转角的关系

（3）人的作业和动作效率 从能量的角度分析，肌肉收缩产生的能量分为热能和机械能两部分。机械能占的比例越大，作业效能越高。

为了提高作业效率，研究总结出"动作经济性原则"。这些原则简单可以归纳为四个方面：①同时使用两只手，避免一手操作一手空闲；②力求减少动作数量，避免一切不必要的动作；③尽量减少动作距离，避免出现全身性动作；④寻求舒适的工作环境，减少动作难度，避免不合理的工作姿势。

（4）重体力作业的合理操作 对于重体力作业的改进，一方面要努力提高作业效率，另一方面要减轻人的实际作业强度，设计一些节省体力的工具和设备，可以减少操作者的工作量，如图7-3所示。

图7-3 省力设备

搬运重物过程中，提起重物时，腰部椎间盘会承受一定压力，用不同方法提起重物，对腰部椎间盘的影响是不同的。

如图7-4所示，直腰提起重物，椎间盘压力变化比较小；弯腰提起重物，椎间盘压力会突然增大，这是由于弯腰提起重物，椎间盘压力分布不均引起的。

为了避免腰椎损伤和疲劳，在提起重物的时候要直腰，上身尽量伸直，弯曲膝盖，如图7-5所示。

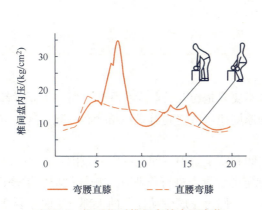

图7-4 提重物时椎间盘的内压变化

图7-5 提起重物时要直腰弯膝

任务实施

对于有两个转向轮的四轮小车进行推和拉的试验操作，通过试验找出转向轮的不同位置对于推车和拉车的不同的感受（舒适还是不舒适），写出四种情况的感受，最后总结出什么情况下推车和拉车比较舒适。

📚 归纳总结

通过本任务内容的学习，对人机工程学的含义和人体运动学基础知识有了一定的了解，要想真正掌握这些知识，还要不断地思考和总结。

🤔 思考题

1. 简述人机工程学的定义。
2. 减少静态施力的方法有哪些？
3. 动作经济性原则一般包括哪些内容？

◆ 任务二　人机工程学的简单应用 ◆

📚 任务引出

神舟五号是我国载人航天工程发射的第五艘飞船，也是我国发射的第一艘载人航天飞船。神舟五号飞船搭载航天员杨利伟于北京时间 2003 年 10 月 15 日 9 时整在酒泉卫星发射中心发射，在轨运行 14 圈，历时 21 小时 23 分，于北京时间 2003 年 10 月 16 日 6 时 23 分返回内蒙古主着陆场。这是中国人的骄傲。

神舟五号载人航天飞行任务主要是考核工程载人环境，获取航天员空间生活环境和安全的有关数据，考核工程各系统工作性能、可靠性、安全性和系统间的协调性，这些都涉及人机工程学。

✍ 任务描述

本任务介绍作业空间的设计和手握式工具的设计。

📗 相关专业知识

一　作业空间的设计

1. 作业空间的定义

在工作系统中，人、机、环境三个基本要素是相互关联而存在的，每一个要素都根据需要占用一定的空间，并按优化系统功能的原则使这些空间有机地结合在一起，这些空间的总和就称为作业空间。

作业空间包含作业范围、作业活动空间和安全防护空间三种空间范围。

（1）作业范围　作业范围指人体在规定的位置上进行作业（如操纵机器、维修设备等）时必须触及的空间，也称为作业接触空间。人们为完成劳动任务的大部分工时主要在这个范围内度过。

（2）作业活动空间　作业活动空间指人体在作业或进行其他活动（如进、出工作岗位，在工作岗位进行短暂的放松与休息等人体自由活动）时需要的范围。

（3）安全防护空间　安全防护空间指为了保障人体安全，避免人体与危险源（如机械转动部位等）直接接触所需要的空间。在进行工作场地和机器设备的设计与布局时，必须充分考虑作业空间的安全人机工程学设计问题。

2. 作业空间设计的意义

从大的范围来讲，作业空间设计就是组织生产现场，把所需要的机器、设备和工具，按照生产任务、工艺流程的特点和人的操作要求进行合理的空间布置，给物质和人员确定一个最佳的流通路线和占有区域，避免冲突，提高工作系统总体上的可靠性和经济性。

从小的范围来讲，作业空间设计就是合理设计工作空间，以保证作业者在工作位置上便于工作，保证操作活动的准确高效，并以最低的体力强度和心理强度获得最高的劳动生产率，同时，又能确保劳动者的安全和健康。

3. 作业空间设计的原则

1）根据生产任务和人的作业要求，首先应总体考虑生产现场的适当布局，避免在某个局部的空间范围内，把机器、设备、工具和人员等安排得过于密集，造成空间劳动负荷过大。然后进行各局部之间的协调。

2）在作业空间设计时，总体与局部的关系是相互依存和相互制约的。若总体布局不好，就不能保证每个局部都有适当的作业空间。而只保证个别局部有适当的作业空间，也不能保证整个工作系统满足安全、高效、舒适、方便的人机工程学要求。因此，必须正确协调总体设计与局部设计的关系。

3）作业空间设计要着眼于人，落实于设备，即结合操作任务要求，以人员为主体进行作业空间的设计。也就是首先要考虑人的需要，为操作者创造舒适的作业条件，再把有关的作业对象（机器、设备和工具等）进行合理的排列布置。否则会使操作者承受额外的心理上的和体力上的负担，不仅降低工作效率，而且往往不经济、也不安全。

4）考虑人的活动特性时，必须考虑人的认知特点和人体动作的自然性、同时性、对称性、节奏性、规律性、经济性和安全性。在应用有关人体测量数据设计作业空间时，必须保证至少在90%的操作者中具有适应性、兼容性、操纵性和可达性。

4. 立姿作业工作高度的安排布置

立姿作业在岗位作业中占有很大比例，立姿作业的优点是作业区域大，便于肌肉施力，作业者的体位容易改变。立姿作业的手臂活动及手操作的适宜范围如图7-6所示。

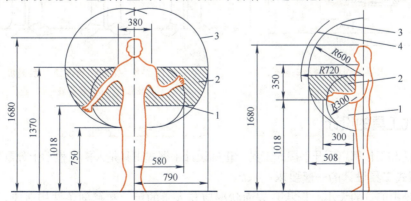

图 7-6　立姿作业的手臂活动及手操作的适宜范围

1—最有利的抓握范围　2—手操作最适宜范围　3—手操作最大范围　4—手可达最大范围

人在站立状态下对不同高度的工作安排见表7-3。

表7-3　立姿工作的高度安排

高度/mm	工作类型	操纵特性
0~500	脚踏板、杠杆、总开关等不经常操作的手动操纵器	适宜于脚动操作，不适宜于手动操作
500~900	一般工作台面、控制台面的轻型手轮和手柄，不重要的操纵器和显示器	脚操作不方便，手操作不太方便也不特别困难
900~1600	操纵装置和显示装置的控制台面，精细作业平台	立姿下，手、眼最佳操作高度 对于手操作，900~1400mm 更佳
1600~1800	一般显示装置，不重要的操纵装置	手操作不便，视觉接受尚可
>1800	总体状态显示与控制装置、报警装置	操作不便，但在稍远处容易看到

5. 水平工作面设计

在水平工作面上操作时，人的左、右手的一般活动范围和最大活动范围如图 7-7 所示。手的一般活动范围是以肘关节为中心所围成的半圆区域，手的最大活动范围是以肩关节为中心所围成的半圆区域。

6. 工作岗位设计

不同的作业类型对人体操作有不同的要求。精细作业的工作对象离头部要近，以便能看得仔细；重作业操作中要挥动手臂，甚至借助腰的力量，工作对象位置宜低于肘高（注意，肘部与腰部的高度大体相当）；一般较轻作业的工作高度则介于两者之间。

立姿下工作台面的高度因作业类型不同而与立姿肘高有不同的相对关系，具体尺寸可参照图 7-8 所示。

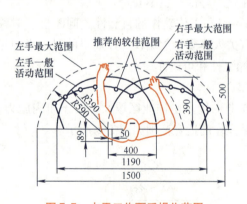

图 7-7　水平工作面手操作范围

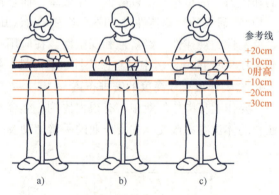

图 7-8　作业性质与工作台高度
a）精密作业　b）轻作业　c）重作业

二　手握式工具的设计

人的生活和工作都离不开手握式工具，正确设计手握式工具是人机工程学十分重要的内容。

1. 手握式工具设计的一般要求

1）手握式工具的大小、形状、表面状况应与人手的尺寸和解剖条件相适应。

2）握持部分不应出现尖角和边棱；手柄的表面质地应能增强表面摩擦力，避免手持部位的抛光处理。

3）使用时能保持手腕顺直；避免掌心受压过大；尽量由手部的虎口等部位分担压力。

4）避免手指反复地弯曲扳动操作；避免或减少静态肌肉施力；使用手握式工具时的姿势、体位应自然、舒适，符合手和手臂的施力特征。

5）工具使用中不能让同一束肌肉既进行精确控制，又出很大的力量，即负担准确控制的肌肉和负担出力较大的肌肉应该分开。

6）当有外力作用于产品手柄时，应同时考虑推力、拉力和转矩的同时作用；根据外力作用要求，确定手柄直径。

7）注意照顾女性、考虑左手优势者等群体的特性和需要。

2. 手握式工具设计和分析

手握式工具设计考虑的因素很多，主要从人体手的尺寸以及力学原理进行分析。研究表明，在处于抓握方式下，抓握物和人的手臂呈大约70°时，人的手腕保持自然状态，如图7-9所示。

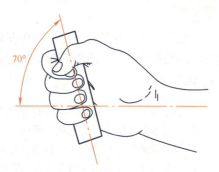

图7-9 手握式工具设计中手腕应保持自然状态

简单来说，手握式工具符合人机工程学的设计就是人使用工具时尽量保持手处于自然状态。典型的手握式工具设计和分析见表7-4。

表7-4 典型的手握式工具设计和分析

内容	改进前图例	改进后图例	分析
手握把手的方式			避免掌部压力过大，使用更舒适
按钮			避免单个手指重复运动，减少手指疼痛
手锯把手			符合手和腕的转动，使手腕保持自然状态，避免腕部酸疼
手铲把手			
尖嘴胶钳把手			

任务实施

在不同高度的工作台面上进行装配圆珠笔的操作 2min，人处于站立的工作状态，有的高度易于疲劳，通过实践找出适合自己工作的工作台高度。通过此次实训，认识到人与机和谐的重要性。

归纳总结

通过本任务内容的学习，对作业空间的设计和手握式工具的设计有了一定的了解，要想真正掌握这些知识，还要不断地进行思考和总结。

思考题

1. 作业空间的定义及作业空间的范围是什么？
2. 简述作业空间设计的原则有哪些。
3. 简述立姿作业性质与工作台高度有何关系。
4. 手握式工具设计的一般要求包括哪些内容？

模块评价

评分项目	评分标准	自我评价			教师评价		
		优秀 25 分	良好 15 分	一般 10 分	优秀 25 分	良好 15 分	一般 10 分
知识能力	1. 理解人机工程学的定义和人体运动学基础知识 2. 掌握人机工程学的含义 3. 掌握人机工程学的简单应用知识						
实践能力	1. 能够利用人机工程学知识对人的动作的合理性进行辨别 2. 能够利用人机工程学知识对工具设计的合理性进行辨别						
职业素养	1. 具备劳动意识 2. 具备人机协调意识						
工作规范	1. 整理实训现场的工作环境，保证实训现场的环境安全 2. 按照任务单要求进行规范操作 3. 检查完善工作单						
总评	满分 100 分						

模块八 Chapter 8

生产现场班组管理

学习目标

素养目标：
1. 培养团队合作精神，树立责任意识。
2. 强化安全意识和质量意识。

知识目标：
1. 掌握现场班组管理知识。
2. 掌握班组管理六大任务。

能力目标：
1. 能够组织召开班组会。
2. 能够解决班组现场的实际问题。

◆ 任务一 班组管理概述 ◆

任务引出

红旗工厂 H 总装车间一次内饰一班组由 25 名优秀成员组成，平均年龄为 29 岁。红旗 H9 侧旗标灯间隙过大曾是一个难题，凭借着汽车内饰装配积累的深厚经验，一次内饰一班班组长林松带领团队几番研讨测验，终于啃下了这块"硬骨头"。"不错装，不漏装，抓好每一个细节，装好每一个零件，让每一个螺栓都达到它应有的力矩，每一天都真正达到'红旗质量，我的责任'！"班组长林松在工作中认真负责、恪尽职守，带领团队解决了生产中的大难题，这是班组长应具备的优秀品质。

任务描述

企业生产流程一环扣一环，任何一个环节出现了问题都直接影响企业的生产任务，影响产品质量的如期完成。班组承担着繁重的生产任务，并对该组织的人员管理、安全管理、质量管理、生产管理、设备管理和成本管理等负有重大责任。

相关专业知识

班组是企业的"细胞"，是企业各项生产活动的落脚点，是企业的基础管理组织。企业的一切生产活动都依托班组来进行，因此班组工作的好坏直接影响企业经营的成败。只有班组充满了勃勃生机，企业才会有旺盛的活力，才能在激烈的市场竞争中长久地立于不败之地。搞好生产现场班组管理,有利于企业提高产品质量、保证安全生产、提高员工素养、增强企业竞争力。要掌握班组知识及班组工作的具体内容,首先要了解现场管理知识。

一 现场管理

1. 现场管理的定义

现场有广义和狭义两种。广义的现场是指事件发生的场所(场地)。狭义的现场是指企业从事直接与赚取利润有关的主要活动场所,即开发、生产、销售三个主要活动场所。管理是指利用组织资源,达成组织目标的方法或过程。它包括监督、规划、控制等手段。

现场管理是指用科学的管理制度、标准和方法对生产现场各生产要素,包括人(员工和管理人员)、机(设备、工具、工位器具)、料(原材料)、法(加工、检测方法)、环(环境)、信(信息)等进行合理有效的计划、组织、协调、控制和检测,使其处于良好的结合状态,达到优质、高效、低耗、均衡、安全、文明生产的目的。现场管理是生产第一线的综合管理,是生产管理的重要内容。

2. 现场管理的任务

(1)安全 安全舒适的工作环境是善待员工的基本保障,也是企业应有的管理目标。

(2)质量 质量是企业未来的决战场,在激烈的市场竞争中,没有质量就没有未来。

(3)效率 效率是部门绩效的量尺,也是企业生存和发展的基础,更是工作改善的标杆。

(4)成本 合理的成本既为企业赢得更多的利润,也是产品具有市场竞争力的有力保障之一。

(5)交期 满足客户的需求,适时提供其所需的产品是保住老客户的关键。

(6)士气 坚强有力的团队、高昂的士气是企业活力的表现,是取之不尽、用之不竭的宝贵资源。

二 班组管理

班组是根据产品的工艺要求,由若干相同或不同工种的工人及若干设备、工具、材料等有机结合在一起的最基础的生产和管理单位。

班组管理是指为完成班组生产任务而必须做好的各项管理活动,即充分发挥全班组人员的主观能动性和生产积极性,团结协作,合理组织生产要素,利用各种信息实现按质、按量、如期、安全地完成上级下达的各项生产任务指标。

通过班组管理可以充分调动班组员工的积极性、发挥员工的智慧和创造力,为企业培养人才,提高工作满意度以及企业竞争力,保证企业目标的不断实现。班组的现场管理水平是企业的形象、管理水平和精神面貌的综合反映,是衡量企业素质及管理水平高低的重要标志。

(一)班组的性质

1. 班组是企业的基本作业单位

班组由同工种员工或性质相近或有连带关系配套协作的不同工种员工组成,班组是企业的基本作业单位。

2. 班组是企业分级管理不可缺少的最基层单位

班组工作是企业各项工作的落脚点，生产第一线的大量工作都要靠班组去组织、指挥、控制和协调。企业方针、企业改革、思想工作、队伍建设、生产指标的完成、劳动保护、质量管理等都要落实到班组中，班组是企业分级管理不可缺少的最基层单位。

3. 班组是整个生产过程不可缺少的环节

班组虽然只是整个生产过程的一个局部环节，但如果与企业整体生产脱节，完不成规定的生产任务，就会影响企业的均衡生产，严重时会造成生产中断。

（二）班组组织机构

班组组织机构成员一般包括班组长、安全管理员和质量检验员等班组骨干以及班组成员等。班组的人员总数应控制在 10～20 人之间（供参考），以利于工作的开展。为了保证班组人员安排的灵活性，必须有目的地进行岗位轮换，使每个班组成员尽可能掌握和胜任班组内所有岗位工作。班组长作为班组管理的主体，要以身作则，做好表率，其他班组成员要积极配合班组长完成班组各项工作。

1. 班组长在企业中的地位

班组长是一个班组中的领导者，是班组生产管理的直接指挥者和组织者，也是企业中最基层的负责人。在实际工作中，没有班组长支持和配合，没有一批懂管理的班组长来组织开展工作，管理者的政策就很难落实。

2. 班组长的四大职责

（1）劳动管理　包括人员调配、排班、勤务、考勤、员工的情绪管理。

（2）生产管理　包括现场作业、人员管理、产品质量、制造成本、材料管理、机器保养等。

（3）安全管理　严格按规程操作。

（4）辅助上级　及时、准确地向上级反映工作情况，提出建议，做好上级领导的参谋助手。

班组组建

（三）班前会

班前会是企业基层管理的重要组成部分，是班组长布置工作任务、向下属传达上级意见等的主要途径。组织召开班前会是班组长每天必做的工作之一。在企业生产现场，班前会主要内容有考勤（缺员时人员调配）、布置工作任务、提供前一天的质量信息及其他有关班组一天工作的事宜，及时进行上情下达；重点是强调班组安全事项，部署全天工作，并组织班前喊话。班前会一般在每天开班前召开。

召开班前会

（四）班组园地

班组园地是班组向外界、员工宣传的一个重要窗口。班组园地是班组内部组织学习、召开会议的场所，是员工休息及其他现场活动的聚焦点，是营造员工精神和团队意识的场所，也是企业文化的一个缩影。班组园地包含班组桌椅、班组资料柜（文件柜）、班组杂物箱和班组目视板。班组园地如图 8-1 所示。

企业在发展，班组建设在进一步完善，班组园地的作用会更大。它是倾听员工声音、挖掘员工才智的园地；是员工了解企业生产经营状况、交流心得体会、学习新理念和新知识的园地。它可以感染员工、凝聚员工，显现班组文化的强大感召力，增强员工对企

班组文件制作

图 8-1　班组园地

业的认同感及认知感。

（五）班组管理六大任务

六大任务包括人员管理、安全管理、质量管理、生产管理、设备管理和成本管理。
查阅资料包，学习班组管理六大任务具体内容。

资料8-1

三　班组现场管理模式

（一）标准化作业

标准化作业是以现场安全生产、技术活动的全过程及其要素为主要内容，按照安全生产的客观规律与要求，制定作业程序标准和贯彻标准的一组活动。

（二）现场 5S 管理

5S 管理活动是管理生产现场的重要手段。通过整理、整顿、清扫、清洁、素养活动，消除生产作业现场各种不利因素和行为，提高生产作业效率，保证生产任务顺利完成。

（三）现场安全管理

现场安全管理可以消除隐患、预防事故、保证生产、减少损失。通过现场安全管理活动，员工能够树立"安全第一"的意识。

（四）班组现场成本管理

1. 班组现场成本管理内容

工具、辅材消耗及废品损失是班组现场成本管理的主要内容。要实现车间年度降成本的目标，需要班组对这些项目的消耗做到日常管理控制。因此，班组长要对班组当月工具、辅材消耗及废品损失情况进行统计，对超指标情况进行原因分析、制定对策、落实负责人，并填写相应的记录表单。

2. 班组现场成本管理原则

1）全员参与原则。所有班组成员都参与到成本改善的活动中来，发挥集体的智慧，做到全员杜绝浪费。

2）异常控制原则。将注意力集中在成本异常变动的情况上，当实际发生的费用与预算差异较大时，应及时分析并制定相应措施。

3）定额管理原则。所有与生产相关的费用，无论是固定费用还是变动费用，都应该寻找并制定合理的定额管理方式，尽量做到数据的量化。

（五）零缺陷质量管理

质量是一组固有特性满足要求的程度。零缺陷质量是产品质量的完美表现，是质量管理的要求和目标。零缺陷质量是一种不容忍缺陷的心态，是一种第一次就把事情做对的追求。

班组管理

任务实施

班级分组，根据实训课上不同任务的特点，开展班组管理活动。每组完成六大任务中的一个任务，针对实训中的具体执行情况，提交报告。

归纳总结

班组是企业组织生产经营活动的基本单位，是企业最基层的生产管理组织。企业的所有生产活动都在班组中进行，所以班组工作的好坏直接影响企业经营的成败。只有班组充满了勃勃生机，企业才会有旺盛的活力，才能在激烈的市场竞争中长久地立于不败之地。班组对于企业就像人体上的一个个细胞，只有人体的所有细胞全都健康，人的身体才会健康，才能充满了旺盛的活力和生命力。一个高效的班组不仅可以提高工作效率，还可以减少生产成本、减少设备生产人员的工作负荷、提高设备的生产能力。

通过本任务的学习，应该掌握班组基本知识、掌握班组管理六大任务、掌握班组现场管理模式，这些知识将为以后进入企业班组工作打下良好的基础。

思考题

1. 什么是现场管理？
2. 班组的性质包含哪些内容？
3. 班组管理六大任务是什么？

◆ 任务二　班组人员管理 ◆

任务引出

张某是某班组的一名老员工，他的技能水平很高，他平时不爱说话，但是只要一说话就是牢骚话，对团队的士气影响很大。班组长要改变他，不是靠一次谈话就能解决的。沟通要在平时不断地进行，经常地沟通才能得到张某的信任，才能了解他的真实想法进而解决问题。现场管理的各项目标的达成都要依靠人员来完成，管理的核心要素是人员管理。

任务描述

人是企业中一切创新的源泉，企业的竞争归根到底是企业之间不同员工之间的竞争。如何有效地激发员工的积极性，使员工忠诚于企业、尽心尽力地完成各项工作任务，是每一个企业管理者都需要解决的问题。班组人员管理是现场管理成功的基础，只有人人都进步，企业才能进步。班组人员管理就是要调动人的积极性，构筑和谐的班组关系，激发人的士气，把班组打造成为一个高绩效的团队。

相关专业知识

班组人员管理包括员工基本管理、员工培训管理和以激励为主的人际关系管理。

一 员工基本管理

班组人员管理

员工基本管理是班组人员管理的首要内容，在对班组出勤状况和技能状况进行动态把握的同时做好人员后备管理和补员工作，才能在人才大流动的大环境下保证班组的正常运转。

（一）班组定岗管理

班组定岗是指班组根据生产工艺和班组职能管理的需要，做出明确的岗位设置和技能要求，来确定人员的编制。如果生产产品的型号变化会带来弹性用工的需求，则要求明确其需求变化规律。

1. 根据工艺确定生产岗位

根据生产工艺确定生产岗位，根据作业内容配置相应的人数。一般来说，一个岗位配备一名作业员工，某些产品有特殊的工艺要求需要临时增加人员的，在编制上要事先予以明确，这样才能避免用工的紧急性。

2. 按需设置职能管理岗位

一般来说，生产班组的职能管理包括计划管理、物料管理、质量管理、考勤管理、设备管理、5S管理、成本管理、低值易耗品管理等。

（二）班组定员管理

班组定岗之后，班组的标准人数就基本确定，通常以班组组织机构图的形式体现。班组组织机构图是班组人员管理的重要工具，是班组职能管理的综合体现。

（三）员工出勤管理

员工出勤管理事关员工考勤管理和工资结算，影响到现场人员的调配和生产进度，涉及人员状态把握和班组能否运转。随时把握员工的出勤状态并进行动态调整，才能确保日常生产的顺利进行。

（四）员工技能管理

合格的技能是保证工作质量和产品质量的前提。员工技能管理是质量管理和人员调配的重要条件。对优秀者给予肯定和鼓励，对不足者加强培训、指导和跟踪。

（五）人员后备管理

在员工技能管理的基础上，通过培养多技能工，有计划地做好一线岗位（尤其重点岗位）的员工替补安排，预案在先，可以最大限度地减少缺员带来的被动局面和工作损失。

（六）补员管理与员工轮岗

班组定岗定员管理是班组管理的基本原则，但在实际工作中由于员工流动、休假、缺勤、出差等种种原因，绝对的定岗定员很难做到。没有弹性的定员会使管理者长期疲于应付临时性顶岗，这种临时性缺员是长期客观存在的。长期的定岗会使员工技能单一，还会在临时性缺员时使调配出现困难。因此，在定岗定员的基础上，适度的弹性人员补充制和员工岗位轮换是非常必要的。

1. 补员管理

一旦出现员工离职的情形，班组长应该及时向上级部门提出补员申请，同时做好临时性的人员调配工作,保证生产进度和产品质量不受影响。临时补充人员到岗后,班组长要对临时补充人员担负起告知、指导和监督的职责,具体见表8-1。

表8-1 班组长对补充人员的职责

职责	具体内容
告知	安全要求、工作内容、质量标准、注意事项、异常联络等
指导	操作要点、异常处理、作业技能等
监督	出勤时间、安全规范、工艺纪律、工作质量、工作纪律等

2. 员工轮岗

适度的员工轮岗有助于提高员工学习的热情和欲望,激发员工的干劲,培养多技能工和后备人员。员工轮岗一定要有计划、有组织地进行。在人员选择上,要选取工作态度好、安全意识强、工作质量一贯稳定、原有岗位技能熟练的老员工为宜。

二 员工培训管理

(一)新员工岗位培训

新员工岗位培训首先要做的是思想意识的灌输,使新员工的思想与公司的经营管理理念相一致。新员工岗位培训主要以岗位技能培训为目的。

1. 做好计划和组织

新员工培训应明确培训时间、相关责任人、培训方法、培训资料、考核方法、上岗标准等。

2. 理论和实际操作相结合

新员工培训要有计划、有步骤、有顺序地进行,除了安排上岗试做外,还要安排脱岗专题培训,理论和实际操作相结合,使员工掌握知识和岗位作业技能。

3. 进行书面和实际操作考核

岗位培训期间,培训者每天要对新员工的表现进行评价,评价结果需书面化、公开化。培训完成后,要组织必要的书面考试和实际操作考核,考核成绩需透明化。

4. 利用"传、帮、带"培训新员工

为了提高新员工的培训效果,班组长要善于调动各种力量,尤其是发挥老员工"传、帮、带"的作用,建立完善的"传、帮、带"责任制,在重点保证安全的基础上,使新员工尽快掌握岗位作业技能,达到独立上岗的目标。这样不但能达到化整为零、落到实处的效果,而且可以使新员工尽快适应环境、融入班组。

通过开展新员工岗位培训竞赛,奖优罚劣,激发新员工的学习热情,促进良性竞争。对于工作态度好、上手快、业绩突出的新员工,班组长可以将其事迹整理成文,在班组会、现场管理看板、宣传栏上进行宣传,还可以请本人总结经验、心得,与大家分享。

(二)多技能工的培养

掌握两种以上作业技能的员工为多技能工。一岗多能是应对员工流动的重要条件,也是培养一线骨干的重要途径。多技能工培养能提高员工的应变能力,为企业的发展奠定基础。

1. 多技能工培养的必要性

查阅资料包,学习多技能工培养的必要性的具体内容。

资料8-2

2. 多技能工培养的实施

多技能工主要是通过让老员工接受新的技能培训来实现，新的技能主要通过岗位培训来掌握，其方法与新员工岗位培训类似。

（1）岗位或技能的选择　所有的岗位都必须有两人以上能独立操作，所有的技能都必须有多人完全掌握，重点是要加强重点岗位、关键技能的多技能工培养。一般员工要掌握两种基本技能，骨干员工要掌握三种以上技能。

（2）人员的选择　在人选安排上，多技能工培养要优先选择工作态度好、原有技能稳定、工作质量高的员工，重要岗位、关键技能要选择文化基础好、领悟能力高的员工。

（3）培养方式　多技能工培养有岗位轮换、计划性上岗培训和脱岗培训三种形式，其中前两种形式为主要形式。计划性上岗培训是指选择优秀员工和有相应技能的员工，有计划地间歇性上岗接受培训。计划性上岗培训也称为非全职岗位培训，一般采用一周两天、为期两个月接受培训的形式，这种形式比较适用于现有骨干的多技能培训。脱岗培训是指将员工安排到企业培训中心或外派到外部培训机构接受培训，这种方式成本高、技能适应性不足，只有在非常必要的时候才对重要骨干采用。

培养老员工成为多技能工时，要像培养新员工一样认真对待，要善于利用"传、帮、带"、师徒捆绑考核、技能比赛等活动，与员工技能管理、人员后备管理融合在一起进行。

三　以激励为主的人际关系管理

人员管理最核心的问题是对人的激励。激励不是操纵、不是牵制，而是对人需要的满足，是通过满足需要而对人的行为引导和对人积极性的调动。激励就是激发和鼓励员工的积极性和创造性。

（一）员工激励原则

员工激励原则主要包括目标结合原则、物质激励和精神激励相结合的原则、外激励与内激励相结合的原则、正激励和负激励相结合的原则、按需要激励原则、民主公正原则六项。

>>> 资料8-3 <<<　查阅资料包，学习员工激励原则的具体内容。

（二）员工激励技巧

1. 认识并满足下属的要求

人的需求是对人产生吸引力的物质或状态。完成某项工作使人获得物质的奖励或精神上的满足感都可能是人的需求。有针对性地满足员工的需求可以达到激励的目的。

2. 设定目标应是可达成的

员工受到激励程度的大小不仅与实现目标后得到的价值大小有关，还与员工预期的实现目标的可能性的大小有关。所以，实施激励时，光看重奖赏是不够的，还要看完成任务的难度。

3. 给下属持久的动力

善用奖励和赞扬是让员工有持久的动力的重要因素。

4. 让下属觉得公平

员工判断是否公平不仅看自己的绝对报酬，还会自觉、不自觉地与他人付出的劳动与所得报酬相比较。班组长在日常的工作分配和考核评价时，要考虑尽量做到同等贡献相同评价。同时，要教育员工在进行比较时，还要考虑工作的难度、强度、技术性等方面的因素，使员工心理得到平衡。

任务实施

班级人员分组管理，各组对于出勤、各种活动的考核结果进行目视化管理。所有学生考虑若自己作为班长、组长时应采用的激励办法，调动学生参与训练活动、学习技能的积极性，分享心得体会。

归纳总结

人是班组管理中最活跃的要素，班组所有的管理都要通过人去实施。如何有效地激发员工的积极性，使员工忠诚于企业，尽心尽力地完成各项工作任务，是每一个企业领导者都需要解决的问题。班组作为企业的最小组织单位，人员管理是最重要的，只有班组人人都进步，企业才能进步。

思考题

1. 人员管理包含哪几方面？
2. 多技能工的培养方式有哪几种？
3. 员工激励原则有哪些？

任务三　班组安全管理

任务引出

2021年9月1日施行新修订的《中华人民共和国安全生产法》，总则第三条阐述："安全生产工作应当以人为本，坚持人民至上、生命至上，把保护人民生命安全摆在首位，树牢安全发展理念，坚持安全第一、预防为主、综合治理的方针，从源头上防范化解重大安全风险。"班组是企业安全管理的主战场，是企业安全的第一道防线，也是最重要的防线。所有安全措施的落实、安全规程的执行、安全隐患的排除、安全事故的防范都是在班组。因此，班组安全管理重于泰山。

任务描述

班组作为企业最基本的"细胞"，处于企业生产的第一线。班组安全，企业安全；班组不安，企业难安。因此，在现场中要把危险从员工身边消除，让员工在安全的状态下工作。现场安全是生产的基础，在所有的事物处理中，都要树立"安全第一"的理念，避免事故及伤害发生。

相关专业知识

一、安全基础知识

（一）安全

1. 安全概述

安全被定义为不发生导致死伤、职业病、设备或财产损失的状况。生产过程中的安全是指人不受到伤害，物不受到损失。安全是所有工作的入口和基础。

2. 新员工三级安全教育

三级安全教育是国家规定的要求，是企业对新入厂的员工必须坚持的安全基本教育和形式。三级安全教育不仅可以提高各级领导和广大员工对安全生产方针的认识，增强搞好安全生产的责任感，提高贯彻执行安全法规以及各项规章制度的自觉性，而且能使广大员工掌握安全生产的科学知识，提高安全操作的技能，为确保安全生产创造条件。作为一名新入厂的员工应尽快地了解工厂（企业）的概况和工厂中存在哪些危险因素，了解这些危险因素的危害范围以及如何控制这些危险因素，防止各类事故的发生，以便系统、有效地掌握自我保护和群体保护所应具备的安全生产、工业卫生、防灾救灾的基本常识。

三级安全教育包括公司级（厂级）安全教育、车间级安全教育和班组级（岗位级）安全教育。一切安全教育都是以最终消除灾害隐患，构建安全明快的职场为目的。

资料8-4　　查阅资料包，学习三级安全教育的具体内容。

（二）危险

1. 危险

危险是指导致意外损失发生的灾害事故的不确定性。危险产生的根源包括人的不安全行为、物的不安全状态、环境的不安全条件和管理缺陷。

（1）人的不安全行为　人的不安全行为主要表现有：

1）违反安全操作规程。如操作无依据，没有安全指令，不按安全规程作业标准进行操作；人为地使安全装置无效；冒险进入危险场所等。

2）违反劳动纪律。如在班不在岗；酒后上岗、值班中饮酒；在工作时间内从事与本职工作无关的活动等。

3）违章指挥。如指挥者在安全防护设施、设备有缺陷，以及隐患未排除的条件下，指挥员工冒险作业；指派身体健康状况不适应本工种要求的员工上岗操作等。

4）误操作和误处理。如忽视警告，操作错误；误操作有缺陷的工具；对易燃易爆物品做错误的处理等。

5）未使用或未正确使用个人劳动防护用品、用具等。如用手代替工具操作；使用不安全设备作业。

6）疲劳工作。人在疲劳状态下工作，会造成注意力不集中，工作出错，如连续工作超过24h会导致设备操作错误。

人的不安全行为的前三条表现，即违反安全操作规程、违反劳动纪律和违章指挥，称为"三违"。反"三违"是班组安全生产工作的重中之重，是遏制事故强有力的措施之一。

（2）物的不安全状态　物的不安全状态主要表现有：

1）设施、设备、工具的结构不合理，工程设计有缺陷，材料的强度不够，材质不符合设计要求。

2）设施、设备、工具的磨损和老化；设备失修，带"病"运行。

3）原材料、辅助材料、半成品、成品等混放。

4）缺少安全装置（保护、保险、信号装置等）或者安全装置有缺陷。

5）生产现场缺乏个人劳动防护用品、用具，或者防护用品、用具有缺陷。

6）吊挂、加固、安装、焊接等不牢固。

（3）环境的不安全条件　环境的不安全条件主要表现有：

1)不整洁的工作环境,噪声、烟雾、粉尘、振动、高温等。
2)生产现场无安全标识设置,或标识不清晰、不全、有错误。
3)随意丢放地面的杂物、垃圾,被堵塞的安全通道。
4)照明不良、生产场地狭小、通风不好。
5)多工种交叉作业,指挥无序,相互干扰。

(4)管理缺陷　管理缺陷主要表现有:
1)安全管理不科学,安全制度不健全,安全生产责任制不明确等。
2)安全工作流于形式,安全措施不切实可行,不认真贯彻执行安全生产方针。
3)对现场缺乏监控,安全跟踪管理不到位,对现场缺少实时了解。
4)安全教育和培训不足,对新员工的安全教育不落实。
5)工作中经常出现违章、违纪现象,不管理,监督不力。
6)没有应急救援措施来解决安全隐患问题。

以上四条危险产生的根源是引发事故的基本要素,四个基本要素加在一起就必然会构成一个事故。在各种安全事故的原因构成中,人的不安全行为和物的不安全状态是造成事故的直接原因,占到95%左右。实践证明,当人的不安全行为和物的不安全状态在一定时空发生交叉时,就是安全事故的触发点。现代安全管理的核心就是消除和控制人的不安全行为和物的不安全状态。

2. 事故

(1)事故的定义　事故是发生于预期之外的造成人身伤害或财产或经济损失的事件。在事故的种种定义中,伯克霍夫(Berckhoff)的定义较著名。伯克霍夫认为,事故是人(个人或集体)在为实现某种意图而进行的活动过程中,突然发生的、违反人的意志的、迫使活动暂时或永久停止、或迫使之前存续的状态发生暂时或永久性改变的事件。此外还包括一种事件,就是只是发生了一件事情,没有造成损失,但是会带来一定的隐患。

(2)事故的调查　对所有事故或者险兆事故(没有造成伤害的事件)进行调查,一定要发现根本原因,然后采取有效的措施,防止事故再次发生。

安全事故调查"四不放过":第一,事故原因没有查清不放过;第二,当事人和员工没有受到教育不放过;第三,没有制定切实可行的预防措施不放过;第四,事故责任人没有受到处理不放过。

安全事故的调查是一个分析问题的过程,现场的管理人员特别是班组长如果将"四不放过"做到位,会少很多麻烦。

(3)事故的预防　事故的发生是有许多相互关联的事件相继发生的结果。事故具有一定统计性,是可以认知的、可以预防的。安全生产管理工作应该做到"预防为主"。

事故预防的3E原则为:
1)工程技术(Engineering)。运用工程技术手段消除不安全因素,实现工艺、机械设备等生产条件的安全。
2)教育(Education)。利用各种形式的教育和培训,使员工树立"安全第一"的思想,掌握安全生产必需的知识和技能。
3)强制(Enforcement)。借助规章制度、法规等必要的行政乃至法律的手段约束人们的行为。

事故预防的根本在于认识危险、识别危险源，对生产场所潜在的危害进行预防和控制。

二 班组安全管理

（一）班组安全事故

《企业职工伤亡事故分类》（GB/T 6441—1986）将企业工伤事故分为20类。班组安全事故主要有其中的机械夹伤卷进伤害、重物伤害、车辆伤害、高处坠落、触电和高热物烫伤六类。

为了防止班组发生事故，常用的防范措施有以下几种。

1. 5S 管理

安全的基础从 5S 管理开始。5S 管理起源于日本，指在生产现场中对人员、机器、材料、方法、环境等生产要素进行有效管理。

2. 班组安全点检

班组安全点检的目的是通过安全检查，预防和减少各类事故的发生，保证安全生产顺利进行。班组安全点检指以班组为单位，每天班前、班中、班后对本班组安全生产状况进行检查。

班组安全点检的内容包括：

1）安全操作规程、作业标准、作业要领书落实情况。
2）工业卫生以及设备设施防护装置存在哪些不安全因素。
3）劳动防护用品的使用、佩戴情况。
4）解决安全隐患措施的落实情况。
5）安全生产规章制度的落实情况。

3. 异常处置"三原则"

异常指作业中发生不正常状态，不能执行标准作业的状态（如机械设备故障、运作不良，加工中的材料、部件、产品卡住、掉落、位置偏离等）。

异常处置的基本方法是严格执行异常处置"三原则"（一停止、二呼叫、三等待）。

1）停止：按急停按钮，停止生产线、设备。
2）呼叫：呼叫班组长或异常处置者。
3）等待：耐心等待被呼叫的人到来（绝对禁止自行处置）。

（二）班组安全活动

1. 安全管理活动

1）安全管理目视化。安全管理目视化的内容有安全管理目视板（安全方针及目标；班组安全管理组织机构；班长、安全员、员工的安全职责；班组安全点检表；事故隐患管理流程；劳动防护用品穿戴标准；危险源及控制措施；应急预案；应急疏散图等）和安全操作规程。

2）安全记录准时化。班组安全记录和工人点检表要准时记录。

3）生产作业标准化。生产作业标准化内容有设备设施、工作场地、持证上岗（特种设备操作人员、特种作业人员）、危险作业、动火作业和电气作业。

4）作业现场定置化。定置管理是对生产现场中的人、物、场所三者之间的关系进行科学地分析研究，使之达到最佳结合状态的一门科学管理方法。班组要实行定置管理。

5）安全活动规范化。班前安全会、安全教育（班组安全教育应有记录）活动规范有序。

查阅资料包，学习班组安全管理活动的拓展内容。

资料8-5

2. 安全管理改善活动

（1）危险预知训练（KYT）活动　KYT活动是安全管理的改善活动。KYT活动是在短时间里举行的一种危险预知活动的训练，目的是提高员工对危险的感受力及解决问题的意识，自主地发现、把握、解决现场的不安全因素及作业的危险点，消除员工的不安全行为。

（2）指差确认活动　指差确认也被称为指差呼、指差呼唤、指差呼称、指差确认呼称等。指差确认是一种提高精神状态的有效方法，目的是提高员工的警觉性及提高行动的准确性，避免因人为疏忽、错误或误会而引起的意外。指差确认可以是危险预知方法的组成部分，也可以单独使用。

（3）其他形式的班组活动　不同企业、不同公司针对班组安全任务，会制定不同的班组安全改善活动。如一汽解放汽车有限公司推行"一日安全员活动"，活动当日被选定的安全员要带安全员标志、班前会进行安全宣言、进行劳动防护用品点检、进行现场日常点检、涂安全绿十字等，进而提高全员的安全意识，减少事故发生；一汽—大众汽车有限公司每月举行"班组14、28安全、防火活动"，通过每月有针对性的班组安全教育培训，提高员工的自我保护意识，更加重视自身和他人的安全问题。

（三）班组安全知识

1. "三不伤害"原则

生产现场的"三不伤害"原则：①不伤害自己，指员工首先要保护自己的安全和健康；②不伤害他人，指员工时刻关心自己的工作伙伴和他人的安全与健康；③不被他人伤害，指员工提高自我防护意识，保持警惕，及时发现并报告危险。

2. 安全标志

根据国家有关标准，安全标志由安全色、几何图形和图形符号构成。安全标志分为禁止标志、警告标志、指令标志和提示标志四类。

3. 遵守安全作业规则

（1）按规定正确穿戴劳动防护用品　劳动防护用品是指劳动者在劳动过程中为免遭或减轻事故伤害或职业危害所配备的防护装备。由于生产环境的限制及工作岗位的特殊性，劳动防护用品的作用绝对不可忽视。

1）正确使用规定的防护用品（安全帽、防毒面具、口罩、护目镜、手套、围裙、防护鞋等）。

2）正确穿戴工作服。工作服要保持干净整齐；按照规定佩戴帽子；禁止不穿工作服或只穿工作服上衣；要穿长裤，禁止穿短裤；禁止穿短裙；禁止穿拖鞋和易打滑的鞋；女员工要将长头发卷起；接触旋转设备的女员工，严禁留长发，要戴好安全帽。

穿工作服的"三紧"原则：领口紧、袖口紧、下摆紧。

（2）在工厂内步行时，按规定通行

1）严格走人行通道，通道内不可肩并肩横行，不可斜穿直角拐弯的人行通道。

2）不要一边步行，一边做其他的事情。如不可手插口袋走路，不可边喝水（饮料）、边吃东西边走路。

(3) 其他安全作业规则

1) 在上班前四小时内和工作中禁止喝酒。
2) 严格按照各项安全管理制度和操作规程作业。
3) 工作前要检查工具、设备、安全设施是否完好,发现缺陷时要及时汇报和处理。
4) 工作场所禁止闲谈、玩耍、打闹和做与工作无关的事情,无紧急情况不得急速奔跑。
5) 对不熟悉的设备仪器不得乱操作,任何阀门、电阀和开关不准乱按。
6) 安全牌、停机牌、安全锁、警告牌等禁止乱动。
7) 各种设备、工具和其他生产资料,不用于与生产无关的用途。
8) 非经允许不进入他人作业区域。
9) 身体感到不适或精神状态较差时,一定报告主管领导。

三、安全生产常识

(一) 消防知识

1. 消防安全

《中华人民共和国消防法》指出,国家的消防方针是:"预防为主,防消结合"。发生危险事故时,必须遵循的原则是"先救人后救物,先救命后疗伤"。

(1) 火灾知识　火灾就是在时间或空间上失去控制的燃烧所造成的灾害。

发生火灾的原因一般可分为三类:第一,消防安全意识淡薄,缺乏防火安全常识、违反安全操作规程,不懂得灭火基本常识;第二,不了解电气基本知识,电气设备使用不当;第三,雷击、自燃等原因引起。

(2) 制止火灾发生的基本措施　燃烧的发生必须具备三个条件,即可燃物、助燃物和点火源。制止火灾发生的基本措施包括:第一,控制可燃物,以难燃或不燃的材料代替易燃或可燃的材料;第二,隔绝空气,使用易燃物质的生产在密闭的设备中进行;第三,消除点火源,阻止火势蔓延,在建筑物之间筑防火墙、设防火间距,防止火灾扩大。

(3) 火灾发生时的施救措施　火灾发生时,往往有人被困火场,情况危急,如果被火围困在楼上,则更加危险。这时,被困人员要沉着冷静,及时向消防队报警。

拨通119火警电话后,应讲清楚起火点的详细地址、起火的部位、着火的物质、火势大小、有无人员被困、报警人姓名及电话号码等内容;同时,要采取一些正确的措施进行自救。

2. 消防器材的使用

常用消防器材有干粉灭火器、泡沫灭火器、二氧化碳灭火器、消火栓、自动报警系统等。

(1) 干粉灭火器的使用　干粉灭火器可扑灭一般火焰,还可扑灭油、气等燃烧引起的火灾。

干粉灭火器的使用方法:①右手握着压把,左手托着灭火器底部轻轻地取下灭火器;②右手提着灭火器到现场;③除掉铅封;④拔掉保险销;⑤左手握着喷管,右手握着压把;

⑥在距火焰 2 米的地方，右手用力压下压把，左手拿着喷管左右摆动，喷射干粉复盖整个燃烧区。干粉灭火器的使用方法如图 8-2 所示。

图 8-2　干粉灭火器的使用方法

（2）泡沫灭火器的使用方法　泡沫灭火器主要适用于扑救各种油类火灾、木材、橡胶等固体可燃物火灾。

泡沫灭火器的使用方法：①右手握着压把，左手托着灭火器底部，轻轻地取下灭火器；②右手提着灭火器到现场；③右手捂住喷嘴，左手执筒底边缘；④把灭火器颠倒过来呈垂直状态，用劲上下晃动几下，然后放开喷嘴；⑤右手抓筒耳，左手抓筒底边缘，把喷嘴朝向燃烧区，最初站在离火源 8 米的地方喷射，并不断前进，兜围着火焰喷射，直至把火扑灭；⑥灭火后，把灭火器卧放在地上，喷嘴朝下。泡沫灭火器的使用方法如图 8-3 所示。

图 8-3　泡沫灭火器的使用方法

（二）现场急救

在生产现场，可能发生烧伤、烫伤和触电等情况，这些都需要现场急救。现场急救是指现场工作人员因意外事故或急症，在未获得医疗救助之前，为防止病情恶化而对患者采取的一系列急救措施。

1. 烧伤、烫伤现场急救

（1）现场急救原则　去除伤因，保护创面，防止感染，及时送医。

（2）五步急救法　一冲、二脱、三泡、四盖、五送。

一冲，第一时间用大量冷水冲洗烧伤、烫伤部位 20～30 分钟，直到没有痛感为止。

二脱，脱掉烧伤、烫伤处的衣服，尽可能让皮肤暴露。如果伤势严重，渗液较多黏连了皮肤，不可强行脱衣，冷水冲洗后，用剪刀小心剪开衣服。

三泡，疼痛明显者，可持续浸泡在冷水中 10～30min。若发生颤抖现象，要立刻停止浸泡。

四盖，用消毒的纱布或清洁的纱布轻轻覆盖伤处。如果没有纱布，也可以用保鲜膜在伤处缠两圈，这样能阻止细菌进入。如果起了水泡，不要自行刺破或擦破，更不可揭掉泡皮，以防感染，影响愈合。

五送，伤势较严重的，尽快送到正规医院治疗！避免在伤处涂抹牙膏、有色药膏、酱油、米醋等。牙膏、药膏不利于散热，米醋、酱油会影响医生判断伤口大小。

注意：伤势严重的伤员，在转运途中应密切关注血压、心跳。因为其易出现休克或心跳停止现象，这时应立即进行人工呼吸或胸外心脏按压。

2. 触电现场急救

人体触电后，通常会出现面色苍白、瞳孔放大、脉搏停止等现象，一般属于假死表现。发生触电后，应立即实施现场急救，只要正确、及时处理，多数触电者都可获救。急救步骤：

1）迅速切断电源，如果开关距离较远，可用干燥的木棍、绳索、木板、干毛巾、绝缘棍等断开触电者与带电导线的接触，也可设法用带有绝缘柄的工具将导线切断。如无上述条件而必须用手解救时，施救者必须站在干燥的木板上，一只手拉住触电者非贴身干燥衣服，使其脱离电源。

班组安全管理
现场急救知识

2）使触电者就地躺平，解开腰带、衣领，轻拍其肩部，呼叫其姓名，观察有无反应，禁止摇晃头部。

3）设法找冰块制成冰袋，放在触电者头部、腋下、腹下，以减缓身体新陈代谢，促进大脑的复苏。

4）若触电者伤势较重，呼吸停止时，使其躺平，清除其口内异物，施行口对口人工呼吸；若心跳停止，施行胸外心脏按压，送医途中不停止。

任务实施

作为班组成员，明确班组安全管理重于泰山。班级分组讨论必须掌握的安全基础知识，总结如何通过5S管理、班组安全点检、危险预知训练、指差确认等活动措施成功防范班组事故的发生，实现班组安全管理，形成分析报告并提交。

归纳总结

班组是企业安全的前沿阵地，做好班组安全事故处理、形成班组安全文化非常重要。班组安全建设的成效取决于班组长对安全生产的认识程度、所具备的安全技术知识水平和实际的组织协调能力。要保证企业设备和人员安全，除了依靠先进的技术、完善的制度，还要靠直接作业环节的一线操作人员，尤其是班组长。如果班组长的安全管理作用得到充分发挥，就能为企业筑起一道安全屏障。企业生产各设备、流程、环节、人员调配、突发情况等，都要注意相应的安全细节管理。班组安全管理是一项长期性的工作，必须持之以恒，严格管理，从细微之处入手，将安全工作抓好、抓到底。

思考题

1. 新员工三级安全教育包含哪些内容？
2. 引发事故的四个基本要素是什么？
3. 异常处置"三原则"是什么？
4. 燃烧的发生必须具备的三个条件是什么？

任务四　班组生产管理

任务引出

某生产车间生产一种客户急需的汽车零部件产品,但班组某员工在某一个时间段时产量没跟上节拍,质量也有所下降。如果你是班组长应该怎样安排生产,提高产量和质量?班组长要注意说话的方式,要用感谢的心态对待员工的工作,用鼓励、激励、合作的语气给员工鼓劲,这样班组员工在心理上才更容易接受,班组工作才更容易完成。

任务描述

班组生产管理是班组管理中很重要的一项工作。班组生产管理有利于提高产品质量,提高生产效率,降低生产成本,防止工伤和重大事故的发生。班组长在生产管理过程中,应根据本班组的特点,运用科学的管理方法,合理地组织生产活动,充分发挥班组全体成员和设备的能力,用最少的人力、物力消耗,创造最佳的经济效益。

相关专业知识

一、班组生产管理的含义

班组生产管理是班组内生产过程的管理工作,具体地讲就是根据车间、工段下达到班组的生产计划,对班组的生产活动进行计划、组织、准备、协调和控制,保证按质量、按品种、按期,均衡、安全地完成班组的生产任务,以较少的消耗去争取最佳的经济效果。

班组生产管理主要包括对班组生产技术准备、原材料投入、工艺加工直至产品或劳务完工的具体活动的管理,通常包括:生产作业计划的制订与实施、日常的生产准备、在制品和半成品的管理、生产调度、生产组织工作、进度控制以及生产作业核算等。

二、班组生产管理的内容

班组生产管理的内容主要包括计划、组织、准备、协调和控制五个方面。

1. 计划

计划主要是指生产计划和生产作业计划。生产计划就是企业为了生产出符合市场需要或客户要求的产品,所确定的生产的时间、生产的数量、生产的质量要求等内容以及如何生产的总体计划。生产作业计划是生产计划工作的继续,是企业年度生产计划的具体执行计划。它根据年度生产计划规定的产品品种、数量及大致的交货期的要求,对每个生产单位在每个具体时期内的生产任务做出详细规定,使年度生产计划得到落实。与生产计划相比,生产作业计划具有计划期短、计划内容具体、计划单位小的特点。

通过编制与执行生产计划和生产作业计划,合理、充分地利用班组的生产能力和各种条件,可实现均衡的、有节奏的生产,按质、按量、按期生产出企业规定的和下道工序满意的产品。

2. 组织

组织是指班组生产过程的组织与劳动过程组织的统一。生产过程组织就是合理地组织产品生产过程的各个阶段、各个工序在时间上和空间上的衔接与协调。劳动过程组织是正确处理班组成员之间的关系,以及班组与班组之间、班组成员与劳动工具、劳动对象的关系。班组生产组织具有相对的稳定性,但要根据企业的要求和班组的发展而做相应的调整。

3. 准备

准备主要指工艺技术准备、人力准备、物资能源准备和机器设备准备。这些准备既是班组进行正常生产活动的基本前提,又是完成班组生产计划的必要保证。

4. 协调

协调是指解决和处理生产全过程中必然会出现的各种矛盾,确保生产作业计划的顺利进行。尤其在实际生产过程中出现意想不到的各种各样的问题和困难时,需要班组成员共同协调处理。班组成员之间要互相支持、密切协作,这是完成班组生产任务不可缺少的一个方面。

5. 控制

控制是指对生产全过程实行全面控制。从范围看,它包括班组生产组织、生产准备和生产过程的各个方面;从内容看,它包括生产进度、产品品质、原材料消耗、生产费用、库存等方面的控制。生产控制是班组完善生产组织、实现生产计划、提高产品品质、降低生产消耗和产品成本的重要手段。

班组质量管理

三 班组生产管理的任务

班组生产管理的主要任务是以尽可能少的投入,取得尽可能多的产出,即取得最佳的经济效果。班组生产管理的主要任务有以下几个:

1)生产优质产品,满足用户需要。

不论是生产班组,还是辅助或服务班组,都必须牢固树立"质量第一、一切为用户服务"的观点,做好检查上工序、保证本工序、服务下工序的"三工序"活动,确保产品优质交付。

2)实现班组各项经济指标,全面完成任务。

必须保证完成车间下达的任务,实现规定的班组生产目标,包括产品品种、质量、产量、产值、速度、成本、利润、安全等重要指标。

3)合理组织劳力,充分利用人力资源。

严格按定编、定员组织生产,充分发挥班组成员的主动性和积极性。

4)合理利用物质资源,防止可能出现的浪费。

加强生产环节的物资管理,减少物资和能源消耗,降低产品成本。

5)搞好安全生产,防止事故发生。

落实班组劳动保护和安全生产措施,不断改善班组生产环境和条件,杜绝人身事故和设备事故发生。

四 班组生产管理的要求

班组生产管理要立足于实现企业生产经营管理的总目标,达到多方面的要求。

资料8-6

查阅资料包,学习班组生产管理的具体要求。

任务实施

在实训课上,根据实训的具体任务,了解任务目标,分组按照计划、组织、准备、协调和控制五个方面依次进行模拟训练,总结如何通过这些措施,达到以尽可能少的投入取得尽可能多的产出，即取得最佳的经济效果，提交总结报告。

归纳总结

班组生产管理要立足于实现企业生产经营管理的总目标，达到多方面的要求。班组生产管理过程中，班组要按计划生产、经济合理地生产、均衡生产、准时生产、文明生产和安全生产。在班组生产过程中，要严格执行操作规程，坚决杜绝违章操作，以确保每个人员的人身安全，防止伤亡事故和设备事故发生，切实做到安全促进生产，生产必须安全。

思考题

1. 班组生产管理的内容有哪些？
2. 班组生产管理的六项要求是什么？

任务五　班组设备管理

任务引出

小庞是一家丰田控股的生产汽车铸件班组的一线班组长，在班组刚刚完成合资时，小庞被派到丰田相关工厂学习。有一天小庞在工位干活时，不费力地帮助工厂修好了一台他们长久没能修好的专用机床。因为小庞他们工厂也有这种设备，而且天天坏，小庞早就掌握维修方法了。这个故事说明，只有一线的班组成员，才最熟悉设备、最贴近设备，也能在第一时间发现设备出现故障的征兆。因此，一线的班组成员要真正发挥对设备的日常管理保障职能，要爱护设备、认真维护设备。

任务描述

班组设备管理在企业经营活动中具有显著的重要性。做好班组设备管理能够降低生产成本、提高工作效率、减少工人劳动强度，最重要的是保障企业生产经营活动的顺利进行。

相关专业知识

班组设备管理主要是使用、点检和保养设备。班组设备管理的好坏，直接影响设备的正常运转和使用寿命。准确地操作设备，维持零故障的生产，可以确保生产正常进行，提高设备效益，为企业带来经济价值。

一　班组设备管理的职责

1）认真贯彻执行上级关于设备方面的指示精神、各项管理制度。

2）认真执行设备保养规程，正确使用和保养设备。培训、督促员工做到"三好""四会"，认真执行设备定人、定机管理，保证设备处于完好的技术状态。

3）做好设备点巡检工作，做好点巡检记录，发现问题时及时处理，不能处理的要及时汇报。

4）认真执行设备润滑"五定"，做好设备日常润滑工作；按期对润滑油品进行取样化验，对不合格油品要及时过滤或更换。

5）做好设备的卫生管理，确保各设备清洁，无积尘和油污。

6）按规定认真做好设备交接班记录，对设备运行中存在的问题要及时汇报。

7）配合检修人员做好设备检修工作，并参加修理后的设备验收工作。

8）发生事故及时处理和报告，积极组织和参加设备事故调查分析，并制定防范措施。

9）做好本班组设备的日常检查和评比工作。

二 班组设备管理的基本内容

（一）使用设备的"五项纪律"

1）实行定人、定机管理，凭操作证操作设备。

2）经常保持设备整洁，按规定加油、换油，保证合理润滑。

3）遵守安全操作规程和交接班制度。

4）管好设备附件和工具，不损坏、不丢失。

5）发现异常时，立即停机检查；自己不能处理时，及时通知有关人员检查处理。

（二）设备的日常点检

设备的日常点检是按照规定的设备点检标准和点检路线，对设备有无异常状态、设备外观进行定期检查，提早发现故障和隐患。设备的日常点检对延长设备使用寿命、保证均衡生产具有重要意义。

设备的日常点检由设备操作者负责。日常点检必须按照检查标准的规定和卡片内容认真执行，不可流于形式。点检时要使用点检卡或点检牌，在点检中发现问题后，需视其严重程度采用不同的途径解决。巡检由区域维修员工负责。巡检时应按照规定的路线和检查点逐项进行检查，发现问题时要及时解决。

对于企业中的重点、关键设备，在推行日常检查的基础上，可结合日本 TPM 的管理方法开展点检。具体做法是：对重点、关键设备，每班或按规定时间，由操作者按照设备管理部门制定的标准，对设备中影响产品产量、质量、成本、安全环保和设备正常运转的具体部位有针对性地进行检查、记录，即严格按专用的点检卡片进行日常检查。一些进口设备往往由制造厂家提供专用点检卡（或称点检规程）。点检卡的内容应包括检查项目、检查方法、判别标准，并以各种符号进行记录。

（三）设备维护管理的"三好"和"四会"

在合理使用设备的现场管理中，必须抓好"三好"和"四会"制度。

1. "三好"制度

（1）管好设备　要求班组内操作者保管好自己使用的设备，未经批准，禁止其他人操作使用；并应保证设备的附件、仪器、仪表及防护装置等完整无损。

（2）用好设备　严格执行操作维护规程，禁止超负荷使用设备，精心保养设备、文明操作设备，做好设备交接班记录和认真填写各项记录。

（3）修好设备　操作者要配合维修人员进行设备维修，及时送修和排除设备故障。

2. "四会"制度

（1）会使用　设备操作者要熟悉设备的性能、结构、传动原理和加工范围，熟知设备操作规程和产品工艺要求，并能按工艺规程选择切削用量等各项参数，正确使用设备。

（2）会保养　设备操作者应经常保持设备内、外清洁，执行设备保养、润滑规定，上班加油、下班清扫，保持油路畅通，冷却液使用合理，经常保持设备完好。

（3）会检查　设备操作者要了解自己所用设备的结构、性能及易损零件的部位。掌握检查的方法和基本知识，了解设备精度检查标准和检查项目，并能按照日常点检规定的项目进行日常检查作业。

（4）会排除故障　操作者应熟悉所用设备特点，了解拆装注意事项及会鉴别设备正常与异常现象，会做一般的设备调整和简单故障的排除。自己不能解决的故障问题要及时报告，并协同维修人员进行故障排除。

（四）设备保养的"四项要求"

设备保养是操作者为保持设备正常技术状态、延长使用寿命，必须进行的日常工作。

（1）整齐　工具、工件、附件放置整齐，工具摆放合理；安全防护装置齐全；管道线路完整。

（2）清洁　设备内外清洁；各滑动面及丝杠、齿轮、齿条等处，无油污、无碰伤、无划痕；各部位不漏油、不漏水、不漏气、不漏电；切屑垃圾清扫干净。

（3）润滑　按时加油、换油，油质符合要求；油壶、油枪、油杯、油毡、油线等清洁、齐全，油标明亮，油路畅通。

（4）安全　实行定人、定机和交接班制度；熟悉设备结构和遵守操作规程，合理使用设备、精心保养设备、防止事故发生。

（五）设备的润滑管理

设备润滑管理的目的是使设备得到正确合理的润滑，保证设备正常运转，延长设备使用寿命，减少事故与故障发生，减少摩擦阻力、机体磨损和能源消耗，防止设备的跑、冒、滴、漏，及时做好治漏工作。

设备润滑要做到"五定"：定人、定点、定质、定量和定时加油或换油，使设备保持良好状态。

三　班组设备管理的工作开展

（一）培养合格的操作者

随着设备日益现代化，其结构日趋复杂，要求操作者具有一定文化技术水平和熟悉设备结构。因此，必须加强技术教育和素质教育，使操作者既能熟练安全操作设备，又能精心保养设备。企业根据设备的技术要求和复杂程度，配备相应的工种和经过培训能够胜任的操作者。

新员工在独立使用设备前，必须经过技术培训。培训→考核→操作是新员工独立使用设备的程序，企业必须严格执行。培训内容一般包含安全教育，基础知识，使用设备的结构、性能、安全操作规程，保养，润滑等技术知识和操作技能的训练。经过相应技术培训的操作者，要进行技术知识、操作能力和设备使用保养知识的考核，合格后才可独立使用设备。

（二）遵守设备使用制度

设备的使用必须指定保养人员，落实保管保养责任，并随定人、定机名单统一报送设备主管部门备案。

（1）定人、定机制度　设备的使用应严格岗位责任，实行定人、定机制度，确保每一台设备都有专人操作和保养。定人、定机名单由设备使用单位提出，一般设备经车间机械员同意，报设备主管部门备案。

（2）设备操作维护规程　设备操作维护规程是设备操作人员正确掌握设备操作技能与保养的技术性规范，是根据设备的结构、运转特点以及安全运行的要求，规定设备操作人员在其全部操作过程中必须遵守的事项、程序及动作等基本规则。

（3）交接班制度　机器设备为多班制生产时，必须执行设备交接班制度。交班人在下班前除完成日常保养作业外，必须将本班设备运转情况、运行中发现的问题、故障维修情况等详细记录在"交接班记录簿"上,并应主动向接班人介绍设备运行情况,双方共同查看,交接班完毕后在记录簿上签字。如果是连续生产的设备或加工时不允许停机的设备,可在运行中完成交接班手续。

(三) 设备安全管理的"三勤"

设备安全管理的基础和落脚点是班组,作为企业的基本运作单元,班组的工作内容决不能忽视。精心保养设备、认真执行劳动法规和操作规程、保持工作场所的整洁、有条不紊地做好安全生产工作,就必须做好设备安全管理中的"三勤",即勤检查、勤维护、勤联系。

资料8-7 查阅资料包,学习"三勤"具体内容。

任务实施

班级实训课中,分组讨论,总结做好设备保养的步骤,应用"三好"和"四会"制度,对实训设备按规程进行操作,组内相互打分评价,找出缺失和不足。

归纳总结

班组设备管理的主要任务是为企业提供优良而又经济的技术装备,使企业的生产经营活动建立在最佳的物质技术基础之上,保证生产经营顺利进行,以确保企业提高产品质量,提高生产效率,降低生产成本,进行安全文明生产,从而使企业获得最高经济效益。企业有了安全不一定有了一切,但是没有安全就没有一切。一定要坚持安全第一,包括努力改进机械设备的安全性能。

思考题

1. 班组使用设备的"五项纪律"是什么?
2. 设备保养的"四项要求"是什么?
3. 简述设备安全管理的"三勤"。

模块评价

评分项目	评分标准	自我评价			教师评价		
		优秀 25分	良好 15分	一般 10分	优秀 25分	良好 15分	一般 10分
知识能力	1. 掌握生产现场班组管理任务 2. 掌握班组文件的制作方法 3. 掌握召开班组会的流程						
实践能力	1. 能够制作班组文件 2. 会组织召开班组会 3. 能够解决班组存在的实际现场问题						
职业素养	1. 具备团队合作意识,养成爱岗敬业精神 2. 养成安全意识,具有责任意识						
工作规范	1. 严格遵守生产现场管理规章制度 2. 严格按照生产现场规章制度进行标准作业						
总评	满分100分						

参 考 文 献

[1] 尤建新,邵鲁宁. 企业管理概论[M]. 6版. 北京:高等教育出版社,2018.
[2] 黄渝祥. 企业管理概论[M]. 4版. 北京:高等教育出版社,2010.
[3] 蒋永忠,张颖. 管理学基础[M]. 2版. 北京:清华大学出版社,2012.
[4] 余世维. 有效沟通[M]. 2版. 北京:联合出版公司,2012.
[5] 卢志鹏. 新编大学生实用礼仪教程[M]. 北京:北京理工大学出版社,2009.
[6] 周宵. 新编实用礼仪教程[M]. 北京:清华大学出版社,2008.
[7] 李飞龙. 如何当好班组长(新版)[M]. 北京:北京大学出版社,2009.
[8] 滕宝红. 班组长员工管理与培训[M]. 北京:人民邮电出版社,2012.
[9] 田鹏. 活学活用丰田生产方式[M]. 北京:中国财政经济出版社,2009.
[10] 门田安弘. 新丰田生产方式[M]. 王瑞珠,译. 4版. 保定:河北大学出版社,2012.
[11] 大野耐一. 丰田生产方式[M]. 谢克俭,李颖秋,译. 北京:中国铁道出版社,2016.
[12] 今井正明. 现场改善:低成本管理方法的常识(原书第2版)[M]. 周健,等译. 2版. 北京:机械工业出版社,2016.
[13] 陶镕甫. 危险预知活用方法[M]. 北京:煤炭工业出版社,2009.
[14] 莱克,梅尔. 丰田人才精益模式[M]. 钱峰,译. 北京:机械工业出版社,2010.